Г.Г

ГЛАГОЛ ВСЕМУ ГОЛОВА

Учебный словарь русских глаголов
и глагольного управления
для иностранцев
Выпуск 2

Первый сертификационный уровень
(В1)

Санкт-Петербург

«Златоуст»

2006

УДК 81'36(038):811.161.1

Малышев Г.Г.

Глагол всему голова. Учебный словарь русских глаголов и глагольного управления для иностранцев. Выпуск 2. Первый сертификационный уровень (B1). — СПб.: Златоуст, 2006. — 448 с.

Зав. редакцией: *к.ф.н. А.В. Голубева*
Редактор: *Д.В. Шаманский*
Корректор: *И.В. Евстратова*
Оригинал-макет: *Л.О. Пащук*
Обложка: *И.Г. Малышев, Л.О. Пащук*

ISBN 5-86547-356-5

Подготовка оригинал-макета: издательство «Златоуст».
Подписано в печать 28.07.2006. Формат 60x90/16. Печ. л. 28.
Печать офсетная. Тираж 3000 экз. Заказ 2078
Код продукции: ОК 005-93-953005.

Лицензия на издательскую деятельность ЛР № 062426 от 23 апреля 1998 г.
Санитарно-эпидемиологическое заключение на продукцию издательства Государственной СЭС РФ№ 78.01.07.953.П.001928.03.05 от 11.03.2005 г.

Издательство «Златоуст»: 197101, Санкт-Петербург, Каменноостровский пр., д. 24, кв. 24. Тел. (7-812) 346-06-68, факс (7-812) 703-11-79, e-mail: sales@zlat.spb.ru, http://www.zlat.spb.ru

Отпечатано по технологии CtP в типографии ОАО «Печатный двор» им. А.М. Горького.
197110, Санкт-Петербург, Чкаловский пр., 15.

КАКАЯ ЧАСТЬ РЕЧИ?
УПАЛ мужик с печи,
УДАРИЛСЯ об пол —
и ВЫСКОЧИЛ
ГЛАГОЛ!

МЕТОДИЧЕСКАЯ ЗАПИСКА

Существует немало словарей, в том числе и учебных, причём, как выразился поэт, — «хороших и разных». Однако не вполне удовлетворительная разработанность ряда методических проблем даёт основание к продолжению поисков в различных направлениях практической методики, включая и создание учебных словарей. К числу таких не до конца разрешённых методических проблем относятся в первую очередь следующие: проблема минимизации и отбора учебных единиц, проблема выбора, оформления и характера представления основной единицы обучения, а также ряд других. Признано, что в качестве основной единицы коммуникативно ориентированного обучения языку наиболее адекватно задачам и целям такого обучения выступает предложение, точнее, его модель. В свою очередь в роли модели могут выступать как структурно-синтаксические конструкции, так и речевые образцы, представляющие собой примеры лексического, а значит и смыслового наполнения таких конструкций. Очевидно, что наиболее полно отражать весь спектр речевых особенностей способны речевые модели, включающие в свой состав как в определённом смысле абстрагированную и отчасти схематизированную синтаксическую конструкцию, так и речевой образец в качестве её лексически осмысленного и соотнесённого с конкретной речевой ситуацией речевого воплощения. Однако каждый раз встаёт вопрос о критериях, на основании которых происходит отбор самих синтаксических моделей. Подобный отбор может осуществляться, исходя из потребностей адекватного отражения при обучении языку особенностей его грамматической системы. Предпринимались попытки производить такой отбор и на основании речевых интенций, что в большей степени соответствовало бы коммуникативной направленности обучения, однако реализация подобного подхода наталкивается на ряд объективных трудностей, связанных с проблемами описания и систематизации самого набора речевых интенций.

Мы в своей работе решили предпринять попытку отбора синтаксических моделей на основании списка глаголов, подлежащих усвоению в соответствии с существующей теперь системой государственных стандартов. Правомочность подобного подхода основывается на той фактической роли, какую глагол играет в реальном структурном конструировании предложения. Именно предикат, традиционно воплощаемый в речевой практике глаголом и отчасти глагольными формами (в первую очередь краткой формой страдательных причастий), выступает в качестве основного структурообразующего ядра любого синтаксического построения. Кроме того, одной из фундаментальных особенностей грамматически корректного синтаксического структурирования является доминирующая роль глагола и в реализации выбора закономерностей, присущих предложно-падежной системе, являющейся в свою очередь важнейшим атрибутом как всей русской грамматической системы в целом, так и таким же важным компонентом синтаксического конструирования в частности. Речь идёт о глагольном управлении, по существу и определяющем внутренний, присущий именно русской грамматической системе характер языкового отражения релевантных особенностей речевой ситуации в структуре речевого высказывания.

Предлагаемая вашему вниманию работа состоит из двух частей, содержащих свой набор глаголов. В состав первой части входит приблизительно 180 глаголов, включённых в «Лексический минимум» базового уровня общего владения русским языком как иностранным. Вторая часть словаря насчитывает около 600 глаголов, что превышает «Лексический минимум» первого сертификационного уровня (включающего в себя около 350 глаголов), то есть захватывает определённое число глаголов, относящихся ко второму сертификационному уровню, «Лексический минимум» которого пока ещё не описан. Общие схемы построения словарных статей и в первой, и во второй частях принципиально схожи. Вместе с тем словарная статья второй части отличается от первой несколько большей сложностью, что обусловливается включением в неё дополнительных элементов: страдательного залога и соответствующих ему структурно-грамматических синтаксических конструкций, а также более широким использованием лексики в рубриках «Запомните» и «Примеры» (в основном литературно-поэтического характера). И первую, и вторую части предваряет специальный раздел — «Грамматический комментарий», в котором в доступной форме сообщаются основные сведения о природе и признаках русского глагола как грамматического феномена.

Общая схема организации учебного материала внутри словарных статей во второй части выглядит следующим образом:

1) глагол несовершенного вида и его личные формы, позволяющие определить тип спряжения и соответствующие настоящему времени;

2) глагол совершенного вида и его личные формы, позволяющие определить тип спряжения и соответствующие будущему времени (простому);

3) формы прошедшего времени приводятся только в случаях нестандартного формообразования, например: «мочь — мог — могла — могло — могли»;

4) семантизация глагола через толкование или презентацию синонимов (факультативно);

5) презентация особенностей глагольного управления, а также сочетания глагола с некоторыми обстоятельственными значениями (факультативно);

6) рубрика «Обратите внимание» (☞), позволяющая акцентировать внимание на возможных специфических особенностях презентируемого глагола (факультативно);

7) речевые модели, включающие в себя структурно-грамматические синтаксические конструкции и речевые образцы, иллюстрирующие возможности их лексико-смыслового ситуативно-обусловленного наполнения;

8) формы полных и кратких страдательных причастий (факультативно);

9) речевые модели, включающие в себя синтаксические конструкции и иллюстрирующие их речевые образцы, в которых краткие причастия выступают в качестве предикатов (факультативно);

10) формы повелительного наклонения (факультативно);

11) речевые образцы, иллюстрирующие коммуникативные возможности использования глагола в повелительном наклонении (факультативно);

12) рубрика «Запомните», включающая в себя речевые образцы типичных фраз, крылатых выражений и поговорок, представляющих собой коммуникативно ценный речевой материал, предназначенный для активного усвоения (факультативно);

13) рубрика «Примеры» (📖), включающая в себя нестандартные речевые образцы — отрывки из литературно-поэтических и песенных текстов, — так называемые прецедентные тексты (факультативно).

Организационно одни компоненты словарной статьи располагаются слева страницы, другие — по центру. Слева располагаются сами глаголы и их формы, предназначенные для усвоения; заголовочная часть словарной статьи предполагает перевод на язык учащегося, осуществляемый в учебном режиме, то есть самим учащимся (для чего отведено специальное свободное место, как это обычно делается в «рабочих тетрадях»). По центру располагаются синтаксические конструкции и иллюстрирующие их речевые образцы, а также весь остальной вербальный иллюстративный материал, включённый в рубрики «Обратите внимание», «Запомните» и «Примеры». Введение структурно-грамматических конструкций и речевых образцов, также осуществляемое без перевода, на наш взгляд, создаёт предпосылки к творческому обращению с данным речевыми материалом, реализуемым в обучающем режиме, как это делается в отношении любого учебного микротекста, в качестве которого и может рассматриваться представленное в словарной статье предложение, выполняющее роль речевого образца. Подобный подход к представлению словарного материала, по нашему мнению, предполагает осуществление ряда учебных операций с этим материалом, содержащих в себе обучающий элемент, а значит, и направленных на формирование соответствующей языковой и речевой компетенции. Это, в частности, и даёт основание рассматривать данный словарь именно в качестве учебного пособия.

Хотим обратить внимание на то, что отдельные компоненты словарной статьи адресуются разным категориям пользователей. Широкому кругу изучающих русский язык (для которых в первую очередь и подготовлены материалы данного словаря) адресуются компоненты, предназначенные для активного усвоения. Сюда относятся: сами глаголы и их личные формы, особенности глагольного управления (с примерами), структурно-грамматические синтаксические конструкции и иллюстрирующие их на лексико-смысловом уровне речевые образцы, формы повелительного наклонения и соответствующие им речевые образцы, а также речевые образцы, представленные в рубрике «Запомните». Этот материал пользователь легко определит для себя, так как подлежащие усвоению языковые и речевые единицы выделены жирным шрифтом. Что касается семантизации глаголов через толкование или синонимию, а также литературно-поэтических примеров, то этот материал адресуется в первую очередь преподавателям, чей уровень владения языком превосходит соответствующий уровень, предусмотренный требованиями «Стандартов» – Базового и I сертификационного. Лексическое наполнение указанных компонентов словарной статьи превышает предели, регламентированные «Стандартами», однако, эти компоненты представляют определённый интерес с точки зрения раскрытия дополнительных эмоционально-экспрессивных возможностей презентируемых глаголов. Толкование также бывает необходимо для передачи смысловых оттенков и уточнения значения, когда простой перевод не обеспечивает адекватности понимания.

Следует также остановиться на том, что структурное наполнение отдельных словарных статей может варьироваться при презентации разных глаголов, поэтому некоторые структурные компоненты словарной статьи имеют помету: «факультативно». Это связано с тем, что для разных глаголов разные элементы глагольной парадигмы по-разному актуальны в плане своей потенциальной коммуникативности. А поскольку мы поставили перед собой задачу представить в словаре глаголы и глагольные формы, способные выступать в качестве структурообразующего синтаксического ядра, то есть обеспечивать выход в коммуникативно ценную фразу, то и решили дифференцировать включение отдельных компонентов словарной статьи для каждого отдельного глагола. Так, не все глаголы обладают формами страдательного залога, не всегда актуальны и уместны формы повелительного наклонения; в ещё большей степени это распространяется на речевые единицы, представляемые в рубриках «Запомните» и «Примеры».

Оговорим особо ещё ряд моментов, которые не вполне согласуются с общепринятыми требованиями, предъявляемыми к словарям классического, академического характера. Во-первых, употребление глаголов в том или ином времени в составе речевых моделей может варьироваться, причём каждый раз предпочтение отдаётся тому времени, которое для данного глагола и для данной синтаксической конструкции наиболее актуально в плане потенциальной коммуникативной ценности. Во-вторых, следует обратить внимание на возможное отсутствие у некоторых глаголов личных форм 1-го и 2-го лица в том случае, если данный глагол этих форм не имеет или же они принципиально для него неактуальны. И, наконец, особо нужно оговорить следующее. Как известно, наиболее продуктивным способом образования совершенного вида является префиксальный, то есть приставочный. Приставки, присоединяясь к форме несовершенного вида, одновременно сообщают глаголу некоторое дополнительное значение. Это может приводить к тому, что переводиться такая префиксальная форма глагола совершенного вида на другой язык будет посредством совершенно иного глагола, нежели это было в отношении беспрефиксальной формы несовершенного вида. **Нам представляется особенно важным, чтобы учащиеся усвоили те реальные семантические связи, которые существуют в русском языке между глаголами, входящими в одну видовую пару, почувствовали специфику расширения изначального, базисного значения за счёт присоединения различных приставок, ощутили характерную для русского языка в целом и для русского глагола в частности способность разрастания базисного значения до масштабов целого смыслового «дерева», в свою очередь способного обеспечить семантическое наполнение целого потенциального речевого сегмента коммуникативной сферы, при условии сохранения изначального внутреннего единства между отдельными лексическими единицами, образующими данное смысловое «дерево». Глагольных приставок в русском языке достаточно много. Мы сочли целесообразным включить в словарь лишь наиболее актуальные из них, наиболее ценные в коммуникативном отношении. В связи с этим мы должны заранее принести свои извинения тем, кто окажется отчасти разочарованным, не найдя, может быть, в словаре обнаруженную им и заинтересовавшую его приставку или глагольную форму.**

В «Указателе глаголов, встречающихся в словаре», полужирным шрифтом выделены заголовочные глаголы словарных статей. Для прочих — дана отсылка к соответствующей словарной статье.

Образец: **бегать**
     бежать → **бегать**.

Таким образом, материалы словаря адресуются как иностранцам, изучающим русский язык, в качестве словаря-справочника, так и преподавателям русского языка как иностранного в качестве дополнительного учебного пособия, а также методистам, создающим учебные пособия, в качестве справочных материалов, соотнесённых с лексическими минимумами «Стандартов», а значит, целесообразных с точки зрения включения их в создаваемые пособия как лексической и отчасти структурно-грамматической основы создаваемых учебных текстов.

Прежде чем обратиться к страницам словаря, познакомьтесь с «Грамматическим комментарием», в котором в максимально сжатой форме представлены все необходимые сведения о системе правил, касающихся организационных особенностей и практического употребления русских глаголов. Мы надеемся, что информация «Грамматического комментария» облегчит знакомство с миром русского глагола и сделает путешествие по нему более комфортабельным и даже приятным.

Автор выражает надежду, что представленный таким образом учебный материал окажет необходимую помощь всем участникам нелегкого, но интересного процесса изучения и преподавания русского языка как иностранного.

Условные обозначения:

нсв — несовершенный вид;

св — совершенный вид;

наст. вр. — настоящее время;

буд. вр. — будущее время;

прош. вр. — прошедшее время;

страд. прич. — страдательное причастие;

кр. ф. страд. прич. — краткая форма страдательного причастия;

действ. прич. — действительное причастие;

им. прилаг. — имя прилагательное;

кр. ф. им. прилаг. — краткая форма имени прилагательного;

пов. накл. — повелительное наклонение.

ГРАММАТИЧЕСКИЙ КОММЕНТАРИЙ

Виды глагола

К главным особенностям русского глагола относится наличие у него двух «аспектов», двух видов: несовершенного и совершенного. Каждый из названных видов обладает рядом грамматических признаков и семантических особенностей.

Главные семантические различия между видами заключаются в следующем: 1) глагол несовершенного вида обозначает незаконченное, незавершённое действие, данное в его развитии (пролонгации), в то время как глагол совершенного вида всегда обозначает одномоментное, законченное, завершённое действие (даже если речь идёт о вступлении в действие, его начале – здесь на первый план выступает именно одномоментность начала действия, вступления в него); 2) глагол несовершенного вида обозначает также многократность, повторяемость совершаемого действия, что под определённым углом зрения также может рассматриваться как частный случай пролонгации действия, в то время как глагол совершенного вида всегда обозначает только однократно совершённое действие, что тоже может быть расценено как его одномоментность; 3) глагол несовершенного вида лишь называет действие, в то время как глагол совершенного вида содержит в себе указание на достижение вполне определённого результата как следствия совершённого и завершённого действия (независимо от того, имеет ли достигнутый результат положительный или отрицательный характер); 4) личные формы глаголов несовершенного вида выражают действие, происходящее в настоящее время, в то время как те же личные формы глаголов совершенного вида выражают действие, которому только предстоит найти своё осуществление в будущем (имеется в виду, что это действие в будущем же и достигнет своего завершения).

Существует четыре способа образования видовых пар: 1) префиксальный (приставочный) — когда путём прибавления приставки к глаголу несовершенного вида мы получаем глагол совершенного вида (*читать — прочитать*); 2) суффиксальный — когда парные глаголы различаются между собой суффиксами (*изучать — изучить*); 3) парные глаголы могут различаться только местом ударения (*вырезать — вырезать*); 4) образование от разных корней, когда глаголы видовой пары представляют собой совершенно разные слова, объединённые, однако, единым значением (*говорить — сказать*). Наиболее продуктивным является первый, префиксальный способ. Примечательно, что прибавление приставки несёт с собой и привнесение определённого дополнительного по отношению к первоначальному значения. В этом случае часто возникает необходимость в образовании ещё одной видовой глагольной формы — несовершенного вида для приставочного глагола совершенного вида, который с прибавлением приставки приобрёл дополнительный смысловой оттенок, в результате чего возникает уже не просто видовая глагольная пара, но некий глагольный «тройственный союз» (*читать — прочитать — прочитывать*).

Времена глагола

Русский глагол способен выражать действие, которое может происходить либо в прошлом, либо в настоящем, либо в будущем. Таким образом, мы говорим о трёх временах русского глагола: прошедшем, настоящем и будущем. Глаголы несовершенного вида имеют соответствующие формы и могут употребляться во всех трёх временах. Глаголы же совершенного вида не имеют форм и не употребляются в настоящем времени. Это проистекает из их свойства одномоментности. Действительно, действие в настоящем времени может быть воспринято не иначе как в пролонгации, в противном случае оно тут же приобретает свойство завершённости и уже не может восприниматься как действие продолжающееся. Таким образом, настоящее время передаётся исключительно глаголами несовершенного вида.

Самым простым с точки зрения формообразования в русском языке является прошедшее время. Прошедшее время у глаголов несовершенного и совершенного вида образуется одинаково: суффикс начальной, или неопределённой, формы глагола (инфинитива) замещается суффиксом прошедшего времени -л- в мужском роде, в женском к суффиксу -л- добавляется окончание -а, в среднем -о и соответственно во множественном числе -и *(он был, она была, оно было, они были; он читал, она читала, они читали)*. Разумеется, существуют немногочисленные исключения из общего правила, которые остаётся только выучить (например: *мочь — он мог, она могла, оно могло, они могли)*.

Не так обстоит дело с формообразованием настоящего и будущего времени. В настоящем времени — для глаголов несовершенного вида и в будущем времени — для глаголов совершенного вида глагольные формы будут зависеть от того, какое лицо совершает или будет совершать данное действие: *я, ты, он(-а, -о), мы, вы, они*. Изменение глаголов по лицам называется спряжением глаголов. Существует два спряжения, то есть два типа изменения глагольных форм в зависимости от одного из перечисленных выше потенциальных действующих субъектов. 1-ое спряжение — в окончаниях -е-: *я читаю, ты читаешь, он(-а, о)читает, мы читаем, вы читаете, они читают*; 2-ое спряжение – в окончаниях -и-: *я говорю, ты говоришь, он(-а, -о) говорит, мы говорим, вы говорите, они говорят*. Те же самые окончания, но у глаголов совершенного вида дают нам значение будущего времени: *я прочитаю, ты прочитаешь, он(-а, -о) прочитает, мы прочитаем, вы прочитаете, они прочитают*. Глаголы несовершенного вида также имеют форму будущего времени. Она образуется с помощью глагола «быть» в личных формах и инфинитива основного глагола: *я буду читать, ты будешь читать, он(-а, -о) будет читать, мы будем читать, вы будете читать, они будут читать*. Заметим, однако, что форма будущего сложного времени глаголов несовершенного вида менее продуктивна по сравнению с формой будущего простого времени глаголов совершенного вида и потому употребляется гораздо реже.

Глаголы движения

Особого внимания в русском языке заслуживают так называемые глаголы движения. Всего таких глаголов насчитывается четырнадцать пар. Все они существуют и изменяются по своим, только им присущим законам. Здесь мы остановимся на двух наиболее актуальных глагольных парах: *идти — ходить* и *ехать — ездить* — и на их примере рассмотрим некоторые присущие им специфические особенности.

Первая особенность заключается в том, что оба из входящих в единую семантическую пару глаголов, как ни странно, являются глаголами несовершенного вида. Возникает вопрос: в чём же тогда между ними разница, если они оба обозначают один и тот же вид перемещения? Оказывается, что глаголы типа «ходить» и «ездить» обозначают движение, совершаемое в разных направлениях, или движение туда и обратно, а глаголы типа «идти», «ехать» обозначают движение, осуществляемое в одном определённом направлении. Как мы увидим в дальнейшем, это создаёт дополнительные речевые возможности для адекватного выражения некоторых нюансов потенциальной речевой ситуации, связанной с той или иной формой передвижения или местопребывания в пространстве.

Возможно ли образование совершенного вида у глаголов движения? Да, возможно. Это достигается прибавлением приставки к однонаправленным глаголам, то есть глаголам определённого направления (*идти — пойти, прийти; ехать — поехать, приехать*), в то время как разнонаправленные глаголы движения, даже получая приставку, остаются глаголами несовершенного (*ходить — приходить, ездить — приезжать*). А поскольку, как мы уже отмечали, прибавление приставки одновременно сообщает глаголу некое дополнительное значение, мы в результате получаем нормальную видовую пару (значение которой на другой язык будет переводиться, как правило, с помощью уже иного глагола): *прийти — приходить, уйти — уходить; приехать — приезжать, уехать — уезжать.* Глагольные приставки имеют своё самостоятельное значение. При использовании их с глаголами движения, с учетом дополнительных смысловых оттенков, которыми обладают сами глаголы определённой или неопределённой направленности, возникает интересная возможность отражения всё новых смыслов. Например: *он пришёл* = он здесь; *он приходил* = он пришёл, побыл здесь, но потом ушёл, и теперь его здесь нет; *он ушёл* = его здесь нет; *он уходил* = он ушёл, какое-то время отсутствовал, но потом пришёл опять (= вернулся), и теперь он здесь.

Как известно, любые правила находят себе подтверждение в существовании неизбежных исключений. Так и в случае с глаголами движения. Например, одна из наиболее распространённых и продуктивных приставок **по-**, присоединяясь и к глаголам разнонаправленного движения типа «ходить», «ездить», тоже образует глаголы совершенного вида: *ходить — походить, ездить — поездить.* Заметим, что указанные формы не являются столь актуальными для русской речи, а значит, мы позволим себе не акцентировать на них внимания уважаемых пользователей словаря.

Представляет интерес и возможность использования бесприставочных разнонаправленных глаголов движения, обозначающих движение в двух направлениях – туда и обратно. В связи с этим предлагаем вам запомнить следующую «формулу»: *быть, бывать* + где? = *ходить* + куда? (*Вчера я был в библиотеке. = Вчера я ходил в библиотеку. Я часто (каждый день) бываю в библиотеке. = Я часто (каждый день) хожу в библиотеку.*)

Глагольные формы

От глаголов образуются различные глагольные формы: отглагольное существительное (*читать – чтение;* обратите внимание: *читать* + что? – *чтение* + чего?); действительные (активные) и страдательные (пассивные) причастия настоящего и прошедшего времени (*читающий* = человек, который читает; *читавший* = человек, который читал; *прочитавший* = человек, который прочитал; *читаемая* = книга, которую читают; *прочитанная* = книга, которую прочитали); деепричастие (*читая* = когда он (-а, -и) читал (-а, -и), читает, читают, будет (будут) читать; *прочитав* = когда он прочитает).

Деепричастие — это особая глагольная форма, которая может употребляться при следующем условии: один субъект выполняет два действия, которые могут быть выражены либо двумя глаголами, либо глаголом и деепричастием. Деепричастие, образованное от глагола несовершенного вида (*читая*), обозначает действие, совершаемое параллельно, одновременно с основным действием, выраженным глаголом (*читает и выписывает слова* = *читая, выписывает слова*). Деепричастие, образованное от глагола совершенного вида (*прочитав*), обозначает действие, которое завершилось перед основным действием, выраженным глаголом (*прочитал книгу и пошёл в кино* = *прочитав книгу, пошёл в кино* – сначала прочитал, потом пошёл). Страдательные (пассивные) причастия могут иметь как полную, так и краткую форму. Особый интерес с точки зрения конструирования предложений для нас представляет краткая форма, так как именно она способна выступать в роли предиката в пассивных синтаксических конструкциях. Сравните: *Строители построили дом.* = *Дом (был) построен* (+ кем?) *строителями.* Обратите внимание: в настоящем времени в пассивных конструкциях используется возвратная форма глагола. Сравните: *Строители строят дом.* = *Дом строится* (+ кем?) *строителями.*

Думаем, что вы уже достаточно узнали о русском глаголе. Настало время открыть страницу словаря с заинтересовавшим вас словом и продолжить знакомство с Его Величеством Русским глаголом.

Желаем вам успехов, друзья!

Автор выражает свою искреннюю и глубокую благодарность Дмитрию Васильевичу Шаманскому за его деятельное творческое участие в работе по совершенствованию материалов словаря.

АНАЛИЗИ́РОВАТЬ нсв _____

я анализи́рую, ты анализи́руешь... наст. вр.
проанализи́ровать св

я проанализи́рую, ты проанализи́руешь... буд. вр.
▪ анализировать = проводить (производить) анализ
▪ проанализировать = провести (произвести) анализ
♦ анализировать + что? *(литературное произведение)*
♦ анализ + чего? *(литературного произведения)*

• **Кто анализирует + что?**
Преподаватель анализирует литературное произведение.
• **Кто проанализировал + что?**
Преподаватель проанализировал литературное произведение.
• **Кто проводит анализ + чего?**
Преподаватель проводит анализ литературного произведения.
• **Кто провёл анализ + чего?**
Преподаватель провёл анализ литературного произведения.

анализи́роваться нсв

• **Что анализируется + кем?**
Литературное произведение анализируется преподавателем.

проанализи́рованный (-ая, -ое, -ые) страд. прич.
проанализи́рован (-а, -о, -ы) кр. ф. страд. прич.

• **Что (было) проанализировано + кем?**
Литературное произведение (было) проанализировано преподавателем.

проанализи́руй(те) пов. накл.

Проанализируйте научную статью.

АРЕНДОВА́ТЬ нсв = св _____

я аренду́ю, ты аренду́ешь... наст. вр. = буд. вр.
▪ арендовать = брать в аренду
▪ арендовать = снимать, снять (помещение)

♦ арендовать + что? *(землю, помещение)* + у кого? *(у землевладельца, у хозяина дома)*

♦ сдавать в аренду + кому? *(крестьянам, клиентам)*

• Кто арендовал + что? + у кого? (где?)
Крестьяне арендовали землю у землевладельца (у помещика).
Фирма арендовала помещение на первом этаже. = Фирма сняла помещение на первом этаже.

• Кто взял в аренду + что? + у кого?
Крестьяне взяли в аренду землю у землевладельца.

• Кто сдал в аренду + что? + кому?
Землевладелец сдал в аренду землю крестьянам.

арендо́ванный (-ая, -ое, -ые) страд. прич.

арендо́ван (-а, -о, -ы) кр. ф. страд. прич.

• Что (было) арендовано + кем? + у кого?
Земля (была) арендована крестьянами у землевладельца (у помещика).

АРЕСТО́ВЫВАТЬ нсв _____

я аресто́вываю, ты аресто́вываешь... наст. вр.

арестова́ть св

я аресту́ю, ты аресту́ешь... буд. вр.

▪ арестовывать = производить арест

▪ арестовать = произвести арест

♦ арестовывать + кого? *(преступника)*

• Кто арестовал + кого?
Полицейские арестовали преступника.

• Кто произвёл арест + кого? (= чей?)
Полицейские произвели арест преступника.

аресто́ванный (-ая, -ое, -ые) страд. прич.

аресто́ван (-а, -о, -ы) кр. ф. страд. прич.

• Кто (был) арестован + кем?
Преступник (был) арестован полицейскими.

аресту́й(те) пов. накл.

Арестуйте преступника!

АТАКОВА́ТЬ нсв = св _____

я атаку́ю, ты атаку́ешь... наст. вр. = буд. вр.

♦ атаковать + кого? (*противника*)

> • Кто атакует + кого?
>
> *Солдаты атакуют противника.*
>
> • Кто атаковал + кого?
>
> *Солдаты атаковали противника.*

атако́ванный (-ая, -ое, -ые) страд. прич.

атако́ван (-а, -о, -ы) кр. ф. страд. прич.

> • Кто (был) атакован + кем?
>
> *Противник был атакован солдатами.*

атаку́й(те) пов. накл.

> *Атакуйте противника!*

БАСТОВА́ТЬ нсв _____

я басту́ю, ты басту́ешь... наст. вр.

забастова́ть св

я забасту́ю, ты забасту́ешь... буд. вр.

▪ бастовать = участвовать (= принимать участие) в забастовке

▪ забастовать = начать бастовать, принять участие в забастовке

> • Кто + что делает?
>
> *Рабочие бастуют.*
>
> • Кто принимает участие + в чём?
>
> *Рабочие принимают участие в забастовке.*
>
> • Кто + что сделал?
>
> *Рабочие забастовали.*
>
> • Кто принял участие + в чём?
>
> *Рабочие приняли участие в забастовке.*

БЕ́ГАТЬ нсв _____

я бе́гаю, ты бе́гаешь... наст. вр.

▪ бегать = совершать движение в разных направлениях

бежа́ть нсв

я бегу́, ты бежи́шь, ... они бегу́т наст. вр.

■ бежать = совершать движение в одном определённом направлении

побежа́ть св

я побегу́, ты побежи́шь, ... они побегу́т буд. вр.

◆ бежать + куда? *(к финишу)*

◆ побежать + куда? *(к финишу, на стадион)*

◆ бегать + где? *(на стадионе, по парку)*

> • Кто бежит + куда?
>
> *Спортсмен бежит к финишу.*
>
> • Кто побежал + куда?
>
> *Спортсмен побежал к финишу (на стадион).*
>
> • Кто бегает + где?
>
> *Спортсмен бегает на стадионе (по парку).*

беги́(те) пов. накл.

> *Беги!* (ты) *Бегите!* (вы)
>
> *Бежим! = Побежали!* (вместе)

> «Куда бежишь, тропинка милая?
> Куда зовёшь? Куда ведёшь?..»
>
> (Песня) 📖

БЕЖА́ТЬ — см. БЕГАТЬ

БЕРЕ́ЧЬ нсв

я берегу́, ты бережёшь, ... они берегу́т наст. вр.

сбере́чь св

я сберегу́, ты сбережёшь, ... они сберегу́т буд. вр.

◆ беречь + что? *(время, здоровье)*

> • Кто бережёт + что?
>
> *Бизнесмен бережёт своё время.*
>
> *Старый человек бережёт своё здоровье.*

береги́(те) пов. накл.

> *Берегите своё время!*
>
> *Берегите своё здоровье!*

╭─────── **ЗАПОМНИТЕ** ───────╮

Береги честь смолоду.

(Пословица)

Бережёного Бог бережёт!

(Пословица)

╰──────────────────────────╯

БЕРЕ́ЧЬСЯ нсв _____

я берегу́сь, ты бережёшься... наст. вр. — редко!

побере́чься св

я поберегу́сь, ты побережёшься... буд. вр. — редко!

▪ беречься = беречь себя, стараться не подвергать свою жизнь опасности

╭───────────────────────────────╮
☞ обычно глагол **беречься, поберечься**
употребляется в повелительном наклонении:
берегись — берегитесь,
поберегись — поберегитесь
╰───────────────────────────────╯

╭───────────────────────────────╮
«Берегись автомобиля!»

(Название к/ф Э. Рязанова)

«Берегите женщин! Берегите женщин!
Женщин берегитесь!..»

(Ю. Антонов)
╰───────────────────────────────╯ 📖

БЕСЕ́ДОВАТЬ нсв _____

бесе́дую, ты бесе́дуешь... наст. вр.

побесе́довать св

я побесе́дую, ты побесе́дуешь... буд. вр.

▪ беседовать = вести беседу

♦ беседовать + с кем? *(с преподавателем)* + о чём? *(о литературе)*

• Кто беседует + с кем? + о чём?

Студенты беседуют с преподавателем о литературе.

• Кто ведёт беседу + с кем? + о чём?

Преподаватель ведёт беседу со студентами о литературе.

Б

(по)бесе́дуй(те) пов. накл.

| *Побеседуйте с преподавателем о литературе.*

ЗАПОМНИТЕ

Он приятный собеседник. =
Он человек, с которым приятно поговорить
(побеседовать).

БЕСПОКО́ИТЬ(СЯ) нсв

я беспоко́ю(сь), ты беспоко́ишь(ся)... наст. вр.

побеспоко́ить(ся) св

я побеспоко́ю(сь), ты побеспоко́ишь(ся)... буд. вр.

- беспокоить = доставлять (оказывать) беспокойство
- беспокоиться = проявлять (ощущать) беспокойство
- ♦ беспокоить + кого? *(родителей)*
- ♦ беспокоиться + о ком? *(о детях)*

> • Кто беспокоит + кого?
> *Дети беспокоят родителей.*
>
> • Кто побеспокоил + кого?
> *Дети побеспокоили родителей.*
>
> • Кто доставляет беспокойство + кому?
> *Дети доставляют беспокойство родителям.*
>
> • Кто беспокоится + о ком?
> *Родители беспокоятся о детях.*
>
> • Кто проявляет беспокойство + о ком?
> *Родители проявляют беспокойство о детях.*

(не) беспоко́й(те) пов. накл.

| *Не беспокойте своих родителей!*

ЗАПОМНИТЕ

Алло! Здравствуйте!
Вас беспокоит директор туристической фирмы...
(Форма начала официального телефонного разговора)

Не беспокойтесь — всё будет хорошо!

Б

БИТЬ нсв _____

я бью, ты бьёшь... наст. вр.

поби́ть св

я побью, ты побьёшь... буд. вр.

▪ бить, побить = наносить, нанести серию ударов

♦ бить, побить + кого? *(собаку)*

> • Кто бьёт + кого?
> *Злой человек бьёт собаку.*
> • Кто побил + кого?
> *Злой человек побил собаку.*

поби́тый (-ая, -ое, -ые) страд. прич.

поби́т (-а, -о, -ы) кр. ф. страд. прич.

> • Кто (был) побит + кем?
> *Собака (была) побита злым человеком.*

(не) бе́й(те) пов. накл.

> *Не бейте тех, кто слабее вас!*

ЗАПОМНИТЕ

бить в набат =
энергично предупреждать о грозящей опасности

«Ревёт сынок — побит
за двойку с плюсом...»
(С. Чёрный, «Обстановочка»)

БЛАГОДАРИ́ТЬ нсв _____

я благодарю́, ты благодари́шь... наст. вр.

поблагодари́ть св

я поблагодарю́, ты поблагодари́шь... буд. вр.

▪ благодарить = выражать благодарность

▪ поблагодарить = выразить благодарность

♦ благодарить + кого? *(друга)* + за что? *(за подарок)*

> • Кто благодарит + кого? + за что?
> *Я благодарю друга за подарок.*
> • Кто поблагодарил + кого + за что?
> *Я поблагодарил друга за подарок.*
> • Кто выразил благодарность + кому? + за что?
> *Я выразил благодарность другу за подарок.*

Б

благода́рный (-ая, -ое, -ые) им. прилаг.

благода́рен, благода́рна (-о, -ы) кр. ф. им. прилаг.

> • Кто (был) благодарен + кому? + за что?
>
> *Я (был) благодарен другу за подарок.*

(по)благодари́(те) пов. накл.

> *Поблагодари своего друга за подарок!*

> «Благодарю Вас за любовь,
>
> похожую на муки...»
>
> (А.Вертинский. Романс)

БЛЕДНЕ́ТЬ нсв

> *я бледне́ю, ты бледне́ешь...* наст. вр.

побледне́ть св

> *я побледне́ю, ты побледне́ешь...* буд. вр.

▪ бледнеть = становиться бледным

▪ побледнеть = стать бледным

> • Кто + что делает?
>
> *Девушка бледнеет.*
>
> • Кто + что сделал?
>
> *Девушка побледнела.*
>
> • Кто становится + каким?
>
> *Девушка становится бледной.*
>
> • Кто стал + каким?
>
> *Девушка стала бледной.*

бледнеть, побледнеть —
краснеть, покраснеть

БЛЕСТЕ́ТЬ нсв

> *я блещу́, ты блести́шь, ... они блестя́т* наст. вр.

заблесте́ть св

> *я заблещу́, ты заблести́шь, ... они заблестя́т* буд. вр.

▪ заблестеть = начать блестеть

> • Что + что делает?
>
> *Золото блестит (на солнце).*
>
> • Что + что сделало?
>
> *Золото заблестело (на солнце).*

ЗАПОМНИТЕ

Не всё то золото, что блестит.

(Пословица)

блистать =
иметь общественный успех

БОЛЕ́ТЬ¹ нсв _____

я боле́ю, ты боле́ешь... наст. вр.

заболе́ть св

я заболе́ю, ты заболе́ешь... буд. вр.

▪ болеть = быть больным

▪ заболеть = стать больным

> • Кто + что делает?
> *Человек болеет.*
> • Кто + что сделал?
> *Человек заболел.*

больно́й (-а́я, -о́е, -ы́е) им. прилаг. = *пациент (пациентка)*

бо́лен, больна́ (-о́, -ы́) кр. ф. им. прилаг.

> • Кто + каков?
> *Человек болен.*

(не) боле́й(те) пов. накл.

> *Не болейте! = Будьте здоровы!*

ЗАПОМНИТЕ

человек заболел = человек болеет =
человек болен = человек нездоров =
человеку нездоровится =
человек плохо себя чувствует

болеть за свою любимую команду =
переживать за успех или неудачу
любимой команды

БОЛЕ́ТЬ² нсв _____

он, она боли́т, они боля́т наст. вр.

заболе́ть св

он, она заболи́т, ... они заболя́т буд. вр.

он (за)боле́л, она (за)боле́ла, ... они (за)боле́ли прош. вр.

Б

▪ болеть, заболеть = являться, явиться источником боли

> • У кого болит + что?
> *У меня болит зуб.*
> *У меня болит голова.*
> *У меня болит сердце.*
> *У меня болят уши.*
>
> • У кого заболело + что?
> *У меня заболел зуб.*
> *У меня заболела голова.*
> *У меня заболело сердце.*
> *У меня заболели уши.*

───── **ЗАПОМНИТЕ** ─────
У кого что болит — тот о том и говорит.
(Поговорка)

«От бутылки вина не болит голова,
А болит у того, кто не пьёт ничего!..»
(Студенческая застольная песня)

БОРОТЬСЯ нсв _____

я борю́сь, ты бо́решься... наст. вр.

поборо́ться св

я поборю́сь, ты побо́решься... буд. вр.

▪ бороться = вести борьбу

◆ бороться + с кем? *(с врагами)*

◆ бороться + против кого? *(против врагов)*

◆ бороться + с чем? *(с кризисом)*

◆ бороться + против чего? *(против кризиса)*

◆ бороться + за что? *(за победу)*

> • Кто борется + с кем?
> *Народ борется со своими врагами.*
>
> • Кто борется + против кого?
> *Народ борется против своих врагов.*
>
> • Кто борется + с чем?
> *Правительство борется с экономическим кризисом.*

• Кто борется + против чего?

Правительство борется против экономического кризиса.
• Кто борется + за что?

Народ борется за победу.

бори́сь, бори́тесь пов. накл.

Борись против несправедливости!
Боритесь за мир!

━━━ **ЗАПОМНИТЕ** ━━━

Бороться и искать, найти и не сдаваться!

(Жизненный принцип)

«Кто привык за победу бороться,
С нами вместе пускай запоёт…»
(В.И. Лебедев-Кумач, «Весёлый ветер»)

побороть =
одержать верх в борьбе, победить

БОЯ́ТЬСЯ нсв

я бою́сь, ты бои́шься... наст. вр.

побоя́ться св

я побою́сь, ты побои́шься... буд. вр.

▪ бояться + чего? = испытывать страх + к чему?

♦ бояться + чего? *(болезни)*

♦ бояться + что сделать? *(заболеть)*

• Кто боится + чего?

Человек боится заразной болезни.
• Кто боится + что сделать?

Человек боится заболеть.

(не) бо́йся, (не) бо́йтесь пов. накл.

Не бойся — я с тобой!

━━━ **ЗАПОМНИТЕ** ━━━

Не побоюсь этого слова!.. —
так говорят, когда готовы дать
откровенную оценку кому-либо или чему-либо

Б

БРАТЬ нсв _____

я беру́, ты берёшь... наст. вр.

взять св

я возьму́, ты возьмёшь... буд. вр.

✦ брать, взять + что? *(книгу)* + у кого? *(у друга)*

✦ брать, взять + что? *(книгу)* + откуда? *(из библиотеки)*

✦ брать, взять + что? *(книгу)* где? *(в библиотеке)*

> • Кто берёт + что? + где?
>
> *Обычно я беру книги в библиотеке.*
> • Кто взял + что? + откуда?
>
> *Я взял эту книгу из библиотеки.*
> • Кто взял + что? + у кого?
>
> *Я взял эту книгу у своего друга.*

бери́(те) пов. накл.; нсв

возьми́(те) пов. накл.; св

> *Не берите ничего лишнего!*
> *Возьмите только самое необходимое!*

——ЗАПОМНИТЕ——

Бери от жизни всё!

(Жизненный принцип)

«Миленький ты мой! Возьми меня с собой! —
Там, в краю далёком, буду тебе женой...»

(Песня)

«Возьмёмся за руки, друзья,
Чтоб не пропасть поодиночке...»

(Б.Ш. Окуджава)

брать, взять — давать, дать

БРИ́ТЬ(СЯ) нсв _____

я бре́ю(сь), ты бре́ешь(ся)... наст. вр.

побри́ть(ся) св

я побре́ю(сь), ты побре́ешь(ся)... буд. вр.

✦ брить + кого? *(мужчину)*

✦ бриться + чем? *(бритвой)*

Б

• Кто бреет + кого?

Парикмахер бреет мужчину.

• Кто бреется + чем?

Мужчина бреется бритвой.

(по)бре́й(те) пов. накл.

Побрейте меня, пожалуйста!

> «Я усики побрею — совсем помолодею!..»
>
> (Шуточная песенка) 📖

БРОСА́ТЬ нсв

я броса́ю, ты броса́ешь... наст. вр.

бро́сить св

я бро́шу, ты бро́сишь... буд. вр.

▪ бросить = прекратить делать что-либо

▪ бросить = оставить кого-либо

♦ бросать, бросить + что? *(сигарету)*

• Кто бросил + что?

Мужчина бросил сигарету.

• Кто бросил + что делать?

Мужчина бросил курить.

• Кто бросил + кого?

Муж(чина) бросил свою жену.

броса́й(те) пов. накл.; нсв

бро́сь(те) пов. накл.; св

Бросьте курить! (сейчас, в данный момент)

Бросайте курить! (вообще, навсегда)

Не бросайте сигареты на пол!

> **ЗАПОМНИТЕ**
>
> **Он не бросает слов на ветер. =**
> Он умеет держать слово,
> всегда выполняет свои обещания.

> **броситься =**
> совершить стремительное движение

Б

> «Бросил щепку оземь и осоловел —
> Столько разных мыслей было в голове!..»
>
> (Шуточные стихи) 📖

БУДИ́ТЬ нсв _____

я бужу́, ты бу́дишь... наст. вр.

разбуди́ть св

я разбужу́, ты разбу́дишь... буд. вр.

♦ будить + кого *(ребёнка)* + когда? *(рано)*

• Кто будит + кого?

Мать будит ребёнка.

• Кто разбудил + кого? + когда?

Мать разбудила ребёнка в 7 часов утра.

(раз)буди́(те) пов. накл.

Разбуди меня завтра пораньше!

─────── **ЗАПОМНИТЕ** ───────

Не буди лихо, пока оно тихо! (Поговорка) =
Не надо самому создавать опасных ситуаций.

Не буди во мне зверя! =
Не раздражай меня,
не заставляй меня становиться агрессивным.

> «На заре ты её не буди,
> На заре она сладко так спит...»
>
> (Романс) 📖

БЫВА́ТЬ нсв _____

я быва́ю, ты быва́ешь... наст. вр.

побыва́ть св

я побыва́ю, ты побыва́ешь... буд. вр.

▪ бывать, побывать = посещать, посетить что-либо

♦ бывать + где? *(в России)*

• Кто бывает + где?

Я часто бываю в России. =
Я часто посещаю Россию.

• Кто побывал + где?

Я недавно побывал в России. =
Я недавно посетил Россию.

(по)быва́й(те) пов. накл.

Если будете в Петербурге, обязательно
побывайте в Эрмитаже!

➢ см. также **БЫТЬ**

БЫТЬ[1] нсв _____

я есть, ты есть... наст. вр.

я бу́ду, ты бу́дешь, он, она, оно бу́дет, ... они бу́дут
буд. вр.

он был, она была́, оно бы́ло, они бы́ли прош. вр.

▪ быть = являться

> В наст. вр. связка "есть" не употребляется!

• Кто (есть) + кто? = Кто является + кем?

Молодой человек — студент университета.
= Молодой человек является студентом
университета.

• Что (есть) + что? = Что является + чем?

Воскресенье — (это) выходной день. = Воскре-
сенье является выходным днём.

• Кто был + кем?

Молодой человек был студентом университе-
та.

• Что было + чем?

Воскресенье было выходным днём.

будь(те) пов. накл.

Будь здоров! Будьте здоровы!

Будьте добры, помогите мне перенести вещи.

— **ЗАПОМНИТЕ** —

Хочешь быть счастливым — будь им!

(Поговорка)

Б

БЫТЬ² нсв _____

▪ **быть = иметься в наличии**

у меня (есть), у тебя (есть)... наст. вр.

• У кого есть + что? (кто?)

У профессора есть машина.

У студента есть брат.

• У кого было + что?

У профессора была машина.

• У кого есть + что? (кто?) = Кто имеет + что? (кого?)

У профессора есть машина. = Профессор
имеет машину.

• У кого будет + что?

У профессора будет машина.

• У кого не будет + чего?

У студента не будет экзамена.

☞ У кого **есть** + что? — У кого **нет** + чего?
У профессора есть машина.
У студента нет машины.

«Пусть всегда будет солнце,
Пусть всегда будет небо,
Пусть всегда будет мама,
Пусть всегда буду я».

(Детская песенка) 📖

БЫТЬ³ нсв _____

▪ **быть = находиться (неодушевлённый субъект),**
располагаться

• Где есть (был, будет) + что?

В комнате есть кровать.

В городе был театр.

В Санкт-Петербурге будет окружная автодо-
рога.

☞ Где **есть** + что? — Где **нет** + чего?
В городе есть кинотеатр.
В городе нет театра.

БЫТЬ[4] нсв

▪ быть = находиться (одушевлённый субъект), присутствовать

♦ быть + где? *(дома, в университете, в театре)*

быва́ть нсв

я быва́ю, ты быва́ешь... наст. вр.

побыва́ть св

я побыва́ю, ты побыва́ешь... буд. вр.

♦ бывать, побывать + где? *(дома, в университете, в театре)*

♦ бывать, побывать + где? *(в Петербурге)* = посещать, посетить + что? *(Петербург)*

♦ бывать + где? *(в театре)* = часто ходить + куда? *(в театр)*

♦ побывать + где? *(в театре)* = один раз сходить + куда? *(в театр)*

> ☞ был + где? = ходил + куда?
> бывал + где? = неоднократно ходил + куда? = неоднократно посещал + что?
> побывал + где? = сходил + куда? = посетил + что?

• Кто был + где? (= ходил + куда?)
Вчера студент(-ка) был(-а) в библиотеке.
(= Вчера студент(-ка) ходил(-а) в библиотеку.)
• Кто побывал + где? (= посетил + что?)
Вчера студент(-ка) побывал(-а) в библиотеке.
(= Вчера студент(-ка) посетила библиотеку.)
• Кто бывает + где? (= посещает + что?)
Студент(-ка) часто бывает в библиотеке.
(= Студент(-ка) часто посещает библиотеку.)

бу́дь(те) пов. накл.

побыва́й(те) пов. накл.

Будете в Петербурге — побывайте в Эрмитаже.

> «Не уходи, побудь со мною.
> Я так давно тебя люблю!..»
> (Романс)

ВАРИ́ТЬ нсв _____

я варю́, ты ва́ришь... наст. вр.

свари́ть св

я сварю́, ты сва́ришь... буд. вр.

♦ варить + что? *(суп, кашу, картошку, мясо, рыбу)*

  • Кто варит + что?

  Мать варит суп.

  • Кто сварил + что?

  Мать сварила кашу.

варёный (-ая, -ое, -ые) им. прилаг.

сва́ренный (-ая, -ое, -ые) страд. прич.

сва́рен (-а, -о, -ы) кр. ф. страд. прич.

свари́(те) пов. накл.

  Мама! Свари мне, пожалуйста, кашу.

---ЗАПОМНИТЕ---
**варёное мясо, варёная картошка,
варёные овощи...**

«Сварила бы баба щи,
Да кастрюлю поди поищи...»
(К.И. Чуковский, «Федорино горе»)

➤ см. также **ЗАВАРИВАТЬ**

ВЕЗТИ — см. ВОЗИТЬ

ВЕ́РИТЬ нсв _____

я ве́рю, ты ве́ришь... наст. вр.

пове́рить св

я пове́рю, ты пове́ришь... буд. вр.

♦ верить + кому? *(другу)*

♦ верить + чему? *(обещаниям)*

♦ верить + во что? *(в светлое будущее)*

♦ верить + в кого? *(в Бога)*

В

• Кто (не) верит + кому?

Он верит своему другу.

Она не верит никому.

• Кто (не) верит + чему?

Она не верит его обещаниям.

(по)ве́рь(те) пов. накл.

Поверь(те) мне — я никогда не вру!

Не верь никому!

---**ЗАПОМНИТЕ**---

Кто не верит — пусть проверит.

(Поговорка)

ВЕСТИ́ — см. ВОДИ́ТЬ

ВЕ́ШАТЬ нсв _____

я ве́шаю, ты ве́шаешь... наст. вр.

пове́сить св

я пове́шу, ты пове́сишь, ... они пове́сят буд. вр.

♦ вешать, повесить + что? *(пальто)* + куда?
(на вешалку)

• Кто повесил + что? + куда?

Гость повесил своё пальто на вешалку.

Мать повесила на окно новые занавески.

пове́шенный (-ая, -ое, -ые) страд. прич.

пове́шен (-а, -о, -ы) кр. ф. страд. прич.

• Что (было) повешено + кем? + куда?

Пальто было повешено гостем на вешалку.

На окно матерью были повешены занавески.

пове́сь(те) пов. накл.

Повесьте своё пальто на вешалку.

---**ЗАПОМНИТЕ**---

Повесьте трубку! =
Положите телефонную трубку. =
Прекратите телефонный разговор.

вешать, повесить — висеть — класть,
положить — ставить, поставить

ВГЛЯ́ДЫВАТЬСЯ нсв _____

я вгля́дываюсь, ты вгля́дываешься... наст. вр.

вгляде́ться св

я вгляжу́сь, ты вглядишься, ... они вглядя́тся буд. вр.

■ вглядываться = смотреть внимательно, обращая внимание на детали

♦ вглядываться + во что? *(в лицо собеседника)* + в кого? *(в собеседника)*

> • Кто вглядывается + в кого?
> *Режиссёр вглядывается в актрису.*
> • Кто вгляделся + во что?
> *Капитан вгляделся в даль моря.*

вгляди́сь, вгляди́тесь пов. накл.

> *Вглядитесь в этот портрет!*

➤ см. также **ГЛЯДЕТЬ**

ВЗГЛЯ́ДЫВАТЬ нсв _____

я взгля́дываю, ты взгля́дываешь... наст. вр.

взгляну́ть св

я взгляну́, ты взгля́нешь... буд. вр.

■ взглянуть = посмотреть быстро

♦ взглянуть + на кого? *(на собеседника)* + на что? *(на лицо собеседника)*

> • Кто взглядывал + на кого?
> *Молодой человек взглядывал на девушку.*
> • Кто взглянул + на что?
> *Девушка взглянула на часы.*

взгляни́(те) пов. накл.

> *Взгляните на эту картину!*

«Так взгляни ж на меня
Хоть один только раз»!

(Романс)

➤ см. также **ГЛЯДЕТЬ**

В

ВЗВÉШИВАТЬ нсв _____

я взвéшиваю, ты взвéшиваешь... наст. вр.

взвéсить св

я взвéшу, ты взвéсишь, ... они взвéсят буд. вр.

▪ взвешивать, взвесить = определять, определить вес

♦ взвешивать, взвесить + что? *(товар, багаж)*

> • Кто взвешивает + что?
>
> *Продавец взвешивает товар.*
>
> *Пассажир взвешивает свой багаж.*

взвéшенный (-ая, -ое, -ые) страд. прич.

взвéшен (-а, -о, -ы) кр. ф. страд. прич.

> • Что (было) взвешено + кем?
>
> *Багаж был взвешен пассажиром.*

взвéсь(те) пов. накл.

> *Перед посадкой в самолёт пассажир обязан*
> *взвесить свой багаж.*

━━━━━**ЗАПОМНИТЕ**━━━━━

Надо всё хорошенько взвесить. =
Надо взвесить все «за» и «против»,
надо подумать о целесообразности предприятия.

ВЗРЫВÁТЬ(СЯ) нсв _____

я взрывáю, ты взрывáешь, он, она, оно взрывáет(ся)...
наст. вр.

взорвáть(ся) св

я взорвý, ты взорвёшь, он, она, оно взорвёт(ся)...
буд. вр.

♦ взрывать, взорвать + что? *(мост, дом)*

> • Кто взорвал + что?
>
> *Партизаны взорвали мост.*
>
> • Что взорвалось?
>
> *Мост взорвался.*

взóрванный (-ая, -ое, -ые) страд. прич.

взóрван (-а, -о, -ы) кр. ф. страд. прич.

> • Что (было) взорвано + кем?
>
> *Мост был взорван партизанами.*

В

ВИ́ДЕТЬ нсв _____

я ви́жу, ты ви́дишь... наст. вр.

уви́деть св

я уви́жу, ты уви́дишь, ... они уви́дят буд. вр.

▪ увидеть + кого? = встретить + кого?

♦ видеть, увидеть + кого? *(друга, подругу)*

♦ видеть, увидеть + что? *(красивые цветы)*

• Кто увидел + что?

Девушка увидела в парке красивые цветы.

• Кто увидел + кого?

Девушка увидела на улице свою подругу.

 видеть, увидеть — смотреть, посмотреть

♦ видеться, увидеться + с кем? *(с другом, с подругой)*

 видеться, увидеться + с кем? =
встречаться, встретиться + с кем?

• Кто увиделся + с кем? + где?

*Молодой человек увиделся со своим другом
в кафе.*

*Молодой человек встретился со своим другом
в кафе.*

— **ЗАПОМНИТЕ** —

Давай увидимся с тобой в следующую субботу!

«Пришёл — увидел — победил!»

(Латинская поговорка)

«А вы учитесь не смотреть, а видеть!..»

(Б. Брехт, «Карьера Артура Уи»)

ВИНИ́ТЬ нсв _____

я виню́, ты вини́шь... наст. вр.

обвини́ть св

я обвиню́, ты обвини́шь... буд. вр.

 обвиня́ть нсв

я обвиня́ю, ты обвиня́ешь... наст. вр.

♦ винить, обвинить, обвинять + кого? *(человека)*
+ в чём? *(в нарушении закона)*

> • Кто обвинил + кого? + в чём?
>
> *Полицейский обвинил водителя в нарушении правил дорожного движения.*
>
> • Кого обвинили + в чём?
>
> *Водителя обвинили в нарушении правил дорожного движения.*

обвинённый (-ая, -ое, -ые) страд. прич.
обвинён, обвинена́ (-ó, -ы́) кр. ф. страд. прич.

> Кто (был) обвинён + в чём?
>
> *Водитель был обвинён в нарушении правил дорожного движения.*

винова́тый (-ая, -ое, -ые) им. прилаг.
винова́т (-а, -о, -ы) кр. ф. им. прилаг.

> • Кто виноват + в чём?
>
> *Водитель виноват в нарушении правил дорожного движения.*

> «Не виноватая я!.. Он сам пришёл!..»
>
> (К/ф «Бриллиантовая рука»)
>
> «Виновата ли я, что люблю?..»
>
> (Песня)

ВИСЕ́ТЬ нсв

обычно: *он виси́т, она виси́т, ... они вися́т* наст. вр.

♦ висеть + где? *(на потолке, на стене, на окне)*

> • Что висит + где?
>
> *Лампа висит на потолке (= под потолком).*
> *Картина висит на стене.*

висеть — вешать, повесить;
висеть — стоять, лежать — сидеть

Художник повесил картину на стену.
Теперь картина висит на стене.

ЗАПОМНИТЕ
висеть на телефоне =
долго говорить по телефону

В

ВКЛА́ДЫВАТЬ нсв _____

я вкла́дываю, ты вкла́дываешь... наст. вр.

вложи́ть св

я вложу́, ты вло́жишь... буд. вр.

♦ вкладывать, вложить + что? *(деньги)* + во что? *(в коммерческое предприятие)*

> • Кто вложил + что? + во что?
>
> *Инвестор вложил деньги в новое коммерческое предприятие.*

вло́женный (-ая, -ое, -ые) страд. прич.

вло́жен (-а, -о, -ы) кр. ф. страд. прич.

> • Что вложено + во что?
>
> *Деньги вложены в недвижимость.*

вкла́дывай(те) пов. накл.; нсв

вложи́(те) пов. накл.; св

> вкладывать, вложить —
> класть, положить

> **ЗАПОМНИТЕ**
>
> **Вложите ваши деньги в недвижимость.** —
> сейчас, один раз, все деньги,
> которые у вас есть
>
> **Вкладывайте ваши деньги в недвижимость.** —
> поступайте так всегда, когда у вас будут
> появляться свободные деньги

ВКЛЮЧА́ТЬ(СЯ) нсв _____

я включа́ю, ты включа́ешь, он, она, оно включа́ет(ся)... наст. вр.

включи́ть(ся) св

я включу́, ты включи́шь, он, она, оно включи́т(ся)... буд. вр.

♦ включать, включить + что? *(свет, телевизор)*

♦ включать, включить + что, кого? *(музыканта)* + в состав чего? *(в состав оркестра)*

> • Кто включил + что?
>
> *Электрик включил свет.*
>
> *Отец включил телевизор.*

• Кто включил + кого? + в состав чего?

Дирижёр включил нового музыканта в состав оркестра.

• Кого включили + в состав чего?

Нового музыканта включили в состав оркестра.

включённый (-ая, -ое, -ые) страд. прич.

включён, включена́ (-о́, -ы́) кр. ф. страд. прич.

• Что (было) включено + кем?

Свет (был) включён электриком.

• Кто (был) включён + в состав чего?

Новый музыкант (был) включён в состав оркестра.

• Что (было) включено + в состав чего?

Новая территория (была) включена в состав государства.

включа́й(те) пов. накл.; нсв

включи́(те) пов. накл.; св

Не включайте свет — ещё очень светло.

Включите телевизор — там идёт интересная передача!

> В зале включили свет.
> В зале включился свет.
> В зале был включён свет.

ВЛАДЕ́ТЬ нсв _____

я владе́ю, ты владе́ешь... наст. вр.

овладе́ть св

я овладе́ю, ты овладе́ешь... буд. вр.

овладева́ть нсв

я овладева́ю, ты овладева́ешь... наст. вр.

▪ владеть + чем? = иметь + что?

▪ владеть *(иностранным языком)* = знать *(иностранный язык)*

♦ владеть, овладеть, овладевать + чем? *(знаниями, иностранным языком)*

В

• Кто владеет + чем?

Землевладелец владеет землёй.

(= Землевладелец имеет землю.)

Фабрикант владеет фабрикой.

(= Фабрикант имеет фабрику.)

Переводчик владеет иностранным языком.

(= Переводчик знает иностранный язык.)

овладева́й(те) пов. накл.

Овладевайте знаниями, пока вы молоды!

───── **ЗАПОМНИТЕ** ─────

владеть собой =
уметь контролировать себя, своё настроение

ВЛИЯ́ТЬ нсв _____

я влия́ю, ты влия́ешь... наст. вр.

повлия́ть св

я повлия́ю, ты повлия́ешь... буд. вр.

▪ влиять + на что, на кого? = оказывать влияние
+ на что, на кого?

▪ повлиять + на что, на кого? = оказать влияние
+ на что, на кого?

♦ влиять, повлиять + на что, на кого? *(на климат,
на младшего брата)*

• Кто влияет + на кого?

*Старший брат влияет на своего младшего
брата.*

• Кто оказывает влияние + на кого?

*Старший брат оказывает влияние на своего
младшего брата.*

• Что влияет + на что?

*Тёплое морское течение влияет на климат
Скандинавии.*

• Что оказывает влияние + на что?

*Тёплое морское течение оказывает влияние
на климат Скандинавии.*

повлия́й(те) пов. накл.

*Повлияйте на вашего сына — он стал хуже
учиться.*

ЗАПОМНИТЕ

влиятельный человек =
уважаемый человек, человек, который благодаря
своему авторитету способен оказывать влияние
на изменение общественной ситуации

ВЛЮБЛЯ́ТЬСЯ нсв _____

я влюбля́юсь, ты влюбля́ешься... наст. вр.

влюби́ться св

я влюблю́сь, ты влю́бишься... буд. вр.

он влюби́лся, она влюби́лась, они влюби́лись прош. вр.

влюбиться + в кого? *(в девушку)*

> • Кто влюбился + в кого?
>
> *Студент влюбился в новую студентку.*

влюблённый (-ая, -ое, -ые) страд. прич. = им. прилаг.

влюблён, влюблена́ (-о́, -ы́) кр. ф. страд. прич.

влюбля́йтесь пов. накл.

> *Влюбляйтесь на здоровье!*

«Надо же, надо же было такому случиться:
Надо же, надо же, надо ж так было влюбиться!..»

(Песня)

«Влюблён по собственному желанию»

(Название к/ф)

➤ см. также **ЛЮБИТЬ**

ВОДИ́ТЬ нсв _____

я вожу́, ты во́дишь... (наст. вр. — обычно)

▪ водить = управлять движением в разных направлениях

вести́ нсв.

я веду́, ты ведёшь... наст. вр.

▪ вести = управлять движением в одном определённом направлении

повести́ св

я поведу́, ты поведёшь... буд. вр.

✦ **водить, вести, повести** + кого, что? *(ребёнка)* + куда? *(в детский сад)*

> • Кто ведёт + кого? + куда?
> *Мать ведёт ребёнка в детский сад.*
> • Кто водит + кого? + куда?
> *Мать каждый день водит ребёнка в детский сад.*

веди́(те) пов. накл.

> *Ведите себя прилично — вы в общественном месте!*

---**ЗАПОМНИТЕ**---
водить машину, вести корабль,
вести концерт, вести дела;
вести беседу = беседовать;
вести разговор = разговаривать;
вести себя в обществе (о поведении человека)

> «Куда бежишь, тропинка милая?
> Куда зовёшь? Куда ведёшь?..»
>
> (Песня) 📖

водить — руководить

ВОЕВА́ТЬ нсв

я вою́ю, ты вою́ешь... наст. вр.

повоева́ть св

я пово́юю, ты пово́юешь... буд. вр.

▪ воевать = участвовать в войне, осуществлять военные действия

▪ повоевать = то же, но определённый период времени

✦ воевать + с кем? *(с врагом, с противником)* + против кого? *(против вражеского государства)*

> • Кто воюет (воевал) + с кем? (против кого?)
> *Во Вторую мировую войну Россия воевала с Германией (против Германии).*

В

ЗАПОМНИТЕ

«Мы ещё повоюем!» =
Мы не намерены сдавать свои позиции.

«Да, мы умеем воевать,
но не хотим, чтобы опять
солдаты падали в бою
на землю грустную свою...»

(Е. Евтушенко)

ВОЗИ́ТЬ нсв _____

я вожу́, ты во́зишь... наст. вр.

▪ возить = осуществлять движение, перемещение чего-либо с помощью транспорта, в разных направлениях

везти́ нсв

я везу́, ты везёшь... наст. вр.

▪ везти = осуществлять движение, перемещение чего-либо с помощью транспорта, в одном направлении

повезти́ св

я повезу́, ты повезёшь... буд. вр.

♦ возить, везти, повезти + кого, что? *(ребёнка)* + на чём? *(на машине)* + куда? *(в школу)*

• Кто везёт + кого? + на чём? + куда?
Отец везёт ребёнка на машине в школу.
• Кто возит + кого? + на чём? + куда?
Отец каждый день возит ребёнка на машине в школу.

ЗАПОМНИТЕ

Ему всегда (не) везёт! =
Ему (не) всегда сопутствует удача.

Ей повезло! = К ней пришла удача.

Ей не повезло! = Удача отвернулась от неё.

Кому повезёт — у того и петух снесёт!

(Поговорка)

В

> «Раз трамвай везти не хочет —
> тут уж точно не везёт!»
> (Детский стишок)

ВОЗВРАЩА́ТЬ(СЯ) нсв _____

я возвраща́ю(сь), ты возвраща́ешь(ся)... наст. вр.

возврати́ть(ся) св

я возвращу́(сь), ты возврати́шь(ся)... буд. вр.

▪ возвратить = вернуть

♦ возвращать, возвратить, вернуть + что? *(книгу)* + куда? *(в библиотеку)*

♦ возвращать, возвратить, вернуть + что? *(долг)* + кому? *(другу)*

> • Кто возвратил + что? + куда?
> *Студент возвратил книгу в библиотеку.*
> • Кто вернул + что? + кому?
> *Студент вернул долг своему другу.*

верни́(те) пов. накл.

> *Верни мне, пожалуйста, мою книгу!*

возвраща́ться нсв

я возвраща́юсь, ты возвраща́ешься... наст. вр.

возврати́ться св

я возвращу́сь, ты возврати́шься... буд. вр.

▪ возвратиться = вернуться

♦ возвращаться, возвратиться, вернуться + откуда? *(из командировки)* + куда? *(домой)*

> • Кто вернётся + откуда? + куда? (+ когда?)
> *Отец вернётся из командировки домой через месяц.*
> • Кто возвращается + откуда? + куда? + когда?
> *Отец возвращается из командировки домой сегодня вечером.*
> • Кто вернулся + откуда? + куда? (+ когда?)
> *Отец вернулся из командировки домой неделю назад.*

возвраща́йся (возвраща́йтесь) пов. накл.

> *Возвращайтесь поскорее!*
> *Вернись! Я всё прощу!..*

> «Вы когда вернётесь?
> Я не знаю, скоро ли,
> Только возвращайтесь…
> Хоть когда-нибудь!
>
> **(Песня)**

ВОЗГЛАВЛЯ́ТЬ нсв _____

я возглавля́ю, ты возглавля́ешь… наст. вр.

возгла́вить св

я возгла́влю, ты возгла́вишь… буд. вр.

▪ возглавлять + что? = быть, находиться во главе + чего?

▪ возглавить + что? = стать во главе + чего?

♦ возглавлять, возглавить + что? *(государство, университет, делегацию)*

> • Кто возглавляет + что?
> *Президент возглавляет государство.*
>
> • Кто находится во главе + чего?
> *Президент находится во главе государства.*
>
> • Кто возглавил + что?
> *Президент возглавил официальную делегацию.*
>
> • Кто стал во главе + чего?
> *Президент стал во главе официальной делегации.*

ВОЗНИКА́ТЬ нсв_____

обычно: *он, она, оно возника́ет; они возника́ют…* наст. вр.

возни́кнуть св

обычно: *он, она, оно возни́кнет; они возни́кнут…* буд. вр.

он возни́к, она возни́кла, оно возни́кло, они возни́кли прош. вр.

▪ возникать, возникнуть = появляться, появиться неожиданно

> • Что возникло + в результате чего? (= из-за чего?)
> *Драка возникла в результате ссоры (из-за ссоры).*

В

> «И в день седьмой, в какое-то мгновенье
> она возникла из ночных огней...»
>
> (Б. Окуджава)

ВОЗОБНОВЛЯ́ТЬ нсв _____

я возобновля́ю, ты возобновля́ешь... наст. вр.

возобнови́ть св

я возобновлю́, ты возобнови́шь... буд. вр.

▪ возобновлять = начинать снова

▪ возобновить = начать снова

♦ возобновлять, возобновить + что? *(строитель-*
ство, знакомство)

> • Кто возобновил + что? + когда?
> *После войны горожане возобновили строи-*
> *тельство метро.*

возобновля́ться нсв

обычно: *он, она, оно возобновля́ется; они возобнов-*
ля́ются наст. вр.

возобнови́ться св

обычно: *он, она, оно возобнови́тся; они возобновя́-*
тся буд. вр.

> • Что возобновилось + когда?
> *Строительство метро возобновилось после*
> *войны.*

возобновлённый (-ая, -ое, -ые)
возобновлён, возобновлена́ (-о́, -ы́)

> • Что (было) возобновлено + когда?
> *Строительство метро (было) возобновлено*
> *после войны.*

ВОЗРАЖА́ТЬ нсв _____

я возража́ю, ты возража́ешь... наст. вр.

возрази́ть св

я возражу́, ты возрази́шь... буд. вр.

▪ возражать + кому? = не соглашаться + с кем?

▪ возразить + кому? = не согласиться + с кем?

♦ возражать, возразить + кому? *(собеседнику, оппоненту)*

> • Кто возразил + кому?
>
> *Аспирант возразил своему оппоненту.*

возража́й(те) пов. накл.

> *Не возражай мне, а делай, как я говорю!*

━━ **ЗАПОМНИТЕ** ━━

Что вы можете возразить на это?..

Я не возражаю. = Я не против, я согласен.

Здесь (= на это) нечего возразить!

ВОЛНОВА́ТЬ(СЯ) нсв _____

я волну́ю(сь), ты волну́ешь(ся)... наст. вр.

разволнова́ть(ся) св

я разволну́ю(сь), ты разволну́ешь(ся)... буд. вр.

взволнова́ть св

> • Кто (что) волнует + кого?
>
> *Дети своим поведением волнуют своих родителей.*
>
> *Поведение детей волнует их родителей.*

взволно́ванный (-ая, -ое, -ые) им. прилаг. = страд. прич.

взволно́ван (-а, -о, -ы) кр. ф. им. прилаг. = страд. прич.

> • Кто (был) взволнован + чем?
>
> *Родители (были) взволнованы поведением своих детей.*

(не) волну́йся, (не) волну́йтесь пов. накл.

> *Не волнуйтесь, всё будет хорошо!..*

ВООБРАЖА́ТЬ нсв _____

я воображаю, ты вообража́ешь... наст. вр.

вообрази́ть св

я воображу́, ты вообрази́шь... буд. вр.

■ вообразить = представить себе что-либо в виде образа

♦ вообразить, воображать + кого? + что?

♦ вообразить, воображать, что...

♦ вообразить, воображать (себя) + кем? + чем?

В

> • Кто вообразил + что? (что...)
> *Он вообразил (себе) царский дворец.*
> *Он вообразил (себе), что стал царём.*
> *Он вообразил себя царём.*

вообрази́(те) пов. накл.

> *Вообразите (= представьте) себе, что вы летите на воздушном шаре.*

> «Вообрази: я здесь одна,
> Никто меня не понимает...»
> (А.С. Пушкин, «Евгений Онегин»)

ВОПЛОЩА́ТЬ(СЯ) нсв

я воплоща́ю(сь), ты воплоща́ешь(ся), он, она, оно воплоща́ет(ся)... наст. вр.

воплоти́ть(ся) св

я воплощу́(сь), ты воплоти́шь(ся), он, она, оно воплоти́т(ся)... буд. вр.

▪ воплотить = осуществить, реализовать

◆ воплощать, воплотить + что? *(план, программу, мечту)* + во что? *(в жизнь)*

> • Кто воплотил + что? + во что?
> *Строители воплотили в жизнь план строительства метро.*
> *Юноша воплотил в жизнь свою мечту — поступил в университет.*
> • Что воплощается + во что?
> *План строительства метро воплощается в жизнь.*

воплощённый (-ая, -ое, -ые) страд. прич.
воплощён, воплощена́ (-о́, -ы́) кр. ф. страд. прич.

> • Что (было) воплощено + кем?
> *План строительства метро (был) воплощён в жизнь строителями.*

ВОРОВА́ТЬ нсв

я вору́ю, ты вору́ешь... наст. вр.

сворова́ть св

■ сворова́ть = укра́сть (просторечное)
я сворую́, ты своруе́шь... =
я украду́, ты украдёшь... буд. вр.
♦ воровать, украсть + что? *(деньги)* + у кого?
(у женщины) + откуда? *(из сумки)*

> • Кто укра́л + что? + у кого?
> *Вор укра́л деньги у женщины.*
> *Вор укра́л у женщины из сумки деньги.*

«...Тебя́ посо́дют, а ты — не вору́й!..»
(К/ф «Берегись автомобиля»)
«посо́дют» — просторечное, правильно — «поса́дят»

➢ см. также **КРАСТЬ**

ВОСПИ́ТЫВАТЬ(СЯ) нсв
я воспи́тываю(сь), ты воспи́тываешь(ся)... наст. вр.
■ воспитывать = заниматься воспитанием кого-либо
♦ воспитывать + кого? *(ребёнка)*
■ воспитываться = получать воспитание
♦ воспитываться + кем? *(матерью)* + где? *(в детском доме)*

воспита́ть св
я воспита́ю, ты воспита́ешь... буд. вр.

> • Кто воспитывает + кого?
> *Мать воспитывает ребёнка.*
> • Кто занимается воспитанием + кого? (чьим?)
> *Мать занимается воспитанием ребёнка.*
> • Кто воспитывался + кем?
> *Ребёнок воспитывался матерью.*
> • Кто воспитывался + где?
> *Ребёнок воспитывался в детском доме.*

воспи́танный (-ая, -ое, -ые) им. прилаг. = страд. прич.
воспи́тан (-а, -о, -ы) кр. ф. страд. прич.

> • Кто (был) воспитан + кем?
> *Ребёнок (был) воспитан матерью.*

воспи́тывай(те) пов. накл.

> *С детства воспитывайте свой характер!*

---ЗАПОМНИТЕ---

ребёнок плохо воспитан =
невоспитанный ребёнок =
ребёнок не умеет себя вести

ребёнок хорошо воспитан =
воспитанный ребёнок =
ребёнок умеет себя вести

ВОССТАВА́ТЬ нсв _____

я восстаю́, ты восстаёшь... наст. вр.

восста́ть св

я восста́ну, ты восста́нешь... буд. вр.

▪ восставать = поднимать восстание + против кого, против чего?

▪ восстать = поднять восстание + против кого, против чего?

♦ восставать, восстать + против кого? *(против тирана)* — против чего? *(против тирании)*

> • Кто восстал + против кого?
> *Рабы восстали против рабовладельцев.*
> • Кто поднял восстание + против кого?
> *Рабы подняли восстание против рабовладельцев.*
> • Кто восстал + против чего?
> *Рабы восстали против несправедливости.*

«Восстаньте, падшие рабы!»
(А.С. Пушкин, «Вольность»)

ВОССТАНА́ВЛИВАТЬ(СЯ) нсв _____

я восстана́вливаю(сь), ты восстана́вливаешь(ся)... наст. вр.

восстанови́ть(ся) св

я восстановлю́, ты восстано́вишь... буд. вр.

▪ восстанавливать(ся), восстановить(ся) = реставрировать(ся), отреставрировать(ся)

♦ восстанавливать + что? *(разрушенное здание)*

• Кто восстановил + что?

Реставраторы восстановили разрушенный дворец. = Реставраторы отреставрировали разрушенный дворец.

восстано́вленный (-ая, -ое, -ые)
восстано́влен (-а, -о, -ы)

• Что (было) восстановлено + кем?

Разрушенный дворец (был) восстановлен реставраторами.

ВРАЖДОВА́ТЬ нсв _____

я вражду́ю, ты вражду́ешь... наст. вр.

▪ враждовать = находиться во враждебных отношениях + с кем?, быть чьим-либо врагом

♦ враждовать + с кем? *(с соседями, с соседним государством)*

• Кто враждовал + с кем?

Два соседних государства враждовали друг с другом.

Два соседних государства враждовали между собой.

 враждовать — дружить

ВРАТЬ нсв _____

я вру, ты врёшь... наст. вр.

совра́ть св

я совру́, ты соврёшь... буд. вр.

▪ врать = говорить неправду

▪ соврать = сказать неправду

♦ врать, соврать + кому? *(матери)*

• Кто соврал + кому?

Ребёнок соврал своей матери.

(не) ври(те) пов. накл.

Никогда не ври!

В

➤ см. также **ЛГАТЬ**

ВРЕДИ́ТЬ нсв _____

я врежу́, ты вреди́шь... наст. вр.

навреди́ть св

я навережу́, ты навреди́шь... буд. вр.

▪ вредить = приносить, наносить вред

♦ вредить + кому, чему? *(здоровью)*

> • Что вредит + чему?
> *Курение вредит вашему здоровью.*

> • Что наносит вред + чему?
> *Курение наносит вред вашему здоровью.*

╔══════════ **ЗАПОМНИТЕ** ══════════╗
Курить — здоровью вредить!
╚════════════════════════════════╝

ВРУЧА́ТЬ нсв _____

я вруча́ю, ты вруча́ешь... наст. вр.

вручи́ть св

я вручу́, ты вручи́шь... буд. вр.

▪ вручать = (буквально) давать в руки

♦ вручать, вручить + что? *(награду)* + кому? *(ветерану)*

> • Кто вручил + что? + кому?
> *Президент вручил награды ветеранам войны.*

вручённый (-ая, -ое, -ые)

вручён, вручена́ (-о́, -ы́)

> • Что (было) вручено + кому?
> *Награды (были) вручены ветеранам войны.*

вручи́(те) пов. накл.

> *Вручите это письмо директору фирмы*
> *в собственные руки!*

ВСМА́ТРИВАТЬСЯ нсв _____

я всма́триваюсь, ты всма́триваешься... наст. вр.

всмотре́ться св

я всмотрю́сь, ты всмо́тришься... буд. вр.

▪ всматриваться + во что? = смотреть внимательно + на что?

♦ всматриваться + во что? *(в портрет)*

> • Кто всматривается + во что?
>
> *Посетитель музея всматривается в портрет.*

всмотри́сь, всмотри́тесь пов. накл.

> *Всмотритесь в черты лица на этом портрете!*

➢ см. также **СМОТРЕТЬ**

ВСПОМИНА́ТЬ нсв _____

я вспомина́ю, ты вспомина́ешь... наст. вр.

вспо́мнить св

я вспо́мню, ты вспо́мнишь... буд. вр.

▪ вспоминать, вспомнить = восстанавливать, восстановить в памяти забытую информацию

♦ вспоминать, вспомнить + что, кого? *(родину, мать)*

♦ вспоминать, вспомнить + о чём, о ком? *(о родине, о матери)*

> • Кто вспоминает + что? (кого?)
>
> *Студент часто вспоминает родину (мать).*
>
> • Кто вспомнил + о чём? (о ком?)
>
> *Студент вспомнил о родине (о матери).*

вспомина́й(те) пов. накл.

вспо́мни(те) пов. накл.

> *Вспоминай меня почаще!*
>
> *Вспоминай обо мне почаще!*
>
> *Вспомни, где ты мог забыть свой ключ.*

➢ см. также **ПОМНИТЬ**

ВСТАВА́ТЬ нсв _____

я встаю́, ты встаёшь... наст. вр.

встать св

я вста́ну, ты вста́нешь... буд. вр.

▪ вставать = подниматься на ноги

▪ вставать = пробуждаться

♦ вставать, встать + куда? *(на стул)*

♦ вставать, встать + откуда? *(со стула)*

♦ вставать, встать + когда? *(рано утром)*

В

• Кто встал + куда?
Человек встал на стул.
• Кто встал + откуда?
Человек встал со стула.
• Кто встал + когда?
Студент сегодня встал очень рано.

встава́й(те) пов. накл.; нсв
вста́нь(те) пов. накл.; св

Встань(те) в очередь!
Вставай — уже семь часов!

 вставать, встать — стоять — ставить, поставить — ложиться, лечь — садиться, сесть

ЗАПОМНИТЕ
Встаньте на моё место! =
Войдите в моё положение! =
Постарайтесь меня понять!

«Вставай, проклятьем заклеймённый,
Весь мир голодных и рабов...»
(Революционный гимн — «Интернационал»)

«Вставай, страна огромная!
Вставай на смертный бой...»
(Военная песня)

«Я сегодня до зари встану,
По широкому пройду полю...»
(Песня)

ВСТРЕЧА́ТЬ(СЯ) нсв

я встреча́ю(сь), ты встреча́ешь(ся)... наст. вр.
встре́тить(ся) св

я встре́чу(сь), ты встре́тишь(ся)... буд. вр.

♦ встречать, встретить + кого? *(друга, незнакомое слово)*

♦ встречаться, встретиться + с кем? *(с другом,*
с подругой)

> • Кто встретил + кого?
> *Студент встретил своего друга.*
> • Кто встретил + что?
> *Студент встретил в тексте незнакомое слово.*
> • Кто встретился + с кем?
> *Студент встретился со своим другом.*
> *Студентка встретилась со своей подругой.*

встречаться, встретиться —
видеться, увидеться

ЗАПОМНИТЕ

Давай встретимся завтра вечером в кафе.

«Я встретил Вас — и всё былое
В отжившем сердце ожило…»
(Романс)

ВХОДИ́ТЬ нсв _____
я вхожу́, ты вхо́дишь… наст. вр.

войти́ св
я войду́, ты войдёшь… буд. вр.
он вошёл, она вошла́, они вошли́ прош. вр.

♦ входить, войти + куда? *(в класс, в комнату)*

> • Кто входит + куда?
> *Преподаватель входит в класс.*
> • Кто вошёл + куда?
> *Девушка вошла в комнату.*

входи́(те) пов. накл.; нсв
войди́(те) пов. накл.; св

> — *Можно войти?*
> — *Входите, пожалуйста!*
> *Войдите в класс и займите своё место.*

В

> **ЗАПОМНИТЕ**
> **Войдите в моё положение!** =
> **Поймите меня и моё положение!** =
> **Посочувствуйте мне!**
>
> **войти в привычку** =
> стать привычкой

 входить, войти — ходить, идти — выходить, выйти

> «Вхожу я в тёмные храмы…»
> (А.А. Блок)

ВЫБИРА́ТЬ нсв

я выбира́ю, ты выбира́ешь… наст. вр.

вы́брать св

я вы́беру, ты вы́берешь… буд. вр.

▪ выбирать, выбрать = делать, сделать выбор

♦ выбирать, выбрать + кого, что? *(президента, профессию)*

> • Кто выбрал + кого? (что?)
> *Избиратели выбрали президента страны.*
> *Юноша выбрал (для себя) профессию лётчика.*

выбира́й(те) пов. накл.; нсв

вы́бери(те) пов. накл.; св

> *Вот красивые рубашки, выбирайте любую!*
> *Выбери тему сочинения и начинай писать.*

> «Выбери меня!
> Выбери меня,
> Птица счастья
> Завтрашнего дня!»
> (Песня)

➢ см. также **БРАТЬ**

ВЫБРА́СЫВАТЬ нсв _____

я выбра́сываю, ты выбра́сываешь... наст. вр.

вы́бросить св

я вы́брошу, ты вы́бросишь... буд. вр.

◆ выбрасывать, выбросить + что? *(мусор)*

⎪ • Кто выбросил + что?

⎪ *Хозяйка выбросила мусор в мусоропровод.*

(не) выбра́сывай(те) пов. накл.; нсв

вы́броси(те) пов. накл.; св

⎪ *Не выбрасывай мою старую куртку — она*
⎪ *мне ещё пригодится!*

┌─────────── **ЗАПОМНИТЕ** ───────────┐

Выброси ты это из головы! =
Забудь об этом!

└──────────────────────────────────┘

➤ см. также **БРОСАТЬ**

ВЫ́ГЛЯДЕТЬ нсв _____

я вы́гляжу, ты вы́глядишь... наст. вр.

▪ выглядеть = иметь определённую внешность

◆ выглядеть + как? *(хорошо, плохо)*

⎪ • Кто выглядит + как?

⎪ *Женщина выглядит хорошо.*

⎪ *Женщина выглядит как девушка (= молодо).*

┌─────────── **ЗАПОМНИТЕ** ───────────┐

Как ты сегодня хорошо выглядишь!

└──────────────────────────────────┘

ВЫГОНЯ́ТЬ нсв _____

я выгоня́ю, ты выгоня́ешь... наст. вр.

вы́гнать св

я вы́гоню, ты вы́гонишь... буд. вр.

◆ выгонять, выгнать + кого? *(собаку)* + откуда?
(из дома) + куда? *(на улицу)*

В

• Кто выгнал + кого? + откуда? + куда?

Хозяин выгнал собаку из дома на улицу.

• Кого выгнали + откуда? + за что?

Студента выгнали из университета за неуспеваемость.

───── **ЗАПОМНИТЕ** ─────

**За плохую успеваемость студента выгнали
(= отчислили) из университета.**

**В такую погоду хороший хозяин собаку
на улицу не выгонит!** (Поговорка) =
Очень плохая погода!

➤ см. также **ГОНЯТЬ — ГНАТЬ**

ВЫЗЫВА́ТЬ нсв _____

я вызыва́ю, ты вызыва́ешь... наст. вр.

вы́звать св

я вы́зову, ты вы́зовешь... буд. вр.

♦ вызывать, вызвать + кого? *(врача)* + откуда?
(из поликлиники) + куда? *(на дом)*

• Кто вызвал + кого? + откуда? + куда? (к кому?)

*Мать вызвала врача из поликлиники на дом
к больному ребёнку.*

• Кого вызвали + куда? (к кому?)

Профессора вызвали к ректору.

вызыва́й(те) пов. накл.; нсв

вы́зови(те) пов. накл.; св

*Если вы почувствуете себя плохо, вызывайте
врача.*

*У меня поднялась температура — вызови,
пожалуйста, врача.*

───── **ЗАПОМНИТЕ** ─────

вызвать кого-либо на откровенность =
сделать так, чтобы человек раскрыл какую-нибудь
конфиденциальную информацию

➤ см. также **ЗВАТЬ**

ВЫИ́ГРЫВАТЬ нсв _____

я выи́грываю, ты выи́грываешь... наст. вр.

вы́играть св

я вы́играю, ты вы́играешь... буд. вр.

▪ выиграть = победить в игре, в соревновании

♦ выиграть + что? *(матч)* + у кого? *(у команды соперника)*

♦ выиграть + во что? *(в карты, в лотерею)* + что? *(деньги)*

> • Кто выиграл + что? + у кого?
>
> *Команда нашего университета выиграла матч у команды соперника.*
>
> • Кто выиграл + во что? + что?
>
> *Мой друг выиграл в лотерею автомобиль.*

выи́грывай(те) пов. накл.; нсв

вы́играй(те) пов. накл.; св

> *Играйте и выигрывайте!*

> **выигрывать, выиграть —**
> **проигрывать, проиграть**

> — Ты слышал, что Петров выиграл
> в лотерею автомобиль?
> — Слышал!.. Но не автомобиль, а сто рублей.
> И не в лотерею, а в карты. И не выиграл,
> а проиграл!
>
> (Анекдот)

➢ см. также **ИГРАТЬ**

ВЫКЛЮЧА́ТЬ(СЯ) нсв _____

я выключа́ю, ты выключа́ешь, он, она, оно выключа́ет(ся)... наст. вр.

вы́ключить(ся) св

я вы́ключу, ты вы́ключишь, он, она, оно вы́ключит(ся)... буд. вр.

♦ выключать, выключить + что? *(свет, телевизор)*

• Кто выключил + что?

Электрик выключил свет.

Отец выключил телевизор.

• Что выключилось + где?

В зале выключился свет.

вы́ключенный (-ая, -ое, -ые) страд. прич.

вы́ключен (-а, -о, -ы) кр. ф. страд. прич.

• Что (было) выключено + кем?

Свет (был) выключен электриком.

выключа́й(те) пов. накл.; нсв

вы́ключи(те) пов. накл.; св

Не выключайте свет — я ещё немного почитаю.

Выключите телевизор — уже очень поздно.

> В зале выключили свет.
> В зале выключился свет.
> В зале был выключен свет.

ВЫНИМА́ТЬ нсв

я вынима́ю, ты вынима́ешь... наст. вр.

вы́нуть св

я вы́ну, ты вы́нешь... буд. вр.

♦ вынимать, вынуть + что? *(продукты)* + откуда? *(из сумки)*

• Кто вынимает + что? + откуда?

Мать вынимает продукты из сумки.

• Кто вынул + что? + откуда?

Студент вынул книги из портфеля.

вынима́й(те) пов. накл.; нсв

вы́нь(те) пов. накл.; св

Каждый день вынимайте почту из почтового ящика.

Вынь руки из карманов, когда разговариваешь со старшими!

вынимать, вынуть — класть, положить —
доставать, достать

ВЫНУЖДА́ТЬ нсв _____

я вынужда́ю, ты вынужда́ешь... наст. вр.

вы́нудить св

я вы́нужу, ты вы́нудишь... буд. вр.

▪ вынуждать, вынудить = заставлять, заставить

♦ **вынуждать + кого?** *(студента)* **+ что делать?**
(много заниматься)

♦ **вынудить + кого?** *(противника)* **+ что сделать?**
(сдаться)

> • Что вынуждает + кого? + что делать?
>
> *Обстоятельства вынуждают студента*
> *много заниматься.*
>
> • Что вынудило + кого? + что сделать?
>
> *Активные действия милиции вынудили*
> *преступника сдаться.*

вы́нужденный (-ая, -ое, -ые) им. прилаг. = страд. прич.
вы́нужден (-а, -о, -ы) кр. ф. им. прилаг. = страд. прич.

▪ вынужден, вынуждена = должен, должна (против
желания)

> • Кто (был) вынужден + что (с)делать?
>
> *Преступник был вынужден сдаться (благода-*
> *ря активным действиям милиции).*

(не) вынужда́й(те) пов. накл.

> *Не вынуждайте меня быть строгим к вам!*

— ЗАПОМНИТЕ —

Я вынужден уехать. =
Я уезжаю против своей воли. =
Я не хочу уезжать, но должен.

ВЫПОЛНЯ́ТЬ нсв _____

я выполня́ю, ты выполня́ешь... наст. вр.

вы́полнить св

я вы́полню, ты вы́полнишь... буд. вр.

♦ **выполнять, выполнить + что?** *(план, программу,*
приказ, поручение)

> • Кто выполняет + что?
>
> *Спортсмен выполняет план тренировок.*

> • Кто выполнил + что?
>
> *Студент выполнил поручение профессора.*
>
> *Солдат выполнил приказ командира.*

вы́полненный (-ая, -ое, -ые) страд. прич.

вы́полнен (-а, -о, -ы) кр. ф. страд. прич.

> • Что выполнено + кем?
>
> *Приказ командира выполнен солдатом.*

выполня́й(те) пов. накл.; нсв

вы́полни(те) пов. накл.; св

> *Выполняйте мой приказ!*
>
> *Выполните первое задание.*

—ЗАПОМНИТЕ—

Я готов выполнить любое ваше желание!

ВЫПУСКА́ТЬ нсв _____

я выпуска́ю, ты выпуска́ешь... наст. вр.

вы́пустить св

я вы́пущу, ты вы́пустишь... наст. вр.

▪ выпускать, выпустить = производить, произвести что-либо

▪ выпускать, выпустить = предоставлять, предоставить свободу

◆ выпускать, выпустить + кого? *(птицу из клетки, ученика из школы, арестанта из тюрьмы)*

> • Кто выпустил + кого? + откуда?
>
> *Мальчик выпустил птицу из клетки.*
>
> • Кто выпускает + что?
>
> *Завод выпускает легковые автомобили.*
>
> *Издательство выпускает учебную литературу.*

вы́пущенный (-ая, -ое, -ые) страд. прич.

вы́пущен (-а, -о, -ы) кр. ф. страд. прич.

> • Что было выпущено + кем? (+ когда?)
>
> *(В прошлом году) заводом были выпущены легковые автомобили.*

выпуска́й(те) пов. накл.; нсв

вы́пусти(те) пов. накл.; св

> Не выпускайте детей на улицу — там очень
> холодно.
>
> Выпустите нас на улицу — в классе очень жарко.

➤ см. также **ПУСКАТЬ**

ВЫРАЖА́ТЬ(СЯ) нсв _____

я выража́ю(сь), ты выража́ешь(ся)... наст. вр.

вы́разить(ся) св

я вы́ражу(сь), ты вы́разишь(ся)... буд. вр.

♦ выражать, выразить + что? *(мысль, мнение,*
чувство, настроение)

> • Кто выразил + что?
>
> Философ точно выразил свою мысль.
>
> Докладчик выразил общее мнение присут-
> ствующих.
>
> Художник выразил в своей картине осеннее
> настроение.

выража́й(те) пов. накл.; нсв

вы́рази(те) пов. накл.; св

> Выражайте свои мысли ясно и чётко.
>
> Вырази свою мысль более чётко.

выража́ться нсв

я выража́юсь, ты выража́ешься... наст. вр.

вы́разиться св

я вы́ражусь, ты вы́разишься... буд. вр.

▪ выражаться = предавать словами свою мысль

▪ выразиться = передать словами свою мысль

(не) выража́йся, выража́йтесь пов. накл.

> Выражайтесь ясно и коротко.

───**ЗАПОМНИТЕ**───

Не выражайтесь!.. =
Не используйте в своей речи грубых,
нецензурных слов.

Я не так выразился. =
Я неправильно (неадекватно)
выразил свою мысль.

В

> «Но притворитесь! Этот взгляд
> Всё может выразить так чудно!»
>
> (А.С. Пушкин) 📖

ВЫРУЧА́ТЬ нсв _____

я выруча́ю, ты выруча́ешь... наст. вр.

вы́ручить св

я вы́ручу, ты вы́ручишь... буд. вр.

▪ выручить = помочь в трудной, опасной ситуации

♦ выручать, выручить + кого? *(друга)*

> • Кто выручил + кого?
>
> *Человек выручил своего друга из беды.*

выруча́й(те) пов. накл.; нсв

вы́ручи(те) пов. накл.; св

---**ЗАПОМНИТЕ**---

Сам погибай, а товарища выручай!

(Жизненный принцип)

ВЫСТУПА́ТЬ нсв _____

я выступа́ю, ты выступа́ешь... наст. вр.

вы́ступить св

я вы́ступлю, ты вы́ступишь... буд. вр.

♦ выступать, выступить + где? *(на концерте, на собрании)*

♦ выступать, выступить + с чем? *(с песней, с докладом)*

> • Кто выступил + где? + с чем?
>
> *Композитор выступил на концерте со своей новой песней.*
>
> *Учёный выступил на конференции со своим докладом.*

ВЫСЫПА́ТЬСЯ нсв _____

я высыпа́юсь, ты высыпа́ешься... наст. вр.

вы́спаться св

я вы́сплюсь, ты вы́спишься... буд. вр.

■ выспаться = восстановить силы в процессе сна

♦ выспаться + как? *(хорошо, плохо)*

> • Кто выспался + как?
>
> *Студент плохо выспался перед экзаменом.*
>
> *Студент хорошо выспался в воскресенье.*

ЗАПОМНИТЕ

**Завтра у меня трудный день —
надо хорошо выспаться!**

➢ см. также **СПАТЬ**

ВЫТИРÁТЬ нсв _____

я вытирáю, ты вытирáешь... наст. вр.

вы́тереть св

я вы́тру, ты вы́трешь... буд. вр.

он вы́тер, она вы́терла, ... они вы́терли прош. вр.

♦ вытирать, вытереть + что? *(стол, пыль)* + чем?
(тряпкой)

> • Кто вытирает + что? + чем?
>
> *Мать вытирает пыль тряпкой.*

вытирáй(те) пов. накл.

вы́три(те) пов. накл.

> *Вытирайте пыль почаще!*
>
> *Вытри, пожалуйста, пыль — мне некогда...*

ВЫХОДИ́ТЬ нсв _____

я выхожý, ты выхóдишь... наст. вр.

вы́йти св

я вы́йду, ты вы́йдешь... буд. вр.

он вы́шел, она вы́шла, они вы́шли прош. вр.

♦ выходить, выйти + откуда? *(из класса, из комнаты)* + куда? *(в коридор, на улицу)*

■ выходить, выйти замуж = вступать, вступить в
брак (для женщин)

♦ выходить, выйти замуж + за кого? *(за любимого
человека)*

(жениться = вступать, вступить в брак (для мужчин))

• Кто выходит + откуда? + куда?

Преподаватель выходит из класса в коридор.

• Кто вышел + откуда? + куда?

Девушка вышла из квартиры на улицу.

• Кто вышел замуж + за кого?

Девушка вышла замуж за своего любимого молодого человека.

выходи́(те) пов. накл.; нсв

вы́йди(те) пов. накл.; св

Выходите почаще на свежий воздух.

Выйди из комнаты — ты нам мешаешь заниматься.

───── **ЗАПОМНИТЕ** ─────

У меня ничего не выходит. =
У меня ничего не получается.

Так уж вышло. =
Так уж случилось.

«Так уж бывает, так уж выходит —
Кто-то теряет…
А кто-то находит!..»

(Песня)

«Выхожу один я на дорогу;
Сквозь туман кремнистый путь блестит».

(М.Ю. Лермонтов)

**выходить, выйти — ходить, идти —
входить, войти**

выходить, выйти замуж + ка кого? —
жениться + на ком? — пожениться

ВЫЯСНЯ́ТЬ нсв _____

я выясня́ю, ты выясня́ешь… наст. вр.

вы́яснить св

я вы́ясню, ты вы́яснишь… буд. вр.

■ выяснять = узнавать (= делать ясным для себя)

▪ выяснить = узнать (= сделать ясным для себя)

◆ выяснять, выяснить + что? *(детали происшествия)*

> • Кто выясняет + что?
>
> *Милиционер выясняет детали происшествия.*

вы́ясни(те) пов. накл.

> *Выясните в деканате, когда будет экзамен.*

ЗАПОМНИТЕ

**Муж и жена выясняют (свои) отношения. =
Обычно: муж с женой ругаются.**

ГАДА́ТЬ нсв _____

> *я гада́ю, ты гада́ешь...* наст. вр.

▪ гадать = пытаться ответить на вопрос, не имея достаточной информации

угада́ть св

> *я угада́ю, ты угада́ешь...* буд. вр.

▪ угадать = ответить на вопрос, не имея достаточной информации

уга́дывать нсв

> *я уга́дываю, ты уга́дываешь...* наст. вр.

▪ гадать, погадать = с помощью магических манипуляций предсказывать, предсказать будущее

◆ гадать, погадать + на чём? *(на картах, на кофейной гуще)*; + как? *(по руке)*

◆ гадать, погадать + кому? *(девушке)*

> • Кто гадает + кому? + на чём?
>
> *Цыганка гадает девушке на картах.*

уга́дывай(те) пов. накл.; нсв

угада́й(те) пов. накл.; св

погада́й(те) пов. накл.

> *Угадай, как зовут нашу новую студентку!*

ЗАПОМНИТЕ

Дай погадаю!

(Предложение цыганской гадалки)

ГАРАНТИ́РОВАТЬ нсв = св _____

я гаранти́рую, ты гаранти́руешь... наст. вр. = буд. вр.

■ гарантировать = давать, обеспечивать гарантию

◆ гарантировать + кому? *(клиенту)* + что? *(каче-ство продукции)*

> • Кто гарантирует + кому? + что?
>
> *Изготовитель гарантирует клиенту каче-ство своей продукции.*

гаранти́рованный (-ая, -ое, -ые) страд. прич.

гаранти́рован (-а, -о, -ы) кр. ф. страд. прич.

> *Качество продукции гарантировано!*

─ **ЗАПОМНИТЕ** ─

Мы гарантируем вам высокое качество своей продукции.

Мы даём вам гарантию на два года. =
Мы предоставляем вам гарантию на два года.

ГАСИ́ТЬ нсв _____

я гашу́, ты га́сишь... наст. вр.

погаси́ть св

я погашу́, ты пога́сишь... буд. вр.

◆ гасить, погасить + что? *(огонь, свет)*

> • Кто погасил + что?
>
> *Пожарный погасил огонь.*
>
> *Мать погасила свет в детской спальне.*

пога́шенный (-ая, -ое, -ые) страд. прич.

пога́шен (-а, -о, -ы) кр. ф. страд. прич.

> • Что (было) погашено + кем?
>
> *Свет в детской спальне (был) погашен матерью.*

гаси́(те) пов. накл.; нсв

погаси́(те) пов. накл.; св

> *Уходя, гасите свет!*
>
> *Погасите свет — ещё совсем светло.*

 гасить, погасить — гаснуть, погаснуть — зажигать, зажечь

ГА́СНУТЬ нсв _____

он, она га́снет, они га́снут наст. вр.

пога́снуть св

он, она пога́снет, они пога́снут буд. вр.

он пога́с, она пога́сла, оно пога́сло, ... они пога́сли прош. вр.

> • Что гаснет?
>
> *Огонь гаснет.*
>
> • Что погасло?
>
> *Свет погас.*

> «Погасло дневное светило...»
>
> (А.С. Пушкин)

 гаснуть, погаснуть —
загораться, загореться

ГИ́БНУТЬ нсв _____

я ги́бну, ты ги́бнешь... наст. вр.

поги́бнуть св

я поги́бну, ты поги́бнешь... буд. вр.

он поги́б, она поги́бла, оно поги́бло, ... они поги́бли прош. вр.

погиба́ть нсв

я погиба́ю, ты погиба́ешь... наст. вр.

▪ погибать = гибнуть

▪ погибнуть = умереть неестественной смертью

▪ погибнуть = прекратить своё существование

♦ погибнуть + при каких обстоятельствах? *(в бою, в автокатастрофе, при пожаре)*

> • Кто погиб + при каких обстоятельствах?
>
> *Солдат погиб в бою.*
>
> *Автогонщик погиб в автокатастрофе.*
>
> • Что погибло + при каких обстоятельствах?
>
> *Библиотека погибла при пожаре.*

погиба́й(те) пов. накл.

> **ЗАПОМНИТЕ**
>
> **Сам погибай, а товарища выручай!**
>
> (Жизненный принцип)

Г

> «Погиб поэт! — невольник чести...»
> (М.Ю. Лермонтов, «Смерть поэта»)

⚖ **гибнуть, погибнуть — губить, погубить**

ГЛА́ДИТЬ нсв _____

я гла́жу, ты гла́дишь... наст. вр.

погла́дить св

я погла́жу, ты погла́дишь... буд. вр.

▪ гладить = делать гладким

♦ гладить, погладить + что? *(бельё)* + чем? *(утюгом)*

▪ гладить = ласкать

♦ гладить, погладить + кого? *(ребёнка по голове)*

> • Кто гладит + что? (+ чем?)
>
> *Мать гладит (утюгом) постельное бельё.*
> • Кто погладил + кого?
>
> *Мать погладила ребёнка по голове.*

погла́дь(те) пов. накл.

> *Погладь мне, пожалуйста, рубашку.*

ГЛОТА́ТЬ нсв _____

я глота́ю, ты глота́ешь... наст. вр.

проглоти́ть св

я проглочу́, ты прогло́тишь... буд. вр.

♦ проглотить + что? *(таблетку)*

> • Кто проглотил + что?
>
> *Больной проглотил таблетку.*

глота́й(те) пов. накл.; нсв

проглоти́(те) пов. накл.; св

> *Проглоти таблетку.*

ГЛО́ХНУТЬ нсв _____

я гло́хну, ты гло́хнешь... наст. вр.

я огло́х, ты огло́хла... прош. вр.

огло́хнуть св

я огло́хну, ты огло́хнешь... буд. вр.

▪ глохнуть = терять слух, становиться глухим

Г

■ **оглохнуть** = потерять слух, стать глухим

> • Кто оглох?
>
> *Композитор Бетховен оглох.*
> • Кто потерял слух?
>
> *Композитор Бетховен потерял слух.*
> • Кто стал глухим?
>
> *Композитор Бетховен стал глухим.*

> **глохнуть, оглохнуть —
> слепнуть, ослепнуть**

ГЛЯДÉТЬ нсв _____

> *я гляжу́, ты гляди́шь...* наст. вр.

поглядéть св

> *я погляжу́, ты погляди́шь...* буд. вр.

■ **глянуть** = поглядеть

■ **глядеть, поглядеть** = смотреть, посмотреть

◆ **глядеть, поглядеть** + на кого? + на что? *(на девушку, на картину)*

> • Кто поглядел + на кого?
>
> *Мать поглядела на своего ребёнка.*
> • Кто поглядел + на что?
>
> *Художник поглядел на свою картину.*

погляди́(те) пов. накл.

> *Погляди на ту девушку.*

> «Печально я гляжу на наше поколенье!
> Его грядущее — иль пусто, иль темно...»
>
> (М.Ю. Лермонтов, «Дума») 📖

> **глядеть — вглядываться, вглядеться —
> взглядывать, взглянуть —
> заглядывать, заглянуть**

ГНАТЬ — см. **ГОНЯТЬ**

ГНАТЬСЯ — см. **ГОНЯТЬСЯ**

ГОВОРИ́ТЬ нсв _____

я говорю́, ты говори́шь... наст. вр.

сказа́ть св

я скажу́, ты ска́жешь... буд. вр.

♦ говорить, сказать + кому? *(другу, подруге)* + о чём? *(о том, что...)*

поговори́ть св

я поговорю́, ты поговори́шь... буд. вр.

▪ поговорить = говорить немного, непродолжительное время

> • Кто сказал + кому? + о чём?
>
> *Студент сказал своему другу о том, что у него скоро будет экзамен.*
>
> *Девушка сказала своей подруге о том, что она скоро выходит замуж.*

говори́(те) пов. накл.; нсв

скажи́(те) пов. накл.; св

> *Говорите, я вас слушаю.*
>
> *Скажите, пожалуйста, как пройти к Большому театру?*

> «Скажи мне, кудесник, любимец богов,
> Что сбудется в жизни со мною?..»
>
> (А.С. Пушкин)
>
> «Поговори-ка ты со мной,
> гитара семиструнная!..»
>
> (Романс)

> говорить, сказать — разговаривать — рассказывать, рассказать — договариваться, договориться

ГОЛОСОВА́ТЬ нсв _____

я голосу́ю, ты голосу́ешь... наст. вр.

▪ голосовать = отдавать свой голос + за кого?

проголосова́ть св

я проголосу́ю, ты проголосу́ешь... буд. вр.

♦ **проголосовать** = отдать свой голос + за кого?
(за кандидата в депутаты)

> • Кто проголосовал + за кого?
> *Избиратели проголосовали за кандидата в депутаты.*
> • Кто отдал свой голос + за кого?
> *Избиратели отдали свои голоса за кандидата в депутаты.*

голосу́й(те) пов. накл.

> *Голосуйте за нашего кандидата!*

ГОНЯ́ТЬ нсв

я гоня́ю, ты гоня́ешь... наст. вр.

▪ **гонять** = заставлять кого-либо двигаться в разных направлениях

гнать нсв

я гоню́, ты го́нишь... наст. вр.

▪ **гнать** = заставлять кого-либо двигаться в одном определённом направлении

погна́ть св

я погоню́, ты пого́нишь... буд. вр.

▪ **погнать** = заставить кого-либо двигаться

♦ **гонять, гнать, погнать** + кого? *(коров)*

> • Кто гонит + кого? + куда?
> *Пастух гонит коров в поле.*

гони́(те) пов. накл.

ЗАПОМНИТЕ

> **Не гони коня кнутом, а гони овсом!**
>
> (Поговорка)

> **«Ямщик, не гони лошадей!**
> **Мне некуда больше спешить...»**
>
> (Романс)

ГОНЯ́ТЬСЯ нсв

я гоня́юсь, ты гоня́ешься... наст. вр.

гна́ться св

я гоню́сь, ты го́нишься... наст. вр.

▪ гоняться, гнаться = стараться догнать кого-либо

погна́ться св

я погоню́сь, ты пого́нишься... буд. вр.

▪ погнаться = начать догонять кого-либо

♦ гоняться, гнаться, погнаться + за кем? *(за зайцем)*

> • Кто гонится + за кем?
> *Собака гонится за зайцем.*

ЗАПОМНИТЕ

**За двумя зайцами погонишься —
ни одного не поймаешь.**

(Народная мудрость)

«Не гонялся бы ты, поп, за дешевизной!..»

(А.С. Пушкин, «Сказка о попе и работнике его Балде»)

ГОРДИ́ТЬСЯ нсв

я горжу́сь, ты горди́шься... наст. вр.

▪ гордиться = испытывать гордость за кого-либо или что-либо

♦ гордиться + чем? *(родиной)*

♦ гордиться + кем? *(отцом)*

> • Кто гордится + чем?
> *Граждане страны гордятся историей своей родины.*
>
> • Кто гордится + кем?
> *Сын гордится своим отцом.*
>
> • Кто испытывает гордость + за что?
> *Граждане страны испытывают гордость за свою родину.*
>
> • Кто испытывает гордость + за кого?
> *Сын испытывает гордость за своего отца.*

ЗАПОМНИТЕ

Я русский и тем горжусь!

Г

ГОРЕ́ТЬ нсв _____

я горю́, ты гори́шь... наст. вр.

сгоре́ть св

я сгорю́, ты сгори́шь... буд. вр.

▪ гореть = быть объятым огнём (пламенем), служить источником света

▪ сгореть = погибнуть в огне

▪ загораться = начинать гореть

▪ загореться = начать гореть

> • Что загорелось?
> *Дом загорелся.*
> • Что горит?
> *Дом горит.*
> • Что сгорело?
> *Дом сгорел.*

гори́ пов. накл.

 гореть, сгореть — загораться, загореться

ЗАПОМНИТЕ

Гори всё синим пламенем!

(Выражение отчаяния и крайней степени безразличия ко всему окружающему)

«Горит восток зарёю новой!..»

(А.С. Пушкин, «Полтава»)

«Гори, гори, моя звезда...»

(Романс)

ГОСТИ́ТЬ нсв _____

я гощу́, ты гости́шь... наст. вр.

▪ гостить = быть, находиться в гостях

погости́ть св

я погощу́, ты погости́шь... буд. вр.

▪ погостить = побыть в гостях определённое время

♦ гостить, погостить + у кого? *(у друзей)*

> • Кто гостит + у кого?
> *Друг отца гостит у нас.*

погости́(те) пов. накл.

| *Погостите у нас несколько дней!*

ГОТО́ВИТЬ(СЯ) нсв _____

я гото́влю(сь), ты гото́вишь(ся)... наст. вр.

приготóвить(ся) св

я пригото́влю(сь), ты пригото́вишь(ся)... буд. вр.

подготóвить(ся) св

я подгото́влю(сь), ты подгото́вишь(ся)... буд. вр.

♦ готовить + что? *(обед, доклад)*

♦ приготовить + что? *(обед)*

♦ подготовить + что? *(доклад)*

♦ готовить, подготовить + кого? *(абитуриента)*
+ к чему? *(к вступительному экзамену)*

| • Кто готовит + что?
| *Мать готовит обед.*
| *Учёный готовит научный доклад.*
| • Кто приготовил + что?
| *Мать приготовила завтрак.*
| • Кто подготовил + что?
| *Учёный подготовил научный доклад.*

гото́виться нсв

я гото́влюсь, ты гото́вишься... наст. вр.

пригото́виться св

я пригото́влюсь, ты пригото́вишься... буд. вр.

подгото́виться св

я подгото́влюсь, ты подгото́вишься... буд. вр.

♦ приготовиться + к чему? *(к выступлению)*

♦ подготовиться + к чему? *(к докладу)*

| • Кто приготовился + к чему?
| *Артист приготовился к выступлению.*
| • Кто подготовился + к чему?
| *Учёный подготовился к докладу на конферен-
| ции.*

гото́вый (-ая, -ое, -ые) им. прил.

гото́в (-а, -о, -ы) кр. ф. им. прил.

| • Кто готов + к чему?
| *Артист готов к выступлению.*

гото́вь(те) пов. накл.

гото́вься пов. накл.

гото́вьтесь пов. накл.

подгото́вь(те) пов. накл.

подгото́вься пов. накл.

подгото́вьтесь пов. накл.

пригото́вь(те) пов. накл.

пригото́вься пов. накл.

пригото́вьтесь пов. накл.

Готовься стать защитником отечества!

Подготовьте доклад к научной конферен-
ции.

Подготовься к экзаменам как следует
(= хорошо).

Приготовь, пожалуйста, обед к пяти часам.

Приготовьтесь! Сейчас ваш выход (на сцену).

──── **ЗАПОМНИТЕ** ────
Готовь сани с лета, а телегу — с зимы!

(Пословица)

ГРАНИ́ЧИТЬ нсв _____

обычно: *он, она грани́чит, они грани́чат* наст. вр.

▪ граничить = иметь общую границу

♦ граничить + с чем, с кем? *(с соседними странами)*

• Что (какое государство) граничит +
с чем (с каким государством)?
Россия граничит с Китаем.

──── **ЗАПОМНИТЕ** ────
На севере Россия граничит с Норвегией
и с Финляндией, на западе — с Эстонией,
Латвией, Литвой, Польшей и Белоруссией,
на юго-западе — с Украиной, на юге она
граничит с Грузией, Азербайджаном,
Казахстаном и Таджикистаном,
на юго-востоке — с Монголией,
Китаем и Кореей.

Г

ГРЕТЬ(СЯ) нсв _____

я гре́ю(сь), ты гре́ешь(ся)... наст. вр.

согре́ть(ся) св

я согре́ю(сь), ты согре́ешь(ся)... буд. вр.

▪ греть, согреть = делать, сделать что-либо горячим, тёплым

♦ греть, согреть + что? *(обед, чай)*

  | • Кто согрел + что?
  | *Мать согрела обед.*

▪ согреть = подогреть = разогреть св

▪ согревать = подогревать = разогревать нсв

  | *Мать согрела обед.*
  | *Мать подогрела обед.*
  | *Мать разогрела обед.*

согре́й(те) пов. накл.

подогре́й(те) пов. накл.

разогре́й(те) пов. накл.

  | *Разогрей, пожалуйста, обед — мне скоро*
  | *уходить.*

гре́ться нсв

я гре́юсь, ты гре́ешься... наст. вр.

согре́ться св

я согре́юсь, ты согре́ешься... буд. вр.

  | • Кто греется (+ как, где?..)
  | *Туристы греются у костра.*

> «Устал я греться
> У чужого огня...»
> **(Ария Мистера Икс**
> **из оперетты «Принцесса цирка»)**

ГРУЗИ́ТЬ нсв _____

я гружу́, ты гру́зишь... наст. вр.

погрузи́ть св

я погружу́, ты погру́зишь... буд. вр.

разгрузи́ть св

я разгружу́, ты разгру́зишь... буд. вр.

разгружа́ть нсв

я разгружа́ю, ты разгружа́ешь... наст. вр.

> ### грузить, погрузить —
> ### разгружать, разгрузить

▪ грузить = укладывать (устанавливать) груз на транспортное средство; совершать погрузку

▪ погрузить = осуществить, закончить погрузку

▪ разгружать, разгрузить = снимать, снять груз с транспортного средства

♦ грузить, погрузить + что? *(вещи, мебель)* + куда? *(на машину)*

> • Кто погрузил + что? + куда?
> *Грузчики погрузили мебель на грузовую машину.*

грузи́(те) пов. накл.; нсв

погрузи́(те) пов. накл.; св

разгружа́й(те) пов. накл.; нсв

разгрузи́(те) пов. накл.; св

> *Грузите вещи на машину.*

> «Грузите апельсины бочками.
> Братья Карамазовы».
> (И. Ильф и Е. Петров,
> «Золотой телёнок»)

ГРУСТИ́ТЬ нсв

я грущу́, ты грусти́шь... наст. вр.

▪ грустить = испытывать грусть

загрусти́ть св

я загрущу́, ты загрусти́шь... буд. вр.

▪ загрустить = начать грустить

♦ грустить, загрустить + о чём? *(о родине)*

♦ грустить, загрустить + о ком? *(о матери)*

> • Кто грустит + о ком?
> *Дочь грустит о матери.*

(не) грусти́(те) пов. накл.

> *Не грусти! Скоро поедешь домой.*

> «Не грусти так шибко обо мне…»
>
> (С. Есенин, «Письмо к матери»)

ГУБИ́ТЬ нсв

я гублю́, ты гу́бишь… наст. вр.

погуби́ть св

я погублю́, ты погу́бишь… буд. вр.

◆ губить, погубить + что? *(город, молодость)*

◆ губить, погубить + кого? *(человека, людей)*

• Кто погубил + что?

Враг погубил город.

Человек погубил свою молодость.

• Что погубило + что?

Землетрясение погубило город.

Несчастная любовь погубила молодость девушки.

───── **ЗАПОМНИТЕ** ─────

**загубить (= погубить) свой талант =
не дать развиться природным способностям**

> «Не губите молодость, ребятушки,
> Не влюбляйтесь в девок с юных лет…»
>
> (Песня)
>
> «девок» — просторечное, правильно: «девушек»
>
> «Вы сгубили меня, очи чёрные,
> Унесли навек моё счастье…»
>
> (Романс)

 губить, погубить — гибнуть, погибнуть

ГУЛЯ́ТЬ нсв

я гуля́ю, ты гуля́ешь… наст. вр.

погуля́ть св

я погуля́ю, ты погуля́ешь… буд. вр.

▪ гулять = ходить пешком на свежем воздухе для отдыха и удовольствия

▪погулять = то же, но недолго, определённое время

> • Кто гуляет + где?
>
> *Дети гуляют в парке.*
>
> *Туристы гуляют по городу.*

погуля́й(те) пов. накл.

> *Погуляйте немного на свежем воздухе.*

▪гулять = весело проводить свободное время, праздновать

▪загулять = предаться долговременному праздному времяпрепровождению; долго праздновать

> ━━━━ЗАПОМНИТЕ━━━━
>
> **гулять на свадьбе =**
>
> праздновать, отмечать бракосочетание
>
> **Кончил дело — гуляй смело!**
>
> (Пословица)

> «Эх, загулял, загулял, загулял
>
> Парнишка, парень молодой, молодой...»
>
> (Народная песня)

ДАВА́ТЬ нсв _____

> *я даю́, ты даёшь...* наст. вр.

дать св

> *я дам, ты дашь, он(а) даст, мы дади́м, вы дади́те, они даду́т* буд. вр.

◆давать, дать + что? *(книгу, совет, возможность)* + кому? *(другу, подруге)*

> • Кто даёт + что? + кому?
>
> *Студент даёт книгу своему другу.*
>
> • Кто дал + что? + кому?
>
> *Отец дал хороший совет сыну.*
>
> • Что даёт возможность + что сделать?
>
> *Высшее образование даёт возможность получить хорошую работу.*

да́нный (-ая, -ое, -ые) страд. прич. (= им. прил. в значении «этот»)

дан (-а́, -о́, -ы́) кр. ф. страд. прич.

> • Что (было) дано + кому? + кем?
> *Хороший совет был дан сыну отцом.*

да́й(те) пов. накл.

> *Дай мне, пожалуйста, твою ручку.*
> *Дайте мне немного времени подумать.*

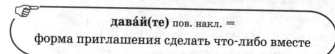

ЗАПОМНИТЕ

Ему это не дано. =
Он не в состоянии осуществить что-либо
из-за отсутствия соответствующих способностей.

дава́й(те) пов. накл. =
форма приглашения сделать что-либо вместе

«Давай закурим, товарищ, по одной!
Давай закурим, товарищ мой...»

(Песня) 📖

давать, дать — брать, взять

ДАРИ́ТЬ нсв _____

> *я дарю́, ты да́ришь...* наст. вр.

подари́ть св

> *я подарю́, ты пода́ришь...* буд. вр.

♦ дарить, подарить + что? *(цветы, велосипед)*
+ кому? *(другу, подруге)*

> • Кто подарил + что? + кому?
> *Студент подарил цветы своей любимой девушке.*

пода́ренный (-ая, -ое, -ые) страд. прич.

пода́рен (-а, -о, -ы) кр. ф. страд. прич.

> • Что (было) подарено + кому? + кем?
> *Духи (были) подарены жене её мужем.*

подари́(те) пов. накл.

> *Мама, подари мне, пожалуйста, на день рождения велосипед.*

ЗАПОМНИТЕ

подарить улыбку = улыбнуться

ДВИ́ГАТЬСЯ нсв _____

я дви́гаюсь, ты дви́гаешься, он, она дви́гается, ...они дви́гаются наст. вр.

часто: он, она, оно дви́жется, ... они дви́жутся наст. вр.

дви́нуться св

я дви́нусь, ты дви́нешься... буд. вр.

▪ двигаться = совершать движение

▪ двинуться = начать движение

▪ подвинуться = совершить движение, чтобы освободить место

♦ двигаться, двинуться + куда, в каком направлении? *(вперёд)*

> • Кто двигается + куда?
> *Человек медленно двигается вперёд.*
>
> • Что движется + в каком направлении?
> *Поезд быстро движется к станции.*

(не) дви́гайся, дви́гайтесь пов. накл.

подви́нься, подви́ньтесь пов. накл.

> *Двигайтесь в заданном направлении.*

ЗАПОМНИТЕ

Подвиньтесь, пожалуйста! = Освободите, пожалуйста место!

ДЕ́ЙСТВОВАТЬ нсв _____

я де́йствую, ты де́йствуешь... наст. вр.

▪ действовать = совершать действие, проявлять активность

▪ действовать = производить, оказывать воздействие

подействовать св

он, она, оно подействуют буд. вр.

▪ подействовать = произвести, оказать воздействие

♦ подействовать + на кого? *(на больного)*

> • Кто действует + как?
> *Солдаты действуют быстро и слаженно.*
>
> • Что подействовало + на кого?
> *Лекарство подействовало на больного: ему стало легче.*

де́йствуй(те) пов. накл.

> *Действуйте в соответствии с обстановкой.*

ДЕ́ЛАТЬ(СЯ) нсв _____

я де́лаю, ты де́лаешь, он, она де́лает(ся)... наст. вр.

сде́лать(ся) св

я сде́лаю, ты сде́лаешь... буд. вр.

♦ делать, сделать + что? *(уроки, домашнее задание)*

> • Кто делает + что?
> *Ученик делает уроки.*
>
> • Кто сделал + что?
> *Ученик сделал домашнее задание.*

сде́ланный (-ая, -ое, -ые) страд. прич.

сде́лан (-а, -о, -ы) кр. ф. страд. прич.

> • Что сделано + кем? + из чего?
> *Стол сделан мастером из дерева.*

де́лай(те) пов. накл.

сде́лай(те) пов. накл.

> *Сделай это задание сам (= самостоятельно).*
> *Сделайте это как можно быстрее!*

━━━━━ **ЗАПОМНИТЕ** ━━━━━

Делай с нами! Делай, как мы! Делай лучше нас!

Ничто не делается само!

Всё, что ни делается, — всё к лучшему!

(Народная мудрость)

Сделал дело — гуляй смело!

(Пословица)

ДЕЛИ́ТЬ(СЯ) нсв

я делю́(сь), ты де́лишь(ся), он, она де́лит(ся)...
наст. вр.

▪ делиться, поделиться + чем? + с кем? = отдать часть чего-либо другому

раздели́ть(ся) св

я разделю́, ты разде́лишь, он, она разде́лит(ся)...
буд. вр.

♦ делить, разделить + что? *(четыре)* + на что? *(на два)*

> • Кто делит + что? + на что?
> *Математик делит четыре на два.*
> • Кто разделил + что? + на что?
> *Математик разделил четыре на два.*
> • Кто (что) разделился (разделилось) + на сколько? (на сколько частей?)
> *Ученики разделились на две команды.*
> • Кто поделился + с кем? + с чем?
> *Математик поделился с коллегами идеей решения трудной задачи.*

ЗАПОМНИТЕ

**разделять чьи-либо взгляды =
иметь сходное мнение**

«Две сороки-белобоки
Приготовили уроки:
Разделили двух червей
На четырнадцать частей...»
(Детский стишок)

«Счастьем поделись с другим!..»
(Песня)

ДЕМОНСТРИ́РОВАТЬ нсв

я демонстри́рую, ты демонстри́руешь... наст. вр.

продемонстри́ровать св

я продемонстри́рую, ты продемонстри́руешь... буд. вр.

▪ демонстрировать = показывать

▪ продемонстрировать = показать

♦ демонстрировать + что? *(фильм, желание, знания)*
+ кому? *(зрителям, экзаменаторам)*

> • Кто демонстрирует + что? + кому?
> *Киномеханик демонстрирует зрителям новый фильм.*
> *Манекенщицы демонстрируют новые модели одежды.*
> • Кто продемонстрировал + кому? + что?
> *Студент продемонстрировал экзаменаторам хорошие знания.*

демонстри́роваться нсв

> • Что демонстрируется + где?
> *Новый фильм демонстрируется в новом кинотеатре.*

ДЕРЖА́ТЬ(СЯ) нсв

я держу́(сь), ты де́ржишь(ся)... наст. вр.

подержа́ть(ся) св

я подержу́(сь), ты поде́ржишь(ся)... буд. вр.

♦ держать, подержать + что? *(книгу в руках)*
♦ держать, подержать + кого? *(ребёнка на руках)*
♦ держать, подержать + кого? *(ребёнка за руку)*
♦ держаться, подержаться + за что? *(за ручку двери)*

> • Кто держит в руке + что?
> *Студент держит в руке большую книгу.*
> • Кто держит за руку + кого?
> *Мать держит своего ребёнка за руку.*
> • Кто держится + за что?
> *Пассажир держится за поручни.*

держи́(те) пов. накл.; нсв

подержи́(те) пов. накл.; св

держи́сь, держи́тесь пов. накл.

> *На эскалаторе держите своего ребёнка за руку.*
> *Держитесь за поручни.*

---**ЗАПОМНИТЕ**---
Держите себя в руках! =
Сохраняйте хладнокровие, не позволяйте себе
раздражаться и кричать.

держаться =
сохранять хладнокровие,
не позволять себе впадать в панику

«Он говорил: "Держись, браток!" —
И я держался...»

(В.С. Высоцкий)

ДИКТОВА́ТЬ нсв _____
я дикту́ю, ты дикту́ешь... наст. вр.
продиктова́ть св
я продикту́ю, ты продикту́ешь... буд. вр.
♦ диктовать + что? *(текст, условия договора)*
+ кому? *(ученикам, партнёрам по бизнесу)*

> • Кто диктует + что? + кому?
> *Преподаватель диктует ученикам новый*
> *текст.*
> *Бизнесмен диктует партнёрам по бизнесу*
> *свои условия.*

дикту́й(те) пов. накл.; нсв
продикту́й(те) пов. накл.; св

| *Продиктуй мне, пожалуйста, условия задачи.*

---**ЗАПОМНИТЕ**---
диктовать свои условия =
заставлять действовать в выгодном
для себя направлении

ДОБАВЛЯ́ТЬ нсв _____
я добавля́ю, ты добавля́ешь... наст. вр.
доба́вить св
я доба́влю, ты доба́вишь... буд. вр.

Д

✦ добавлять, добавить + что? *(соль, перец)* + куда? *(в суп)*

> • Кто добавил + что? + куда?
> *Мать добавила в суп соль и перец.*

доба́вь(те) пов. накл.

> *Добавь в суп соль и перец.* (= В супе их нет.)
> *Добавь в суп соли и перца.* (= Ещё немного соли и перца.)

─── **ЗАПОМНИТЕ** ───
Мне нечего добавить к уже сказанному.

ДОБИВА́ТЬСЯ нсв _____

> *я добива́юсь, ты добива́ешься...* наст. вр.

доби́ться св

> *я добью́сь, ты добьёшься...* буд. вр.

▪ добиваться, добиться = достигать, достичь положительного результата в борьбе, прилагая максимум усилий

✦ добиваться, добиться + чего? *(результата, успеха)*

> • Кто добился + чего? (какого результата?)
> *Спортсмен добился высоких результатов.*
> *Артист добился большого успеха.*

добива́йся, добива́йтесь пов. накл.; нсв
добе́йся, добе́йтесь пов. накл.; св

> *Добивайтесь повышения производительности труда!*

> «Кто весел — тот смеётся,
> Кто хочет — тот добьётся,
> Кто ищет — тот всегда найдёт!..»
> **(В.И. Лебедев-Кумач, «Весёлый ветер»)**

**добиваться, добиться —
достигать, достигнуть (= достичь)**

ДОБИРА́ТЬСЯ нсв _____

> *я добира́юсь, ты добира́ешься...* наст. вр.

добра́ться св

> *я доберу́сь, ты доберёшься...* буд. вр.

♦ добираться, добраться + до чего? (до какого места?)
(до Большого театра)

> • Кто добрался + куда? + как?
>
> *Путешественники с большим трудом добрались до ближайшей деревни.*

━━━━━ **ЗАПОМНИТЕ** ━━━━━
**Скажите, пожалуйста, как нам лучше
добраться до Большого театра?**

ДОБЫВÁТЬ(СЯ) нсв _____

я добывáю, ты добывáешь, он, она, оно добывáет(ся)... наст. вр.

добы́ть св

я добýду, ты добýдешь... буд. вр.

■ добывать, добыть = доставать (получать), достать
(получить) с трудом, прилагая усилия

♦ добывать, добыть + что? *(нефть)*

> • Кто добывает + что?
>
> *Нефтяники на севере добывают нефть.*
>
> • Что добывается + кем?
>
> *Нефть на севере добывается нефтяниками.*

добы́тый (-ая, -ое, -ые) страд. прич.

добы́т (-а, -о, -ы) кр. ф. страд. прич.

> • Что (было, будет) добыто + кем? + где?
> + когда?
>
> *В прошлом году (в будущем году) на севере нефтяниками было (будет) добыто много нефти.*

> «Пускай последним я при первых буду,
> Коль средь последних первенство добуду...»
>
> (У. Шекспир)

ДОГÁДЫВАТЬСЯ нсв _____

я догáдываюсь, ты догáдываешься... наст. вр.

догадáться св

я догадáюсь, ты догадáешься... буд. вр.

Д

■ **догадаться** = понять, не имея достаточной информации
◆ **догадаться** + о чём? *(… о том, что…)*

> • Кто догадался + о чём?
>
> *Девушка догадалась о том, кто каждое утро присылает ей цветы.*
>
> *Девушка догадалась о том, что юноша её любит.*

догада́йся, догада́йтесь пов. накл.

> *Догадайтесь: кто к нам сегодня приедет в гости?*

---ЗАПОМНИТЕ---

Ни за что не догадаешься!.. =
У тебя нет никаких шансов, никакой возможности догадаться о чём-либо.

«А вчера прислал по почте
Два загадочных письма:
В каждой строчке — только точки,
Догадайся, мол, сама…»

(Песня) 📖

➤ см. также **ГАДАТЬ**

ДОГОВА́РИВАТЬСЯ нсв _____

я догова́риваюсь, ты догова́риваешься… наст. вр.
договори́ться св

я договорю́сь, ты договори́шься… буд. вр.
◆ **договориться** + о чём? *(о встрече)* + с кем? *(с другом, с подругой)*

> • Кто договорился + с кем? + о чём?
>
> *Студент договорился с другом о встрече.*
>
> *Студентка договорилась с подругой о встрече.*

---ЗАПОМНИТЕ---

Давай договоримся, где и когда мы встретимся…

Нет, так мы с вами никогда не договоримся!
(Реплика при трудных, зашедших в тупик переговорах)

➢ см. также **ГОВОРИТЬ**

ДОГОНЯ́ТЬ нсв _____

я догоня́ю, ты догоня́ешь... наст. вр.

догна́ть св

я догоню́, ты дого́нишь... буд. вр.

♦ догонять, догнать + кого? *(товарища, преступника)*

> • Кто догоняет + кого?
>
> *Полицейские догоняют преступника.*
>
> • Кто догнал + кого?
>
> *По дороге студент догнал друга.*

догоня́й(те) пов. накл.; нсв

догони́(те) пов. накл.; св

> *Попробуй, догони меня!*

┌─────────── **ЗАПОМНИТЕ** ───────────┐

Упущенное (= потерянное) время не догонишь!

Нет ничего хуже, чем ждать и догонять!

(Народное наблюдение)

└────────────────────────────────────┘

➢ см. также **ГОНЯТЬ — ГНАТЬ**

ДОЗВА́НИВАТЬСЯ нсв _____

я дозва́ниваюсь, ты дозва́ниваешься... наст. вр.

дозвони́ться св

я дозвоню́сь, ты дозвони́шься... буд. вр.

▪ дозвониться = установить контакт по телефону

♦ дозвониться + до кого? *(до друга, до подруги)*

> • Кто дозвонился + до кого?
>
> *Студент с трудом дозвонился до своей подруги — её телефон был всё время занят.*

┌─────────── **ЗАПОМНИТЕ** ───────────┐

Я вчера никак не мог до тебя дозвониться — у тебя всё время было занято...
Обязательно дозвонись до меня сегодня вечером!

(Из разговора)

└────────────────────────────────────┘

➢ см. также **ЗВОНИТЬ**

ДОКА́ЗЫВАТЬ нсв _____

я дока́зываю, ты дока́зываешь... наст. вр.

доказа́ть св

я докажу́, ты дока́жешь... буд. вр.

▪ доказывать = убеждать кого-либо, приводить доводы (= аргументы), аргументировать

♦ доказывать, доказать + что? *(теорему, свою правоту)* + кому? *(друзьям, ученикам)*

> • Кто доказал + что? + кому?
>
> *Преподаватель математики доказал учени-кам новую теорему.*
>
> *Своим поступком молодой человек доказал друзьям свою правоту.*

докажи́(те) пов. накл.

> *Докажите всем, что вы правы!*

━━━━ **ЗАПОМНИТЕ** ━━━━
Что и требовалось доказать!
(Вывод на основе приведённых
неоспоримых аргументов)

ДОКЛА́ДЫВАТЬ нсв _____

я докла́дываю, ты докла́дываешь... наст. вр.

доложи́ть св

▪ докладывать, доложить = сообщать, сообщить = (про)информировать = сделать доклад

♦ докладывать, доложить + что? *(обстановку)* + кому? *(командиру)*

> • Кто доложил + что? + кому?
>
> *Солдат доложил обстановку командиру.*

докла́дывай(те) пов. накл.; нсв

доложи́(те) пов. накл.; св

━━━━ **ЗАПОМНИТЕ** ━━━━
Докладывайте всё по порядку.
Доложите обстановку.
Доложите как положено!
(Из армейского лексикона)

**докладывать, доложить —
рассказывать, рассказать**

ДОСТАВА́ТЬ нсв

я достаю́, ты достаёшь... наст. вр.

доста́ть св

я доста́ну, ты доста́нешь... буд. вр.

▪ доставать, достать = брать, взять с трудом

▪ доставать, достать = вынимать, вынуть

♦ доставать, достать + что? *(книгу, билет)*

> • Кто достал + что?
>
> *Профессор встал на стул и достал с верхней полки книгу.*
>
> *Зритель с большим трудом достал билет на сегодняшнюю премьеру.*
>
> *Мать достала из сумки продукты.*

доста́нь(те) пов. накл.

> *Дети! Достаньте из портфелей тетради и книги.*

ДОСТАВЛЯ́ТЬ нсв

я доставля́ю, ты доставля́ешь... наст. вр.

доста́вить св

я доста́влю, ты доста́вишь... буд. вр.

♦ доставлять, доставить + что? *(почту, корреспонденцию)* + кому? *(адресату)*

> • Кто доставил + что? + кому?
>
> *Почтальон доставил письма и газеты жильцам нового дома.*

доста́вленный (-ая, -ое, -ые)

доста́влен (-а, -о, -ы)

> • Что (было) доставлено + кем?
>
> *Телеграмма (была) доставлена почтальоном в срок.*

доста́вь(те) пов. накл.

> *Доставьте это письмо по адресу, указанному на конверте.*

доставлять, доставить —
отправлять, отправить —
посылать, послать

ДОСТИГА́ТЬ нсв _____

я достига́ю, ты достига́ешь... наст. вр.

дости́гнуть = дости́чь св

я дости́гну, ты дости́гнешь... буд. вр.

он дости́г, она дости́гла, они дости́гли прош. вр.

♦ достигать, достичь + чего? *(высоких результатов, больших успехов)*

> • Кто достиг + чего? + в чём?
>
> *Спортсмен достиг в своём виде спорта высоких результатов.*
>
> *Артистка достигла в своей творческой деятельности больших успехов.*

━━━ **ЗАПОМНИТЕ** ━━━
Он всего в своей жизни достиг сам.

 достигать, достичь —
добиваться, добиться

ДОТРА́ГИВАТЬСЯ нсв _____

я дотра́гиваюсь, ты дотра́гиваешься... наст. вр.

дотро́нуться св

я дотро́нусь, ты дотро́нешься... буд. вр.

♦ дотрагиваться, дотронуться + до чего? *(до руки, до лба)*

> • Кто дотронулся + до чего?
>
> *Мать дотронулась до лба ребёнка.*
>
> *Молодой человек дотронулся до руки девушки.*

дотро́нься, дотро́ньтесь пов. накл.

> *Закройте глаза и дотроньтесь до кончика своего носа.*

➢ см. также **ТРОГАТЬ**

ДРА́ТЬСЯ нсв _____

я деру́сь, ты дерёшься... наст. вр.

подра́ться св

я подеру́сь, ты подерёшься... буд. вр.

♦ драться, подраться + с кем? *(с мальчиком из другого класса)*

> • Кто подрался + с кем? + из-за чего?
> *Мальчик подрался со своим товарищем из-за девочки.*

(не) дери́сь, дери́тесь пов. накл.

> *Не дерись с братом!*

━━━ **ЗАПОМНИТЕ** ━━━

Раньше аристократы часто дрались на дуэлях.

Раньше в России существовал обычай — драться «стенка на стенку».

> «Мирись, мирись, мирись!
> И больше не дерись!
> А если будешь драться —
> Я буду кусаться...»
> (Детский стишок)

ДРУЖИ́ТЬ нсв _____

я дружу́, ты дру́жишь... наст. вр.

подружи́ться св

я подружу́сь, ты подру́жишься... буд. вр.

▪ дружить = находиться в дружеских отношениях

▪ подружиться = начать дружить = вступить в дружеские отношения

♦ дружить, подружиться + с кем? *(с товарищем по классу)*

> • Кто подружился + с кем?
> *Онегин подружился с Ленским.*
> • Кто дружит + с кем?
> *Мы дружим с моим другом со школьной скамьи.*

---ЗАПОМНИТЕ---
Давай подружимся.

Давайте (будем) дружить.

дружить — враждовать

ДУ́МАТЬ нсв _____

я ду́маю, ты ду́маешь... наст. вр.

поду́мать св

я поду́маю, ты поду́маешь... буд. вр.

♦ думать, подумать + о чём? *(о родине)* + о ком?
(о матери)

• Кто думает + о чём?
Путешественник думает о родине.
• Кто думает + о ком?
Сын думает о матери.

(по)ду́май(те) пов. накл.

Подумайте о моём предложении.
*Подумай хорошенько, прежде чем решиться
сделать это.*

---ЗАПОМНИТЕ---
— О чём ты всё время думаешь?
— Я думаю, как лучше решить эту задачу.

— Что ты думаешь об этом
(= по этому поводу)?
— Я думаю, что это будет абсолютно
правильное решение.

Сначала думай, а потом говори!
(Народная мудрость)

ДЫША́ТЬ нсв _____

я дышу́, ты ды́шишь... наст. вр.

подыша́ть св

я подышу́, ты поды́шишь... буд. вр.

♦ дышать + чем? *(воздухом* (объект), *лёгкими*
(инструмент))

• Кто дышит + чем?

Пожилой человек гуляет по парку и дышит свежим воздухом.

Человек дышит лёгкими, а рыба — жабрами.

(по)дыши́(те) пов. накл.

---ЗАПОМНИТЕ---

Дышите!.. Не дышите!..
(Команды врача)

**Давай пойдём в парк —
подышим свежим воздухом.**

«Дышите глубже — вы взволнованы!»
(И. Ильф и Е. Петров, «Золотой телёнок»)

«Вы правы: из огня тот выйдет невредим,
Кто с вами день пробыть успеет,
Подышит воздухом одним,
И в нём рассудок уцелеет…»
(А.С. Грибоедов, «Горе от ума»)

ЕЗ́ДИТЬ нсв _____

я е́зжу, ты е́здишь… наст. вр.

▪ ездить = в разных направлениях, туда и обратно, обычно, часто

▪ ездить + куда? = быть, бывать несколько раз, постоянно + где?

съе́здить св

▪ съездить + куда? = побывать один раз + где?

е́хать нсв

я е́ду, ты е́дешь… наст. вр.

▪ ехать = в одном направлении *сейчас, в момент речи*

пое́хать св

я пое́ду, ты пое́дешь… буд. вр.

♦ ехать, поехать + куда? *(в Москву)*

• Кто поехал + куда?

Бизнесмен поехал в Москву. (= В Петербурге его сейчас нет.)

• Кто едет + куда?

Бизнесмен едет в Москву. (= Он сейчас в пути.)

• Кто ездит + куда?

Бизнесмен часто ездит в Москву. (= Он часто бывает в Москве.)

• Кто ездил + куда?

На прошлой неделе бизнесмен ездил в Москву. (= Он был в Москве.)

• Кто съездил + куда?

Недавно бизнесмен впервые съездил в Москву. (= Недавно он впервые побывал в Москве.)

• Кто поедет + куда?

На следующей неделе бизнесмен поедет в Москву.

поезжа́й(те) пов. накл.

Поезжайте в Москву — только там вы сможете решить все ваши вопросы.

─────── **ЗАПОМНИТЕ** ───────

— Где ты был на прошлой неделе?

— Я ездил в Москву.

— Как ты съездил в Москву?

— Я съездил туда очень удачно.

— Куда ты сейчас едешь?

— Я еду в Москву.

— Ты часто ездишь в Москву?

— Да, я езжу туда каждую неделю.

— Куда ты поедешь на следующей неделе?

— На следующей неделе я поеду в Москву.

«Я ехала домой, я думала о Вас...»

(М. Пуаре)

📖

ЕСТЬ¹ _____

▪ **есть** = быть, иметься в наличии

см. **БЫТЬ²**

ЕСТЬ² _____

▪ есть = быть, находиться, располагаться

см. **БЫТЬ³**

ЕСТЬ³ нсв _____

я ем, ты ешь, он, она, оно ест, мы едим, вы едите,
они едят наст. вр.

▪ есть = поглощать пищу, кушать

поесть св

я поем, ты поешь... буд. вр.

▪ поесть = принять какое-то количество пищи, покушать

съесть св

я съем, ты съешь, он, она, оно съест, мы съедим,
вы съедите, они съедят буд. вр.

▪ съесть = принять полную порцию пищи, скушать

◆ есть, съесть + что? *(суп, котлету, мороженое)*

съедать нсв

я съедаю, ты съедаешь... наст. вр.

▪ съедать = поглощать определённые порции пищи,
кушать

• Кто ест + что?

Сын ест котлету.

• Кто съел + что?

Отец съел весь суп.

съеденный (-ая, -ое, -ые) страд. прич.

съеден (-а, -о, -ы) кр. ф. страд. прич.

• Что (было) съедено + кем?

Мороженое (было) съедено дочерью.

ешь(те) = кушай(те) пов. накл.

Дорогие гости! Кушайте на здоровье!

───**ЗАПОМНИТЕ**───

Когда я ем, я глух и нем!

(Из правил поведения за столом)

Кто не работает, тот не ест!

(Жизненный принцип)

Кто успел, тот и съел!

(Житейская мудрость)

Е

ЕХАТЬ — см. **ЕЗДИТЬ**

ЖА́ЖДАТЬ нсв _____

я жа́жду, ты жа́ждешь... наст. вр.

▪ жаждать = первоначально: хотеть пить

▪ жаждать = современное: страстно желать

♦ жаждать + чего? *(славы, успеха)*

> • Кто жаждет + чего?
> *Молодой артист жаждет славы.*

ЖАЛЕ́ТЬ нсв _____

я жале́ю, ты жале́ешь... наст. вр.

пожале́ть св

я пожале́ю, ты пожале́ешь... буд. вр.

▪ жалеть, пожалеть = испытывать, испытать жалость + к кому?

▪ жалеть, пожалеть = испытывать, испытать сожаление + по поводу чего?

♦ жалеть, пожалеть + кого? *(ребёнка, собаку)*

♦ жалеть, пожалеть + о чём? *(о потерянном времени, об ушедшей молодости)*

> • Кто пожалел + кого?
> *Девушка пожалела бездомную собаку и взяла её к себе.*
> • Кто жалеет + о чём?
> *Старик жалеет об ушедшей молодости.*

(по)жале́й(те) пов. накл.

> *Пожалей своего ребёнка — видишь, как он устал!*
> *Никогда ни о чём не жалей!*

──── **ЗАПОМНИТЕ** ────

> **Женщина жалеет — значит, любит!**

> «Не жалею, не зову, не плачу,
> Всё пройдёт, как с белых яблонь дым...»
>
> (С.А. Есенин)

ЖА́РИТЬ нсв _____

 я жа́рю, ты жа́ришь... наст. вр.

по(д)жа́рить св

 я по(д)жа́рю, ты по(д)жа́ришь... буд. вр.

зажа́рить св

 я зажа́рю, ты зажа́ришь... буд. вр.

▪ зажарить = сильно поджарить

♦ жарить, поджарить + что? *(мясо, рыбу, картошку)*

 • Кто жарит + что?

 Повар жарит мясо.

 • Кто по(д)жарил + что?

 Мать по(д)жарила картошку.

жа́реный (-ая, -ое, -ые) им. прил.

жа́ренный (-ая, -ое, -ые) страд. прич.

по(д)жа́рь(те) пов. накл.

 Если ты очень хочешь есть, по(д)жарь себе быстренько яичницу.

┌─────── **ЗАПОМНИТЕ** ───────┐

жареное мясо,
жареная рыба,
жареный цыплёнок...

Запахло жареным! —
так говорят, когда ощущают опасность

└──────────────────────────┘

ЖДАТЬ нсв _____

 я жду, ты ждёшь... наст. вр.

подожда́ть св

 я подожду́, ты подождёшь... буд. вр.

♦ ждать, подождать + кого? *(друга, подругу)*

♦ ждать, подождать + чего? *(хорошей погоды)*

 • Кто ждёт + кого?

 Студент ждёт свою подругу.

 • Кто ждёт + чего?

 Студент ждёт автобуса (свой автобус).

жди́(те) пов. накл.; нсв

подожди́(те) пов. накл.; св

> *Подождите минуточку — я сейчас буду
> готова.*

ЗАПОМНИТЕ

**ждать у моря погоды =
терять время в бесполезном ожидании**

«Жди меня, и я вернусь,
Только очень жди!»

(К.М. Симонов)

ЖЕЛА́ТЬ нсв _____

я жела́ю, ты жела́ешь... наст. вр.

пожела́ть св

я пожела́ю, ты пожела́ешь... буд. вр.

▪ желать = иметь желание = хотеть

▪ пожелать = захотеть

◆ желать + чего? *(любви)*

◆ желать + что (с)делать? *(учиться в Москве, поехать в Россию)*

◆ желать + кому? *(другу, подруге, родителям)*
+ чего? *(крепкого здоровья)*

> • Кто желает + чего?
> *Девушка желает большой и чистой любви.*
> • Кто желает + что (с)делать?
> *Студент желает поехать учиться в Россию.*
> • Кто желает + кому? + чего?
> *Сын желает своим родителям крепкого
> здоровья. = Сын желает своим родителям,
> чтобы они были здоровы.*

(по)жела́й(те) пов. накл.

> *У меня сегодня экзамен — пожелай мне
> удачи!..*

ЗАПОМНИТЕ

Злейшему врагу такого не пожелаю.

(О большом несчастье)

---**ЗАПОМНИТЕ**---

...Желаю вам крепкого здоровья,
успехов в работе и
большого личного счастья!

(Текст поздравления)

ЖЕНИ́ТЬ(СЯ) нсв = св _____

я женю́(сь), ты же́нишь(ся)... наст. вр. = буд. вр.

▪ жениться = вступать в брак (для мужчин)

♦ жениться + на ком? *(на девушке, на женщине)*
(выходить замуж + за кого? вступать в брак (для
женщин))

♦ женить + кого? *(сына)* + на ком? *(на дочери друга)*
(выдавать замуж + кого? *(дочь)* + за кого? *(за сына
подруги)*)

• Кто женил + кого? + на ком?

*Родители женили своего сына на дочери своих
друзей. (Родители выдали замуж свою дочь за
сына своих друзей.)*

• Кто женился + на ком?

*Молодой человек женился на любимой девуш-
ке. (Девушка вышла замуж за любимого
человека.)*

жена́тый (-ые) им. прил.

жена́т (-ы) кр. ф. им. прил.

• Кто женат + ком?

*Молодой человек женат на любимой девушке.
(Девушка замужем за молодым человеком.)*

---**ЗАПОМНИТЕ**---

Давай поженимся!

 жениться + на ком? — пожениться —
выходить, выйти замуж + за кого?

ЖЕЧЬ нсв _____

*я жгу, ты жжёшь, он, она, оно жжёт, мы жжём,
вы жжёте, они жгут* наст. вр.
он жёг, она жгла, они жгли прош. вр.

▪ жечь = подвергать воздействию пламени

> зажигать, зажечь — жечь — сжигать, сжечь —
> зажигаться, зажечься

зажéчь св

я зажгý, ты зажжёшь... буд. вр.

он зажёг, она зажглá, они зажглú прош. вр.

▪ зажечь = начать жечь

зажигáть нсв

я зажигáю, ты зажигáешь... наст. вр.

▪ зажигать = начинать жечь

сжечь св

я сожгý, ты сожжёшь... буд. вр.

он сжёг, она сожглá, они сожглú прош. вр.

▪ сжечь = уничтожить огнём

сжигáть св

я сжигáю, ты сжигáешь... наст. вр.

▪ сжигать = уничтожать огнём

◆ зажигать, зажечь + что? *(огонь, свет)*

◆ сжигать, сжечь + что? *(письмо, документы, мост)*

**зажигаться, зажечься —
загораться, загореться**

• Кто зажигает + что?

Каждый вечер город зажигает огни реклам.

• Кто зажёг + что?

Мать зажгла в гостиной свет.

• Что зажигается + когда? + где?

Ночью на небе зажигаются звёзды.

(не) зажигáй(те) пов. накл.; нсв

зажгú(те) пов. накл.; св

*Не зажигайте свет(а) — в комнате ещё
совсем светло!*

Зажгите свет — уже совсем стемнело!

ЗАПОМНИТЕ

сжечь за собой мосты =
поставить себя в такое положение,
когда отступление уже невозможно

> «Послушайте!
> Ведь, если звёзды зажигают —
> значит — это кому-нибудь нужно?..»
> (В.В. Маяковский, «Послушайте!»)

ЖИТЬ нсв
_____

я живу́, ты живёшь... наст. вр.

пожи́ть св

я поживу́, ты поживёшь... буд. вр.

▪ пожить = жить небольшой период времени

пожива́ть нсв

я поживаю, ты поживаешь... наст. вр.

▪ поживать = определённым образом проводить жизнь

прожи́ть св

я проживу́, ты проживёшь... буд. вр.

▪ прожить = жить определённый период времени

прожива́ть нсв

я проживаю, ты проживаешь... наст. вр.

▪ проживать = иметь определённое место жительства

♦ жить + где? *(в Москве)* когда? *(в ХХ-ом веке)* как долго? *(несколько лет)*

♦ прожить + сколько времени + как долго? *(всю жизнь)*

> • Кто живёт + где?
>
> *Мой друг живёт в Санкт-Петербурге.*
>
> • Кто прожил + сколько времени? + где?
>
> *Моя мать всю свою жизнь прожила в Москве.*

живи́(те) пов. накл.

> *Живите долго и счастливо!*

---ЗАПОМНИТЕ---

Как живёшь?.. Как поживаешь?..

(Вопросы при встрече со знакомым)

Век живи — век учись!

(Поговорка)

Жизнь прожить — не поле перейти!

(Поговорка)

ЗАБЛУДИ́ТЬСЯ св _____

я заблужу́сь, ты заблу́дишься... буд. вр.

▪ заблудиться = потерять дорогу

♦ заблудиться + где? *(в лесу)*

> • Кто заблудился + где?
> *Путник заблудился в лесу.*

не заблуди́сь, не заблуди́тесь пов. накл.

> *Когда пойдёте за грибами, не заблудитесь в лесу.*

> **━ЗАПОМНИТЕ━**
> **заблудиться в трёх соснах =**
> **не найти выход(а) из простой ситуации**

**заблудиться — блуждать —
заблуждаться**

ЗАБЛУЖДА́ТЬСЯ нсв

я заблужда́юсь, ты заблужда́ешься... наст. вр.

▪ заблуждаться = понимать неправильно

♦ заблуждаться + в чём? *(в понимании проблемы)*

> • Кто заблуждается (+ в чём?)
> *Учёный заблуждается в оценке исторического события.*

> **━ЗАПОМНИТЕ━**
> **Вы заблуждаетесь. =**
> **Вы неправильно понимаете эту проблему.**

> **блуждать =**
> **двигаться, бродить, не зная, не видя дороги**
> *я блуждаю, ты блуждаешь...*

ЗАБО́ТИТЬСЯ нсв _____

я забо́чусь, ты забо́тишься... наст. вр.

позабо́титься св

я позабо́чусь, ты позабо́тишься... буд. вр.

▪ заботиться, позаботиться = проявлять, проявить
заботу о ком-либо

♦ заботиться, позаботиться + о ком? *(о детях)*

> • **Кто заботится + о ком?**
>
> *Мать заботится о своих детях.*

озабо́ченный (-ая, -ое, -ые) страд. прич.

озабо́чен (-а, -о, -ы) кр. ф. страд. прич.

> • **Кто озабочен + чем?**
>
> *Мать озабочена здоровьем ребёнка.*

позабо́ться, позабо́тьтесь пов. накл.

---**ЗАПОМНИТЕ**---
> — **Чем ты озабочен?**
>
> — **У меня завтра экзамены!**
>
> **Позаботьтесь о моём багаже.**

ЗАБЫВА́ТЬ нсв

я забыва́ю, ты забыва́ешь... наст. вр.

забы́ть св

я забу́ду, ты забу́дешь... буд. вр.

▪ забыть = перестать помнить

♦ забыть + что? *(правило, новые слова)*

▪ забыть = перестать вспоминать, думать

♦ забыть + о ком? *(о родителях)*

♦ забыть + что сделать? *(купить хлеб(а))*

> • **Кто забыл + что?**
>
> *Ученик забыл грамматическое правило.*
>
> *Ученик забыл дома свою тетрадку.*
>
> • **Кто забыл + о ком?**
>
> *Сын забыл о своих родителях.*
>
> • **Кто забыл + что сделать?**
>
> *Мать забыла купить хлеб(а).*

(не) забыва́й(те) пов. накл.; нсв

(не) забу́дь(те) пов. накл.; св

> *Забудьте всё, что я вам сказал!*
>
> *Не забудь выключить утюг, когда будешь уходить!*
>
> *Не забывай своих родных, когда уедешь за границу.*

3

> «Никто не забыт и ничто не забыто!»
>
> (Клятва) 📖

забывать, забыть — помнить — запоминать, запомнить — вспоминать, вспомнить — напоминать, напомнить

ЗАВА́РИВАТЬ нсв

я зава́риваю, ты зава́риваешь... наст. вр.

завари́ть св

я заварю́, ты зава́ришь... буд. вр.

◆ заваривать, заварить + что? *(чай, кофе)*

  • Кто заварил + что?

  Мать заварила крепкий чай.

завари́(те) пов. накл.

  Завари мне, пожалуйста, чай покрепче.

━━━ **ЗАПОМНИТЕ** ━━━

заварить кашу =
создать проблемную,
конфликтную ситуацию

➤ см. также **ВАРИТЬ**

ЗАВЕРША́ТЬ нсв

я верша́ю, ты завершáешь... наст. вр.

заверши́ть св

я завершу́, ты завершúшь... буд. вр.

▪ завершать, завершить = заканчивать, закончить

◆ завершать, завершить + что? *(работу над диссертацией, строительство здания)*

  • Кто завершил + что? + какую работу?

  Строители завершили строительство здания.

  Учёный завершил работу над диссертацией.

завершать, завершить — кончать, кончить — заканчивать, закончить — начинать, начать

ЗАВИ́ДОВАТЬ нсв _____

я зави́дую, ты зави́дуешь... наст. вр.

позави́довать св

я позави́дую, ты позави́дуешь... буд. вр.

✦ завидовать, позавидовать + кому? *(другу, подруге)* + чему? *(таланту, успеху)*

> • Кто завидует + кому?
>
> *Девушка завидует своей подруге.*
>
> • Кто позавидовал + чему?
>
> *Девушка позавидовала успеху своей подруги.*

(не) зави́дуй(те) пов. накл.

> *Никогда никому не завидуй(те)!*

─── **ЗАПОМНИТЕ** ───

**Ему не позавидуешь! =
Он оказался в трудном положении.**

ЗАВИ́СЕТЬ нсв _____

я зави́шу, ты зави́сишь... наст. вр.

▪ зависеть = находиться в зависимости

✦ зависеть + от чего? *(от обстоятельств)* + от кого? *(от начальника)*

> • Что зависит + от чего?
>
> *Успех артиста зависит от его таланта и трудолюбия.*
>
> *Успех артиста зависит от того, насколько он трудолюбив и талантлив.*
>
> • Кто находится в зависимости + от кого?
>
> *Наёмные работники находятся в зависимости от своих нанимателей.*

─── **ЗАПОМНИТЕ** ───

Это от меня не зависит.

« — Ведь надобно ж зависеть от других.
> — Зачем же надобно?
> — В чинах мы небольших».

> (А.С. Грибоедов, «Горе от ума»)

«Нельзя зависеть от того,
С какой ноги ты встал!..»

> (Песня)

3

ЗАВОЁВЫВАТЬ нсв _____

я завоёвываю, ты завоёвываешь... наст. вр.

завоева́ть св

я завою́ю, ты завою́ешь... буд. вр.

▪ завоевать = присвоить + что? в результате боевых действий

▪ завоевать = добиться + чего? в результате активных действий

♦ завоевать + что? *(страну, сердце девушки)*

> • Кто завоевал + что?
>
> *Наполеон завоевал почти все европейские страны.*
>
> *Влюблённый юноша завоевал сердце своей возлюбленной.*

━━━ ЗАПОМНИТЕ ━━━
завоевать доверие =
добиться того, чтобы тебе поверили

➢ см. также **ВОЕВАТЬ**

ЗА́ВТРАКАТЬ нсв _____

я за́втракаю, ты за́втракаешь... наст. вр.

поза́втракать св

я поза́втракаю, ты поза́втракаешь... буд. вр.

▪ завтракать = есть + что? на завтрак

▪ позавтракать = съесть + что? на завтрак

♦ позавтракать + чем? *(яичницей с ветчиной)*

> • Кто позавтракал + чем?
>
> *Отец позавтракал яичницей с ветчиной.*
>
> • Кто съел на завтрак + что?
>
> *Отец съел на завтрак яичницу с ветчиной.*

(по)за́втракай(те) пов. накл.

> *Позавтракай и выходи гулять в парк.*

завтракать, позавтракать —
обедать, пообедать —
ужинать, поужинать

3

ЗАВЯ́ЗЫВАТЬ нсв _____

я завя́зываю, ты завя́зываешь... наст. вр.

завяза́ть св

я завяжу́, ты завя́жешь... буд. вр.

♦ завязывать, завязать + что? *(галстук, шнурки на ботинках)*

| • Кто завязывает + что?
| *Мужчина завязывает себе галстук.*
| *Мальчик завязывает шнурки на ботинках.*

завяжи́(те) пов. накл.

| *Завяжи мне, пожалуйста, галстук — я не умею...*

ЗАПОМНИТЕ

завязать нужное знакомство =
познакомиться с нужным,
полезным человеком

ЗАГЛЯ́ДЫВАТЬ нсв _____

я загля́дываю, ты загля́дываешь... наст. вр.

загляну́ть св

я загляну́, ты загля́нешь... св

▪ заглянуть = быстро посмотреть внутрь чего-либо

♦ заглядывать, заглянуть + куда? + во что?
(в учебник, в портфель, в комнату)

▪ заглянуть = разговорное: нанести кратковременный визит

♦ заглянуть + куда? + к кому? *(в магазин, к приятелю)*

| • Кто заглянул + куда? + во что?
| *Ученик забыл правило и заглянул в учебник, чтобы его вспомнить.*
| • Кто заглянул + куда? + к кому?
| *По дороге домой девушка заглянула на минутку к своей приятельнице.*

загля́дывай(те) пов. накл.; нсв

3

загляни́(те) пов. накл.; св

> *Если ты забыл номер телефона, загляни в записную книжку.*
>
> *Заглядывайте к нам как-нибудь на следующей неделе!..* = Приглашение друзьям навестить нас в любое удобное для них время, в любой удобный для них день на будущей неделе.

──── **ЗАПОМНИТЕ** ────
**заглянуть на огонёк =
ненадолго зайти в гости
без предварительной договорённости**

«Как-то утром, на рассвете,
Заглянул в соседний сад…»

(Песня)

➢ см. также **ГЛЯДЕТЬ**

ЗАГОРА́ТЬ нсв _____

> *я загора́ю, ты загора́ешь…* наст. вр.

загоре́ть св

> *я загорю́, ты загори́шь…* буд. вр.

> • Кто загорает + где?
> *Молодые люди загорают на пляже.*

──── **ЗАПОМНИТЕ** ────
**— Где ты так хорошо загорел?
— На Чёрном море, в Сочи.**

➢ см. также **ГОРЕТЬ**

ЗАГОРА́ТЬСЯ нсв _____

> *он(а) загора́ется, они загора́ются…* наст. вр.

загоре́ться св

> *он(а) загори́тся, они загоря́тся…* буд. вр.

▪ загораться, загореться = начинать, начать гореть

> • Что загорелось?
> *Дом загорелся.*

3

> «Дили-бом, дили-бом!
> Загорелся кошкин дом...»
> (К. Чуковский, «Кошкин дом»)

 **загораться, загореться —
горѣть, сгореть**

ЗАКА́ЗЫВАТЬ нсв

я зака́зываю, ты зака́зываешь... наст. вр.

заказа́ть св

я закажу́, ты зака́жешь... буд. вр.

▪ заказывать, заказать = делать, сделать заказ

♦ заказывать, заказать + что? *(такси по телефону,
ужин в ресторане)*

> • Кто заказал + что? + кому?
> *Посетитель ресторана заказал официанту
> бутылку шампанского.*

зака́зывай(те) пов. накл.; нсв

закажи́(те) пов. накл.; св

> *Закажи на вечер такси по телефону.*

═ЗАПОМНИТЕ═
> **Кто платит, тот и заказывает музыку.**
> (Народное выражение)

> «Кто заказывал такси на Дубровку?..»
> (К/ф «Бриллиантовая рука)

ЗАКА́НЧИВАТЬ нсв

я зака́нчиваю, ты зака́нчиваешь... наст. вр.

зако́нчить св

я зако́нчу, ты зако́нчишь... буд. вр.

♦ заканчивать, закончить + что? *(работу, урок,
диссертацию)*

♦ заканчивать, закончить + что делать? *(работать,
учиться, писать диссертацию)*

3

> • Кто закончил + что?

Рабочие закончили работу и пошли домой.
Учитель закончил урок и отпустил учеников
на перемену.

> • Кто закончил + что делать?

Рабочие закончили работать.

зако́нченный (-ая, -ое, -ые) страд. прич.
зако́нчен (-а, -о, -ы) кр. ф. страд. прич.

> • Что закончено + кем?

Аспирантом закончена работа над диссерта-
цией.

зака́нчивай(те) пов. накл. (предложение)
зако́нчи(те) пов. накл. (требование, приказ)

> *Заканчивайте свою работу и приходите пить*
> *чай!..*
> *Закончите работу — и можете быть свободны!..*

➤ см. также **КОНЧАТЬ(СЯ)**

ЗАКРЫВА́ТЬ нсв

я закрыва́ю, ты закрыва́ешь... наст. вр.
закры́ть св

я закро́ю, ты закро́ешь... буд. вр.

♦ закрывать, закрыть + что? *(окно, магазин)*

> • Кто закрыл + что?

Стало холодно, и мать закрыла окно.

закрыва́ться нсв
закры́ться св

> • Что закрывается + когда?

Магазины в этом городе закрываются очень
рано.

закры́тый (-ая, -ое, -ые) страд. прич.
закры́т (-а, -о, -ы) кр. ф. страд. прич.

> • Что закрылось?

Очень поздно, магазин уже закрылся.

> • Что закрыто?

Очень поздно, магазин уже закрыт.

закрыва́й(те) пов. накл. (просьба)
закро́й(те) пов. накл. (требование)

Не закрывайте окно — в комнате очень душно!..

Немедленно закройте окно — очень дует!..

> ──────── **ЗАПОМНИТЕ** ────────
>
> **закрывать глаза на недостатки =**
> **не замечать недостатков**
>
> **Закрыто на обед.**
>
> (Вывеска на дверях магазина)

 закрывать, закрыть — открывать, открыть

ЗАМЕНЯ́ТЬ нсв _____

я заменя́ю, ты заменя́ешь... наст. вр.

замени́ть св

я заменю́, ты заме́нишь... буд. вр.

♦ заменять, заменить + что? *(старую деталь)* + на что? *(на новую деталь)*

♦ заменять, заменить + кого? *(одного игрока)* + кем? *(другим игроком)*

> • Кто заменил + что? + на что?
>
> *Мастер заменил старую деталь на новую.*
>
> • Кто заменил + кого? + кем?
>
> *Тренер заменил старого футболиста новым футболистом.*

заменённый (-ая, -ое, -ые) страд. прич.

заменён, заменена́ (-о́, -ы́) кр. ф. страд. прич.

> • Что (было) заменено + на что?
>
> *Старая деталь (была) заменена на новую.*
>
> • Кто (был) заменён + кем?
>
> *Старый футболист (был) заменён новым.*

замени́(те) пов. накл.

> *Замените лампочку! Старая перегорела...*

> ──────── **ЗАПОМНИТЕ** ────────
>
> **Незаменимых людей нет! =**
> **Каждому человеку при необходимости**
> **можно найти замену.**

3

➤ см. также **МЕНЯТЬ(СЯ)**

ЗАМЕРЗА́ТЬ нсв _____

я замерза́ю, ты замерза́ешь... наст. вр.

замёрзнуть св

я замёрзну, ты замёрзнешь... буд. вр.

он замёрз, она замёрзла, они замёрзли прош. вр.

▪ замерзать, замёрзнуть = буквально: утратить признаки жизни из-за мороза

▪ замерзать, замёрзнуть = переносное: испытывать сильное охлаждение

> • **Что замёрзло + из-за чего?**
> *Роза замёрзла из-за сильного мороза.*
> • **Кто замёрз + почему?**
> *Люди замёрзли, потому что в комнате было очень холодно.*

(не) замерза́й(те) пов. накл.; нсв

(не) замёрзни(те) пов. накл.; св

> *На улице сильный мороз — смотри,*
> *не замёрзни!..*

> «Метель ей пела песенку:
> “Спи, ёлочка, бай-бай”,
> Мороз снежком укутывал:
> “Смотри, не замерзай!..”»
> (Новогодняя детская песенка) 📖

➢ см. также **МЁРЗНУТЬ**

ЗАМЕЧА́ТЬ нсв _____

я замеча́ю, ты замеча́ешь... наст. вр.

заме́тить св

я заме́чу, ты заме́тишь... буд. вр.

▪ замечать, заметить = фиксировать, зафиксировать зрением

▪ заметить = высказать замечание, подать реплику

▪ заметить = обратить внимание, принять во внимание

♦ замечать, заметить + что? + кого? + где? (*пятно на рубашке, девушку в толпе*)

3

♦ заметить + кому? *(докладчику)*, что...

> • Кто заметил + что? + кого?
>
> *Мать заметила грязное пятно на рубашке сына.*
> *Молодой человек заметил в толпе студентов*
> *красивую девушку.*
>
> • Кто заметил + кому? + что...
>
> *Председатель заметил докладчику, что его*
> *время истекло.*

(не) замеча́й(те) пов. накл.; нсв

заме́ть(те) пов. накл.; св

---**ЗАПОМНИТЕ**---

Она шла, никого и ничего не замечая...

Извините, я вас не заметил!..

«Заметьте, не я это предложил!..»

(Т/ф «Покровские ворота»)

«Он прошёл и не заметил,
Как ты любишь его,
Как тоскуешь без него!..»

(Песня)

ЗАНИМА́ТЬ нсв

я занима́ю, ты занима́ешь... наст. вр.

заня́ть св

я займу́, ты займёшь... буд. вр.

▪ занимать, занять = оккупировать, заполнять,
заполнить (о времени, о пространстве)

> • Кто занял + что?
>
> *Армия заняла неприятельский город.*
> *Приятели заняли место за столиком.*
>
> • Что занимает + сколько времени?
>
> *Занятия в библиотеке занимают у студен-*
> *тов много времени.*
>
> • Что занимает + какую территорию?
>
> *Россия занимает огромную территорию.*

(не) занима́й(те) пов. накл.; нсв

3

займи́(те) пов. накл.; св

> *Не занимай телефон — мне должны позво-*
> *нить!..*
> *Ты идёшь в читальный зал — займи мне*
> *место, пожалуйста!..*

за́нятый (-ая, -ое, -ые) страд. прич. = о предмете:
несвободный, тот который уже используют
за́нят, занята́ (-о, -ы) кр. ф. страд. прич.

занято́й (-а́я, -о́е, -ы́е) им. прил. = о человеке (людях);
у которого (которых) нет свободного времени
за́нят, занята́ кр. ф. им. прил.

> *— Давай встретимся завтра... — Извини,*
> *завтра я не смогу — я очень занят!..*
> *— Этот столик свободен? — Извините,*
> *этот столик занят.*

━━━ЗАПОМНИТЕ━━━

Можно у тебя занять десятку до получки?.. =
Одолжи мне, пожалуйста, десять рублей
до зарплаты.

ЗАНИМА́ТЬСЯ нсв _____

> *я занима́юсь, ты занима́ешься...* наст. вр.

заня́ться св

> *я займу́сь, ты займёшься...* буд. вр.

▪ заниматься = быть занятым каким-либо делом
▪ заниматься = быть занятым изучением какого-
либо учебного предмета

♦ заниматься, заняться + чем? *(спортом, музыкой,*
бизнесом)

> **• Кто занимается + чем?**
> *Мой отец занимается бизнесом — он бизнес-*
> *мен.*
> *Мой брат занимается музыкой — он музы-*
> *кант.*
> *Моя сестра занимается спортом — она*
> *спортсменка.*

занима́йся, занима́йтесь пов. накл.; нсв

3

займи́сь, займи́тесь пов. накл.; св

> *Занимайтесь, занимайтесь!.. Не буду вам мешать!*
>
> *Хватит бездельничать! Займись, наконец, делом!*

━━━━━ **ЗАПОМНИТЕ** ━━━━━

> **— Алло! Что ты сейчас делаешь?**
>
> **— Я занимаюсь!.. =**

Делаю домашнее задание, учу уроки...

ЗАПАСА́ТЬ(СЯ) нсв _____

я запаса́ю(сь), ты запаса́ешь(ся)... наст. вр.

запасти́(сь) св

я запасу́(сь), ты запасёшь(ся)... буд. вр.

▪ запасти + что? = запастись + чем? = сделать запасы + чего?

▪ запасти, запастись = делать, сделать запасы

♦ **запасать, запасти** + что? *(муку, соль, спички)*

♦ **запасаться, запастись** + чем? *(мукой, солью, спичками)*

> • Кто запасал + что?
>
> *Во время войны люди запасали муку, соль и спички.*
>
> • Кто запасался + чем?
>
> *Во время войны люди запасались мукой, солью и спичками.*
>
> • Кто делал запасы + чего?
>
> *Во время войны люди делали запасы муки, соли и спичек.*

запаса́й(ся), запаса́йте(сь) пов. накл.; нсв
запаси́(сь), запаси́те(сь) пов. накл.; св

> *Запасайтесь продуктами на случай весеннего наводнения!*

━━━━━ **ЗАПОМНИТЕ** ━━━━━

> **Запаситесь терпением —**
> **вам придётся долго ждать!..**

3

ЗАПИРА́ТЬ нсв _____

я запира́ю, ты запира́ешь... наст. вр.

запере́ть св

я запру́, ты запрёшь... буд. вр.

▪ запирать, запереть = закрывать, закрыть на замок (на ключ)

♦ запирать, запереть + что? *(дверь, сейф, комнату)*

♦ запирать, запереть + кого? (+ где?) *(ребёнка в комнате, тигра в клетке)*

> • Кто запер + что?
> *Отец запер дверь в квартиру.*
> • Кто запер + кого? (+ где?)
> *Полицейский запер преступника в камере.*

за́пертый (-ая, -ое, -ые) страд. прич.

за́перт (-а, -о, -ы) кр. ф. страд. прич.

> • Что заперто + кем?
> *Дверь заперта хозяином на ключ (= на замок).*

запира́й(те) пов. накл.

запри́(те) пов. накл.

> *Уходя, запирайте дверь на ключ.*
> *Когда будете ложиться спать, заприте дверь на второй замок.*

ЗАПИ́СЫВАТЬ нсв _____

я запи́сываю, ты запи́сываешь... наст. вр.

записа́ть св

я запишу́, ты запи́шешь... буд. вр.

▪ записывать = вести записи

♦ записывать, записать + что? *(лекцию, номер телефона)*

♦ записывать, записать + чем? *(ручкой, карандашом)*

♦ записывать, записать + куда? *(в тетрадь, в записную книжку)*

> • Кто записал + что? + чем? + куда?
> *Молодой человек записал ручкой номер телефона девушки в свою записную книжку.*

3

▪ записывать = производить запись на (видео)магнитофон

> • Кто записал + что? + на что?
>
> *Студент записал новую мелодию на свой магнитофон.*

запи́сывай(те) пов. накл.; нсв

запиши́(те) пов. накл.; св

> *Записывайте лекцию профессора как можно подробней!..*
>
> *Запиши мой номер телефона (= номер моего телефона).*

запи́санный (-ая, -ое, -ые)

запи́сан (-а, -о, -ы)

> • Кто записал + что?
>
> *Студент записал лекцию.*
>
> • Что записано + кем?
>
> *Лекция записана студентом.*

━━ **ЗАПОМНИТЕ** ━━

Записано с моих слов верно.

(Из судебного протокола)

➤ см. также **ПИСАТЬ**

ЗАПОЛНЯ́ТЬ нсв

я заполня́ю, ты заполня́ешь... наст. вр.

запо́лнить св

я запо́лню, ты запо́лнишь... буд. вр.

♦ заполнять, заполнить + что? *(бланк, анкету, аудиторию)*

> • Кто заполнил + что?
>
> *Турист заполнил таможенную декларацию.*
>
> *Прозвенел звонок, и студенты заполнили аудиторию.*

запо́лненный (-ая, -ое, -ые) страд. прич.

запо́лнен (-а, -о, -ы) кр. ф. страд. прич.

> • Что заполнено + кем?
>
> *Таможенная декларация заполнена туристом.*

3

заполни(те) пов. накл.

> *Заполните, пожалуйста, таможенную декларацию.*

ЗАПОМИНА́ТЬ нсв _____

я запомина́ю, ты запомина́ешь... наст. вр.

запо́мнить св

я запо́мню, ты запо́мнишь... буд. вр.

▪ запоминать, запомнить = фиксировать, зафиксировать в памяти какую-либо информацию

♦ запоминать, запомнить + что? (какую информацию?) *(номер телефона)*

> • Кто запомнил + что?
> *Молодой человек запомнил номер телефона своей новой знакомой (девушки).*

запо́мни(те) пов. накл.

> *Запомни мой номер телефона.*

━━ЗАПОМНИТЕ━━
Запомни раз и навсегда!..

запоминать, запомнить — помнить — вспоминать, вспомнить — напоминать, напомнить — забывать, забыть

➢ см. также **ПОМНИТЬ**

ЗАПРЕЩА́ТЬ нсв _____

я запреща́ю, ты запреща́ешь... наст. вр.

запрети́ть св

я запрещу́, ты запрети́шь... буд. вр.

♦ запрещать, запретить + кому? *(ребёнку)* + что (делать)? *(курить)*

> • Кто запрещает + кому? + что (делать)?
> *Родители запрещают ребёнку курить.*
> • Кто запретил + кому? + что (делать)?
> *Врач запретил больному курить.*

запрещённый (-ая, -ое, -ые) страд. прич. = им. прилаг.

запрещённый = запретный им. прил.

запрещён, запрещенá (-ó, -ы́) кр. ф. страд. прич. (= им. прилаг.)

> • **Что запрещено + кем?**
> *Движение на красный свет запрещено правилами дорожного движения.*

ЗАПОМНИТЕ

Посторонним вход запрещён (= воспрещён)!

Спортсмен применил запрещённый приём.

Запретный плод сладок. =
То, чего делать нельзя, особенно притягательно, вызывает повышенный интерес.

«Мон папá запрещал,
Чтоб я польку танцевала…»
(Песенка из к/ф «Покровские ворота»)

«Запретный плод вам подавай,
А без того вам рай не рай…»
(А.С. Пушкин, «Евгений Онегин)

ЗАРАБÁТЫВАТЬ нсв

я зарабáтываю, ты зарабáтываешь… наст. вр.
зарабóтать св

я зарабóтаю, ты зарабóтаешь… буд. вр.

▪ **зарабатывать** = получать денежное вознаграждение за работу

▪ **заработать** = получить заработную плату (= зарплату)

♦ **зарабатывать, заработать + сколько (денег)?**
(тысячу рублей) + за что? *(за книгу)*

> • **Кто заработал + за что? + сколько?**
> *За проделанную работу рабочий заработал тысячу рублей.*

ЗАПОМНИТЕ

Рабочий зарабатывает себе на жизнь (на хлеб) тяжёлым трудом.

3

ЗАПОМНИТЕ

Бизнесмен хорошо (= много) зарабатывает.

Работая в шахте, шахтёр «заработал»
себе тяжёлую болезнь. =
Шахтёр тяжело заболел в результате опасных
(вредных для здоровья) условий труда.

➢ см. также **РАБОТАТЬ**

ЗАСТАВЛЯ́ТЬ нсв _____

я заставля́ю, ты заставля́ешь... наст. вр.
заста́вить св

я заста́влю, ты заста́вишь... буд. вр.
♦ заставлять, заставить + кого? *(ребёнка)* + что
делать? *(учить уроки)*

> • Кто заставляет + кого? + что делать?
> *Мать заставляет ребёнка делать уроки.*

(не) заставля́й(те) пов. накл.; нсв
заста́вь(те) пов. накл.; св

> *Не заставляйте себя ждать!..*

ЗАПОМНИТЕ

Заставь дурака Богу молиться —
он и лоб расшибёт.

(Поговорка)

«заставь» = здесь: «если заставить...»

ЗАСТЁГИВАТЬ(СЯ) нсв _____

я застёгиваю(сь), ты застёгиваешь(ся)... наст. вр.
застегну́ть(ся) св

я застегну́(сь), ты застегнёшь(ся)... буд. вр.
♦ застёгивать, застегнуть + что? *(пуговицы, рубашку)*
♦ застёгивать, застегнуть + что? *(рубашку, куртку)*
+ на что? *(на пуговицы, на молнию)*
♦ застёгиваться, застегнуться + на что? *(на пуговицы, на молнию)*
застёгнутый (-ая, -ое, -ые) страд. прич.
застёгнут (-а, -о, -ы) кр. ф. страд. прич.

З

• Кто застегнул + что?

Мужчина застегнул пуговицы на рубашке.

Мужчина застегнул рубашку.

• Кто застегнулся + на что?

Мужчина застегнулся на все пуговицы.

• Что (было) застёгнуто (+ кем?)

Рубашка (была) застёгнута на все пуговицы.

застегни́(те) пов. накл.

застегни́сь, застегни́тесь пов. накл.

> *Застегни пуговицу на рубашке.*
>
> *Застегнись — на улице очень холодно!..*

 застёгивать, застегнуть —
расстёгивать, расстегнуть

ЗАСЫПА́ТЬ нсв _____

я засыпа́ю, ты засыпа́ешь... наст. вр.

засну́ть св

я засну́, ты заснёшь... буд. вр.

▪ заснуть = уснуть

▪ засыпать, заснуть (уснуть) = впадать, впасть в сон, в состояние сна

▪ спать = находиться в состоянии сна

▪ просыпаться, проснуться = выходить, выйти из состояния сна (= пробуждаться, пробудиться)

▪ высыпаться, выспаться = отдыхать, отдохнуть; восстанавливать, восстановить силы в процессе сна

♦ засыпать, заснуть, просыпаться, проснуться + когда? *(рано, поздно, в 10 часов)*

♦ спать + как? *(крепко)* + сколько? *(долго, мало, 10 часов)*

♦ высыпаться, выспаться + как? *(хорошо, плохо)*

> • Кто заснул + когда?
>
> *Студент заснул вчера очень поздно.*
>
> • Кто проснулся + когда?
>
> *Студент проснулся очень рано.*
>
> • Кто спал + сколько времени?
>
> *Студент спал очень мало.*

3

• Кто выспался + как?

Студент плохо выспался. = Студент совершенно (абсолютно) не выспался!

засыпа́й(те) пов. накл.

Засыпайте скорее — завтра рано вставать.

> «Спи, моя радость, усни,
> В доме погасли огни,
> Птички затихли в саду,
> Рыбки уснули в пруду...»
> (Колыбельная песня)

➢ см. также **СПАТЬ**

ЗАХВА́ТЫВАТЬ нсв _____

я захва́тываю, ты захва́тываешь... наст. вр.

захвати́ть св

я захвачу́, ты захва́тишь... буд. вр.

▪ захватить = овладеть чем-либо с помощью силы

▪ захватить = разговорное: взять с собой

◆ захватывать, захватить + что? *(город)*

◆ захватить + кого? *(вражеского офицера)*

• Кто захватил + что?

Неприятель захватил город.

• Кто захватил + кого?

Разведчики захватили в плен вражеского офицера.

захвати́(те) пов. накл.

Захвати с собой что-нибудь поесть!..

ЗАПОМНИТЕ

**Идея захватила его. =
Он увлёкся идеей.**

ЗАЧЁРКИВАТЬ нсв _____

я зачёркиваю, ты зачёркиваешь... наст. вр.

зачеркну́ть св

я зачеркну́, ты зачеркнёшь... буд. вр.

♦ зачёркивать, зачеркнуть + что? *(букву, слово)*

> • **Кто зачеркнул + что?**
> *Ученик зачеркнул в слове неправильную букву.*

зачеркни́(те) пов. накл.

> *Зачеркните неправильный адрес и напишите правильный.*

**зачёркивать, зачеркнуть —
подчёркивать, подчеркнуть**

ЗАЩИЩА́ТЬ(СЯ) нсв _____

я защища́ю(сь), ты защища́ешь(ся)... наст. вр.

защити́ть(ся) св

я защищу́(сь), ты защити́шь(ся)... буд. вр.

♦ защищать, защитить + кого? + что? *(детей, природу)* + от какой опасности?

▪ защищаться, защититься = защищать, защитить себя

> • **Кто защищает + кого? + что? + от чего? + от кого?**
> *Войска (= армия) защищают город от неприятеля.*
> *Крестьяне защищают свои поля от насекомых-вредителей.*
> • **Кто защитил + кого? + от кого?**
> *Мужчина защитил девушку от хулиганов.*

защищённый (-ая, -ое, -ые) страд. прич.

защищён, защищена́ (-о́, -ы́) кр. ф. страд. прич.

> • **Что защищено + чем?**
> *Со стороны моря город защищён от наводнений дамбой.*

защища́й(те)(сь) пов. накл.; нсв

защити́(те)(сь) пов. накл.; св

> *Защищайте слабых!*

ЗАПОМНИТЕ

Студент защищает дипломный проект.

Адвокат защищает в суде обвиняемого.

3

> ━━━━━**ЗАПОМНИТЕ**━━━━━
> **Обвиняемый защищает в суде свою честь.**
>
> — **Я имею честь напасть на вас!**
> — **Защищайтесь, сударь!..**
>
> (На дуэли)

ЗАЯВЛЯ́ТЬ нсв _____

я заявля́ю, ты заявля́ешь... наст. вр.

заяви́ть св

я заявлю́, ты зая́вишь... буд. вр.

▪ заявлять, заявить = официальное: делать, сделать заявление

♦ заявлять, заявить + кому? + куда? *(декану, в деканат)* + что? (о чём?) *(желание (о желании))*

> • Кто заявил + кому? + куда? + что? (о чём?)
> *Студенты заявили декану своё желание —*
> *сдать экзамен досрочно.*
> *Студенты заявили в деканат, что хотят*
> *сдать экзамен досрочно.*
> *Студенты сделали декану заявление о своём*
> *желании сдать экзамен досрочно.*
> *Президент заявил о своём намерении переиз-*
> *бираться на второй срок.*

заяви́(те) пов. накл.

> *Если у вас украли сумку или кошелёк, заяви-*
> *те об этом в милицию!..*

> ━━━━━**ЗАПОМНИТЕ**━━━━━
> **Я вам это ответственно заявляю!**

ЗВАТЬ нсв _____

я зову́, ты зовёшь... наст. вр.

позва́ть св

я позову́, ты позовёшь... буд. вр.

назва́ть св

я назову́, ты назовёшь... буд. вр.

называ́ть(ся) нсв

я называ́ю, ты называ́ешь, он, она, оно называ́ет-
ся... наст. вр.

3

■ звать, позвать = окликать, окликнуть по имени

■ назвать = дать (присвоить) имя (человеку, объекту или явлению)

■ называться = иметь название (об объекте или явлении)

> • Кого зовут + как?
>
> *Молодого человека зовут Иван.*
>
> • Что называется + как?
>
> *Книга называется «Война и мир».*

■ звать, позвать = приглашать, пригласить + кого? *(девушку)* + куда? *(в кино)*

> • Кто позвал + кого? + куда?
>
> *Молодой человек позвал девушку в кино.*

(не) зови́(те) пов. накл.; нсв

позови́(те) пов. накл.; св

назови́(те) пов. накл.; св

> *«Вас зовут Мария? — Да, но зовите меня просто Маша».*
>
> *Назовите сына Иваном, а дочку — Марией...*

ЗАПОМНИТЕ

— Как вас зовут?

— Меня зовут Иван(ом)... А вас?

— А меня — Мария (-ей).

Алло! Здравствуйте!
Позовите, пожалуйста, Машу (к телефону)...

Хоть горшком назови —
только в печь не ставь!

(Поговорка)

«Позови меня, позови меня,
Хоть когда-нибудь позови!..»

(Песня)

📖

3

ЗВЕНÉТЬ нсв _____

обычно: *он, она, оно звени́т; они звеня́т* наст. вр.

зазвенéть, прозвенéть св

обычно: *он, она, оно зазвени́т, прозвени́т; они
зазвеня́т, прозвеня́т* буд. вр.

▪ звенеть = производить, издавать звон

▪ зазвенеть = начать звенеть

▪ прозвенеть (отзвенеть) = закончить звенеть

> • Что звенит?
> *Звонок звенит.*
> *Колокольчик звенит.*

ЗАПОМНИТЕ

звенеть в ушах —
характерное состояние организма
(обычно — при высоком давлении)

звенящая тишина —
абсолютная тишина

 звенеть — звонить

ЗВОНИ́ТЬ нсв _____

я звоню́, ты звони́шь... наст. вр.

зазвони́ть св

я зазвоню́, ты зазвони́шь... буд. вр.

позвони́ть св

я позвоню́, ты позвони́шь... буд. вр.

▪ звонить = производить, издавать звон; бить в коло-
кол

▪ зазвонить = начать звонить

▪ звонить, позвонить = осуществлять, осуществить
контакт с помощью телефона

> • Кто звонит + во что?
> *Звонарь звонит в колокол.*
> • Кто звонит по телефону + кому?
> *Молодой человек звонит по телефону своей
> девушке.*

3

(по)звони́(те) пов. накл.

| *Позвони мне как-нибудь на следующей неделе.*

————ЗАПОМНИТЕ————

звонить во все колокола =
всеми доступными средствами предупреждать
об опасности

Слышал звон, да не знает, где он! (Поговорка) =
Пользоваться непроверенной информацией,
неправильно истолковывать услышанную
информацию.

«У меня зазвонил телефон.
— Кто говорит?
— Слон».
(К.И. Чуковский, «Телефон»)

«Позвони мне, позвони!
Позвони мне, ради Бога!..»
(Песня)

ЗВУЧА́ТЬ нсв _____

обычно: *он, она, оно звучи́т, они звуча́т* наст. вр.
зазвуча́ть, прозвуча́ть св

обычно: *он, она, оно зазвучи́т, прозвучи́т, они
зазвуча́т, прозвуча́т* буд. вр.

▪ звучать, прозвучать = производить, произвести
звук
▪ зазвучать = начать звучать
▪ отзвучать = перестать (закончить) звучать

| • Что звучит?
Звучит музыка.
Звучит голос.

«Звучал мне долго голос нежный
И снились милые черты...»
(А.С. Пушкин, «К*»)**

3

ЗДОРО́ВАТЬСЯ нсв _____

я здоро́ваюсь, ты здоро́ваешься... наст. вр.

поздоро́ваться св

я поздоро́ваюсь, ты поздоро́ваешься... буд. вр.

▪ здороваться = говорить кому-либо «Здравствуй-те!», приветствовать знакомого при встрече (буквально: желать другому здоровья)

♦ здороваться, поздороваться + с кем? *(с другом, с учителем)*

> • Кто здоровается (поздоровался) + с кем?
> *Ученики здороваются (поздоровались) с учителем.*

поздоро́вайся, поздоро́вайтесь пов. накл.

> *Дети, поздоровайтесь с вашим новым учителем.*

ЗНАКО́МИТЬ(СЯ) нсв _____

я знако́млю(сь), ты знако́мишь(ся)... наст. вр.

познако́мить(ся) св

я познако́млю(сь), ты познако́мишь(ся)... буд. вр.

▪ знакомить, познакомить = представлять, представить кого-либо кому-либо

♦ знакомить, познакомить + кого? *(приятеля, девушку)* + с кем? *(с девушкой, с родителями)*

♦ знакомиться, познакомиться + с кем? *(с девушкой, с родителями девушки)*

знако́мый (-ая, -ое, -ые) им. прилаг.

знако́м (-а, -о, -ы) кр. ф. им. прилаг.

познако́мленный (-ая, -ое, -ые) страд. прич.

познако́млен (-а, -о, -ы) кр. ф. страд. прич.

> • Кто познакомился + с кем?
> *Молодой человек познакомился с девушкой.*
> • Кто познакомил + кого? + с кем?
> *Студент познакомил девушку со своими родителями.*
> • Кто (был) познакомлен + кем? + с кем?
> *Девушка (была) познакомлена студентом с его родителями.*

3

• Кто знаком + с кем?

Девушка знакома с родителями молодого человека.

(по)знако́мься, (по)знако́мьтесь пов. накл.

(По)знакомьтесь, пожалуйста!

━━━**ЗАПОМНИТЕ**━━━

Мы с вами не знакомы?
Давайте познакомимся... =
Разрешите представиться...

ЗНАТЬ нсв _____

я зна́ю, ты зна́ешь... наст. вр.

узна́ть св

я узна́ю, ты узна́ешь... буд. вр.

узнава́ть нсв

я узнаю́, ты узнаёшь... наст. вр.

▪ знать + что? = владеть информацией

▪ узнать + что? = получить информацию

▪ узнавать + что? = получать информацию

▪ знать + кого? = быть знакомым + с кем?

▪ узнавать + кого? = восстанавливать в памяти факт прежнего знакомства

▪ узнать + кого? = восстановить в памяти факт прежнего знакомства

• Кто знает + что?

Студент хорошо знает правило по грамматике.

• Кто узнаёт + что?

Журналисты всегда узнают новости первыми.

• Кто узнает + что? + когда?

Телезритель узнает эту новость только завтра.

• Кто узнал + что?

Студент узнал в деканате новое расписание занятий.

• Кто знает + кого?

Преподаватель хорошо знает всех своих студентов.

• Кто (не) узнал + кого?

После долгой разлуки друзья не узнали друг друга.

3

узна́й(те) пов. накл.

> *Узнайте в деканате, когда будет первый экзамен.*

———ЗАПОМНИТЕ———
Всяк сверчок знай свой шесток!
(«всяк» — просторечное = «всякий, каждый») =
Знай своё место! =
Держись скромно, не претендуй на более
высокое положение.

> «Я знаю —
> город
> будет,
> я знаю —
> саду
> цвесть…»
> (В.В. Маяковский)

ЗНА́ЧИТЬ нсв _____

я зна́чу, ты зна́чишь… — наст. вр.

■ значить = означать, иметь определённый смысл,
определённое значение

> • Что значит (означает) + что?
>
> *Что значит (означает) слово «прекрасный»?*
> *— «Прекрасный» значит «очень красивый».*

Что имеет + какое значение + для чего?
Искусство имеет важное значение
для развития нации. =
Что играет какую роль + в чём?
Искусство играет важную роль
в развитии нации. =
Что занимает какое место + в чём?
Искусство занимает важное место
в развитии нации.

3

ЗАПОМНИТЕ

Это ничего не значит. =
Это ни о чём не говорит. =
Это ни о чём не свидетельствует.

Это не имеет никакого значения. =
Это неважно.

«Если я в твоей судьбе
Ничего уже не значу,
Я забуду о тебе...»

(Песня)

ИГРА́ТЬ нсв _____

я игра́ю, ты игра́ешь... наст. вр.

▪ играть = осуществлять игру, участвовать в игре

сыгра́ть св

я сыгра́ю, ты сыгра́ешь... буд. вр.

▪ сыграть = осуществить, завершить игру

 играть, сыграть — выигрывать,
выиграть — проигрывать, проиграть

вы́играть св

я вы́играю, ты вы́играешь... буд. вр.

▪ выиграть = победить, одержать победу

выи́грывать нсв

я выи́грываю, ты выи́грываешь... наст. вр.

▪ выигрывать = побеждать, одерживать победу

проигра́ть св

я проигра́ю, ты проигра́ешь... буд. вр.

▪ проиграть = потерпеть поражение

прои́грывать нсв

я прои́грываю, ты прои́грываешь... наст. вр.

▪ проигрывать = терпеть поражение

♦ играть + на чём? *(на музыкальном инструменте)*

✦ играть + во что? *(в футбол, в шахматы, в карты)*
✦ играть + с кем? *(с приятелем, с командой против-ника)*
✦ сыграть + как? *(вничью)*
▪ выиграть + у кого? = победить + кого? = одержать победу + над кем?
▪ проиграть + кому? = потерпеть поражение + от кого?

• Кто играет + на чём?

Скрипач играет на скрипке.
Гитарист играет на гитаре.

• Кто играет + во что?

Футболисты играют в футбол.
Шахматисты играют в шахматы.

• Кто играет + с кем?

Команда «Зенит» играет с командой «Спартак». (= «Зенит» играет со «Спартаком».)

• Кто + с кем? сыграл + как?

«Зенит» со «Спартаком» сыграли вничью.

• Кто выиграл + что? + у кого?

«Зенит» выиграл (матч) у «Спартака». =
«Зенит» победил «Спартак». =
«Зенит» одержал победу над «Спартаком».

• Кто проиграл + что? + кому?

«Спартак» проиграл (матч) «Зениту». =
«Спартак» потерпел поражение от «Зенита».

игра́й(те) пов. накл.; нсв
поигра́й(те) пов. накл.; св
сыгра́й(те) пов. накл.; св

Иди поиграй с детьми!
Сыграйте мне ноктюрн Шопена!
Играйте и выигрывайте!

───── **ЗАПОМНИТЕ** ─────
играть роль в театре;
играть роль в жизни =
иметь значение

И

«Что наша жизнь? — Игра!»
(Опера П.И. Чайковского «Пиковая дама»)

ИДТИ нсв
_____

я иду, ты идёшь... наст. вр.

■ идти = передвигаться пешком в одном определённом направлении (сейчас, в настоящий момент)

он шёл, она шла, они шли прош. вр.

ходить нсв

я хожу, ты ходишь... наст. вр.

■ ходить = передвигаться пешком в разных направлениях (обычно — туда и обратно)

пойти св

я пойду, ты пойдёшь... буд. вр.

он пошёл, она пошла, они пошли прош. вр.

■ пойти = осуществить намерение отправиться в
определённом направлении

♦ идти, ходить, пойти + куда? *(в университет, на
работу)*

• Кто идёт + куда?
— *Куда ты сейчас идёшь?*
— *Я иду в университет.*
• Кто ходит + куда?
— *Как часто ты ходишь в университет?*
— *Я хожу в университет каждый день.*
• Кто ходил + куда?
— *Где ты был вчера?*
— *Я ходил в университет.*
• Кто пойдёт + куда?
— *Что ты будешь делать завтра?*
— *Завтра я пойду в университет.*
• Кто пошёл + куда?
— *Где Иван?*
— *Он пошёл в магазин.*

иди(те) пов. накл.; нсв
пойди(те) пов. накл.; св

— *Где находится станция метро?*
— *Идите прямо, потом налево...*
Пойди на кухню — поставь чайник.

И

---ЗАПОМНИТЕ---

Идёт время, идут часы, идёт дождь,
идёт фильм, идёт автобус,
идёт подготовка к экзамену...

Эта причёска вам очень идёт!

— Как идут дела?
— Спасибо, дела идут хорошо!

сойти с ума = потерять рассудок

сумашедший = ненормальный

ИЗБАВЛЯ́ТЬ(СЯ) нсв _____

я избавляю(сь), ты избавляешь(ся)... наст. вр.
изба́вить(ся) св

я изба́влю(сь), ты изба́вишь(ся)... буд. вр.

♦ избавляться, избавиться + от чего? (*от комаров,
от вредной привычки*)

♦ избавлять, избавить + кого? (*больного человека*)
+ от чего? (*от боли*)

> • Кто избавился + от чего?
>
> *Туристы избавились от комаров.*
>
> *Человек избавился от курения.*
>
> • Кто избавил + кого? + от чего?
>
> *Врач избавил больного от боли.*

изба́вь(те) пов. накл.

> *Избавьте меня от вашего присутствия!* =
> Уйдите — я не хочу вас видеть!

---ЗАПОМНИТЕ---

Избави Бог!

(Заклинание)

**избавляться, избавиться —
избегать, избежать**

ИЗБЕГА́ТЬ нсв _____

я избегаю, ты избега́ешь... наст. вр.

▪ избегать = стараться не делать чего-либо

избежа́ть св

ты избежи́шь, он, она избежи́т... буд. вр.

▪ избежать = уклониться от опасности

◆ избегать + что делать? *(переутомляться)*

◆ избежать + чего? *(опасности)*

> • Кто избегает + что делать?
>
> *Мужчина избегает встречаться со своей бывшей женой.*
>
> • Кто избегает + чего?
>
> *Мужчина избегает встречи со своей первой женой.*
>
> • Кто избегает + кого?
>
> *Мужчина избегает своей первой жены.*
>
> • Кто избежал + чего?
>
> *Альпинист избежал падения в пропасть.*

избега́й(те) пов. накл.

> *Избегайте переохлаждать свой организм!* = *Избегайте переохлаждения!*

---ЗАПОМНИТЕ---
— Почему ты меня избегаешь в последнее время?

➢ см. также **БЕГАТЬ**

ИЗБИРА́ТЬ нсв

я избира́ю, ты избира́ешь... наст. вр.

избра́ть св

я изберу́, ты изберёшь... буд. вр.

▪ избирать, избрать = делать, сделать выбор

◆ избирать, избрать + кого? *(депутата)* + куда? *(в парламент)*

и́збранный (-ая, -ое, -ые) страд. прич.

и́збран (-а, -о, -ы) кр. ф. страд. прич.

> • Кто избрал + кого? + кем? + куда?
>
> *Избиратели избрали своего кандидата депутатом в Государственную Думу.*
>
> • Кто был избран + кем? + куда?
>
> *Кандидат был избран депутатом в Государственную Думу.*

избирать, избрать — выбирать, выбрать

ИЗВЕЩА́ТЬ нсв _____

я извеща́ю, ты извеща́ешь... наст. вр.

▪ извещать = сообщать информацию

извести́ть св

я извещу́, ты извести́шь... буд. вр.

▪ известить = сообщить информацию

♦ извещать, известить + кого? (*студентов*) + о чём? (*об изменении в расписании*)

> • Кто известил + кого? + о чём?
>
> *Деканат известил студентов об изменении в расписании.*

извещённый (-ая, -ое, -ые) страд. прич.

извещён, извещена́ (-о́, -ы́) кр. ф. страд. прич.

> • Кто (был) извещён + о чём?
>
> *Студенты (были) извещены об изменении в расписании.*

 извещать, известить — сообщать, сообщить

ИЗВИНЯ́ТЬ(СЯ) нсв _____

я извиня́ю(сь), ты извиня́ешь(ся)... наст. вр.

извини́ть(ся) св

я извиню́(сь), ты извини́шь(ся)... буд. вр.

▪ извинять, извинить = прощать, простить

♦ извинять, извинить + кого? (*ребёнка*) + за что? (*за шалость*)

▪ извиняться, извиниться = просить, попросить прощения

♦ извиняться, извиниться + перед кем? (*перед матерью*) + за что? (*за шалость*)

> • Кто извинился + перед кем? + за что?
>
> *Ребёнок извинился перед матерью за шалость. = Ребёнок попросил у матери прощения за шалость.*
>
> • Кто извинил + кого? + за что?
>
> *Мать извинила ребёнка за шалость. = Мать простила ребёнка за шалость.*

 И

извини́(те) пов. накл.

> *Извините меня, пожалуйста, за опоздание!*
> *Извините, я случайно наступил вам на ногу!..*
> *Извините, вы не скажете, который час?*

━━ ЗАПОМНИТЕ ━━
Извините... = Простите... —
форма обращения при какой-либо просьбе
или вступлении в разговор

ИЗДАВА́ТЬ(СЯ) нсв _____

> *я издаю́, ты издаёшь, он издаёт(ся)...* наст. вр.

изда́ть св

> *я издам, ты изда́шь, он, она, оно изда́ст, мы издади́м, вы издади́те, они издаду́т* буд. вр.

♦ издавать, издать + что? *(газету, журнал, книгу)*

> • Кто издаёт + что?
> *Издательство «Златоуст» издаёт учебную литературу.*
> • Что издаётся + где?
> *Учебная литература издаётся в издательстве «Златоуст».*

и́зданный (-ая, -ое, -ые) страд. прич.

и́здан (-а, -о, -ы) кр. ф. страд. прич.

> • Что (было) издано + кем?
> *Учебник (был) издан издательством «Злато- уст» (= в издательстве «Златоуст»).*

ИЗМЕНЯ́ТЬ(СЯ) нсв _____

> *я изменя́ю(сь), ты изменя́ешь(ся), он изме- ня́ет(ся)...* наст. вр.

измени́ть(ся) св

> *я изменю́(сь), ты изме́нишь(ся), он изме́нит(ся)* буд. вр.

♦ изменять, изменить + что? *(причёску, фамилию)*

▪ изменять, изменить = нарушить верность, долг

♦ изменять, изменить + кому? *(мужу, жене, родине)*

> • Кто изменил + что?
> *Девушка изменила причёску.*
> *Женщина вышла замуж и изменила фамилию.*

• Что изменилось?

Погода внезапно изменилась.

Он переехал на новую квартиру, и у него изменился номер телефона.

• Кто изменил + кому?

Муж изменил жене.

Предатель изменил родине.

изменённый (-ая, -ое, -ые) страд. прич.

изменён, изменена́ (-о́, -ы́) кр. ф. страд. прич.

• Что было изменено + кем?

Расписание занятий было изменено деканатом факультета.

——— ЗАПОМНИТЕ ———

Мой друг очень изменился за последнее время: раньше он не любил спорт, а теперь каждый день ходит на стадион.

— Вы видели (кино)фильм «Место встречи изменить нельзя»?
— Нет, ещё не видел...
— Обязательно посмотрите — очень интересный фильм!

➢ см. также **МЕНЯТЬ**

ИЗМЕРЯ́ТЬ нсв _____

я измеря́ю, ты измеря́ешь... наст. вр.

изме́рить св

я изме́рю, ты изме́ришь... буд. вр.

❖ **измерять, измерить + что?** *(длину комнаты)* **+ чем?** *(рулеткой)*

• Кто измерил + что? + чем?

Строители измерили (рулеткой) длину стены.

Медсестра измерила у больного температуру.

изме́ренный (-ая, -ое, -ые) страд. прич.

изме́рен (-а, -о, -ы) кр. ф. страд. прич.

• Что (было) измерено + кем?

Длина стены была измерена строителями.

изме́рь(те) пов. накл.

> *Больной! Поставьте себе градусник и измерь-*
> *те температуру.*

> «Я знаю: век уж мой измерен;
> Но чтоб продлилась жизнь моя,
> Я утром должен быть уверен,
> Что с вами днём увижусь я...»
> (А.С. Пушкин, «Евгений Онегин»)

➤ см. также **МЕРИТЬ**

ИЗОБРАЖА́ТЬ нсв _____

я изобража́ю, ты изобража́ешь... наст. вр.

▪ изображать = представлять, создавать образ

изобрази́ть св

я изображу́, ты изобрази́шь... буд. вр.

▪ изобразить = представить, создать образ

♦ изображать, изобразить + что? *(природу, городской пейзаж)*

♦ изображать, изобразить + кого? *(Петра Первого, Сталина)*

> • Кто изобразил + где? + что?
> *На картине художник изобразил городской*
> *пейзаж.*
> • Кто изобразил + где? + кого?
> *Художник на портрете изобразил русского*
> *царя Петра Первого.*
> *Артист очень похоже изобразил известного*
> *политического деятеля.*

изображённый (-ая, -ое, -ые) страд. прич.

изображён, изображена́ (-о́, -ы́) кр. ф. страд. прич.

> • Что изображено + где? + кем?
> *На картине художником изображён городской*
> *пейзаж.*

> «Изображу ль в картине верной
> Уединенный кабинет...»
> (А.С. Пушкин, «Евгений Онегин»)

**изображать, изобразить —
воображать, вообразить**

ИЗОБРЕТА́ТЬ нсв _____

я изобрета́ю, ты изобрета́ешь... наст. вр.
изобрести́ св

я изобрету́, ты изобретёшь... буд. вр.

♦ изобретать, изобрести + что? (*новый двигатель*)

⦁ Кто изобрёл + что?
Учёный изобрёл новый двигатель.

изобретённый (-ая, -ое, -ые) страд. прич.
изобретён, изобретена́ (-о́, -ы́) кр. ф. страд. прич.

⦁ Что (было) изобретено + кем?
Радио (было) изобретено русским учёным Поповым.

╭─────── **ЗАПОМНИТЕ** ───────╮

Не надо изобретать велосипед! =
Не стоит пытаться искать решение проблемы,
которая уже давно решена.

╰─────────────────────────────╯

ИЗУЧА́ТЬ нсв _____

я изуча́ю, ты изуча́ешь... наст. вр.
изучи́ть св

я изучу́, ты изу́чишь... буд. вр.

♦ изучать, изучить + что? (*научную дисциплину, учебный предмет, проблему*)

⦁ Кто изучает + что?
Иностранные студенты изучают русский язык.

╭─────── **ЗАПОМНИТЕ** ───────╮

Неверно:
Студент изучает в университете.
Студент учится русский язык.

Верно:
Студент учится в университете.
Студент изучает русский язык.
В университете студент изучает русский язык.

╰─────────────────────────────╯

изучать, изучить — учить — учиться

➤ см. также **УЧИТЬ(СЯ)**

ИМЕ́ТЬ(СЯ) нсв _____

я име́ю(сь), ты име́ешь(ся), он, она, оно име́ет(ся)...
наст. вр.

▪ иметь = владеть, обладать

♦ иметь + что? *(машину, дачу, талант)*

▪ иметься = быть в наличии

> • Кто имеет + что? = У кого есть + что?
> *Человек имеет дачу. = У человека есть дача.*
> *Человек имеет талант. = У человека есть*
> *талант.*
> • Кто владеет + чем?
> *Человек владеет дачей.*
> • Кто обладает + чем?
> *Человек обладает талантом.*

(не) име́й(те) пов. накл.

> *Имейте терпение. = Умейте быть терпеливым.*

ЗАПОМНИТЕ

Не имей сто рублей, а имей сто друзей!

(Пословица)

«Имел он счастливый талант
Без принужденья в разговоре
Коснуться до всего слегка...»
(А.С. Пушкин, «Евгений Онегин»)

ИММИГРИ́РОВАТЬ нсв = св _____

я иммигри́рую, ты иммигри́руешь... наст. вр. = буд. вр.

▪ иммигрировать = въезжать в чужую страну для
постоянного проживания

> • Кто иммигрирует + куда?
> *Жители бывших союзных республик часто*
> *иммигрируют в Россию.*

 иммигрировать — эмигрировать

И

ИМПОРТИ́РОВАТЬ нсв = св _____

я импорти́рую, ты импорти́руешь... наст. вр. = буд. вр.

▪ импортировать = ввозить какие-либо товары из-за границы

♦ импортировать + что? (*продукты питания, автомобили*)

> • Кто импортирует + что?
>
> *Россия импортирует продукты питания, парфюмерию и автомобили.*

ИНТЕРЕСОВА́ТЬ(СЯ) нсв _____

я интересу́ю(сь), ты интересу́ешь(ся)... наст. вр.

заинтересова́ть(ся) св

я заинтересу́ю(сь), ты заинтересу́ешь(ся)... буд. вр.

поинтересова́ться св

я поинтересу́юсь, ты поинтересу́ешься... буд. вр.

> Кто интересуется + чем?
> Что интересует + кого?
> Кому интересно + что?
> Кому интересно + что делать?

▪ интересовать = вызывать интерес

♦ интересовать + кого? (*учёного*) = вызвать интерес + у кого? (*у учёного*)

▪ интересоваться = проявлять интерес

♦ интересоваться + чем? (*научной проблемой*) = проявлять интерес + к чему? (*к научной проблеме*)

▪ заинтересовать = вызвать интерес

♦ заинтересовать + кого? (*учёного*) = вызвать интерес + у кого? (*у учёного*)

▪ заинтересоваться = начать проявлять интерес

♦ заинтересоваться + чем? (*научной проблемой*) = начать проявлять интерес + к чему (*к научной проблеме*)

▪ поинтересоваться = спросить

♦ поинтересоваться + у кого? (*у преподавателя*) = спросить + у кого? (*у преподавателя*)

> • Кого интересует + что?
>
> *Учёного интересует научная проблема.*
>
> • Что вызывает интерес + у кого?
>
> *Научная проблема вызывает интерес у учёного.*
>
> • Кто интересуется + чем?
>
> *Учёный интересуется научной проблемой.*
>
> • Кто проявляет интерес + к чему?
>
> *Учёный проявляет интерес к научной проблеме.*
>
> • Кого заинтересовало + что?
>
> *Учёного заинтересовала научная проблема.*
>
> • Что вызвало интерес + у кого?
>
> *Научная проблема вызвала интерес у учёного.*
>
> • Кто заинтересовался + чем?
>
> *Учёный заинтересовался научной проблемой.*
>
> • Кто начал проявлять интерес + к чему?
>
> *Учёный начал проявлять интерес к научной проблеме.*
>
> • Кто поинтересовался + у кого? + о чём?
>
> *Студент поинтересовался у преподавателя, когда будет экзамен.*
>
> • Кто спросил + у кого? + о чём?
>
> *Студент спросил у преподавателя, когда будет экзамен.*

интере́сный (-ая, -ое, -ые) им. прилаг.

интере́сен, интере́сна (-о, -ы) кр. ф. им. прилаг.

интере́сно наречие

♦ интересно + что делать? *(заниматься научной проблемой)*

> • Кому интересно + что?
>
> *Учёному интересна научная проблема.*
>
> • Кому интересно + что делать?
>
> *Учёному интересно заниматься научной проблемой.*

поинтересу́йся, поинтересу́йтесь пов. накл.

> *Поинтересуйтесь в деканате, когда будет экзамен.*

И

---ЗАПОМНИТЕ---
Это меня совершенно не интересует!

Меня не интересует, что ты думаешь обо мне!

ИНФОРМИ́РОВАТЬ нсв _____

я информи́рую, ты информи́руешь... наст. вр.

проинформи́ровать св

я проинформи́рую, ты проинформи́руешь... буд. вр.

▪ информировать, проинформировать + кого? = сообщать, сообщить + кому?

♦ информировать, проинформировать + кого? *(студентов)* + о чём? *(о переносе даты экзамена)*

• Кто проинформировал + кого? + о чём?
Деканат проинформировал студентов о переносе даты экзамена. =

• Кто сообщил + кому? + о чём?
Деканат сообщил студентам о переносе даты экзамена.

информировать, проинформировать — сообщать, сообщить

ИСКА́ТЬ нсв _____

я ищу́, ты и́щешь... наст. вр.

▪ искать = находиться в состоянии поиска

♦ искать + что? *(грибы, решение задачи)*

поиска́ть св

я поищу́, ты пои́щешь... буд. вр.

▪ поискать = искать некоторое время, недолго

искать — процесс поиска
найти — результат поиска

найти́ св

я найду́, ты найдёшь... буд. вр.

он нашёл, она нашла́, они нашли́ прош. вр.

▪ найти = обнаружить, достичь результата поиска

♦ найти + что? *(потерянную вещь, грибы, решение задачи)*

находи́ть нсв

я нахожу́, ты нахо́дишь... наст. вр.

▪ находить = обнаруживать неоднократно

> • Кто ищет + что?
>
> *Грибник ищет в лесу грибы.*
>
> *Ученик ищет решение задачи.*
>
> • Кто нашёл + что?
>
> *Грибник нашёл много грибов.*
>
> *Ученик нашёл решение задачи.*
>
> (= Ученик решил задачу.)

ищи́(те) пов. накл.; нсв

поищи́(те) пов. накл.; св

> — *Ты не знаешь, где мой галстук?*
>
> — *Поищи в шкафу — он должен быть там.*

━━━ **ЗАПОМНИТЕ** ━━━

Кто ищет — тот всегда найдёт! (Поговорка) =
Библейское: «Ищите да обрящете!»

➤ см. также **НАХОДИТЬ — НАЙТИ**

ИСКЛЮЧА́ТЬ нсв _____

я исключа́ю, ты исключа́ешь... наст. вр.

исключи́ть св

я исключу́, ты исключи́шь... буд. вр.

♦ исключать, исключить + кого? *(студента)* + откуда? *(из университета)*

> • Кто исключил + кого? + откуда?
>
> *Администрация исключила студента из университета за неуспеваемость.*

исключённый (-ая, -ое, -ые) страд. прич.

исключён, исключена́ (-о́, -ы́) кр. ф. страд. прич.

> • Кто (был) исключён + откуда?
>
> *Студент (был) исключён из университета за неуспеваемость.*

━━━ **ЗАПОМНИТЕ** ━━━

Я не исключаю такой возможности. =
Я считаю, что это вполне возможно.

И

ИСПОЛНЯ́ТЬ(СЯ) нсв _____

я исполня́ю, ты исполня́ешь, он исполня́ет(ся)... наст. вр.
испо́лнить(ся) св

я испо́лню, ты испо́лнишь, он испо́лнит(ся)... буд. вр.
■ исполняться, исполниться = осуществляться,
осуществиться, реализовываться, реализоваться
♦ исполнять, исполнить + что? *(песню, просьбу)*

> • Кто исполняет + что?
> *Певец исполняет новую песню.*
> • Кто исполнил + что?
> *Мать исполнила просьбу ребёнка.*

ИСПО́ЛЬЗОВАТЬ(СЯ) нсв = св _____

я испо́льзую, ты испо́льзуешь, он испо́льзует(ся)...
наст. вр. = буд. вр.
♦ использовать + что? *(компьютер)* + в чём + где?
(в обучении)

> • Кто использует + что? + в чём?
> *Преподаватели широко используют в обуче-
> нии компьютер.*
> • Что используется + в чём?
> *Компьютер широко используется в обучении.*
> • В чём используют + что?
> *В обучении широко используют компьютер.*

испо́льзованный (-ая, -ое, -ые) страд. прич.

испо́льзован (-а, -о, -ы) кр. ф. страд. прич.

> • Что (было) использовано + где? (когда?)
>
> *На занятии (был) использован компьютер.*

испо́льзуй(те) пов. накл.

> *Используйте представившуюся вам возмож-*
> *ность! = Используйте свой шанс!*

---ЗАПОМНИТЕ---

Используй то, что под рукою,
И не ищи себе другое!

(Жизненный принцип)

➢ см. также **ПОЛЬЗОВАТЬСЯ**

ИСПРАВЛЯ́ТЬ(СЯ) нсв _____

> *я исправля́ю(сь), ты исправля́ешь(ся)... наст. вр.*

испра́вить(ся) св

> *я испра́влю(сь), ты испра́вишь(ся)... буд. вр.*

▪ исправлять, исправить = устранять, устранить
неисправность, ошибку

♦ исправлять, исправить + что? *(ошибки, поведение)*

испра́вленный (-ая, -ое, -ые) страд. прич.

испра́влен (-а, -о, -ы) кр. ф. страд. прич.

> • Кто исправил + что?
>
> *Учащийся исправил допущенные им ошибки.*
>
> *Учащийся исправил своё поведение.*
>
> *(= Учащийся исправился.)*
>
> • Что (было) исправлено (+ кем?)
>
> *Ошибки были исправлены учеником.*

испра́вь(те) пов. накл.

> *Исправьте свои ошибки!*

---ЗАПОМНИТЕ---

Исправленному верить!

(Запись, удостоверяющая правомерность
исправления в документе)

ИСПЫ́ТЫВАТЬ нсв _____

> *я испы́тываю, ты испы́тываешь... наст. вр.*

испыта́ть св

> *я испыта́ю, ты испыта́ешь... буд. вр.*

> испытывать = проводить испытание
> испытывать = переживать, ощущать чувство

♦ испытывать, испытать + что? *(новый двигатель)* = проводить испытание + чего? *(нового двигателя)*

♦ испытывать, испытать + какое чувство? *(радость, любовь, усталость)*

♦ испытывать радость + по поводу чего? = радоваться + чему?

♦ испытать радость + по поводу чего? = обрадоваться + чему?

♦ испытывать любовь + к кому? = любить + кого?

♦ испытывать усталость + от чего? = чувствовать себя усталым + от чего?

♦ испытать усталость + от чего? = устать + от чего?

• Кто испытывает + что?

Инженер испытывает новый двигатель.

• Кто проводит испытание + чего?

Инженер проводит испытание нового двигателя.

• Кто испытал радость + по поводу чего?

Мать испытала радость по поводу письма от сына. = Мать обрадовалась письму от сына.

• Кто испытывает любовь + к кому?

Молодой человек испытывает любовь к девушке. = Молодой человек любит девушку.

• Кто испытывает усталость + от чего?

Старик испытывает усталость от работы. = Старик устаёт от работы. (Старик устал от работы.)

испы́тывай(те) пов. накл.; нсв
испыта́й(те) пов. накл.; св

━━━ **ЗАПОМНИТЕ** ━━━

Не испытывайте моё терпение! =
Не раздражайте меня!

Испытай себя! =
Проверь себя! = **Проверь, на что ты способен!**

ИСЧЕЗА́ТЬ нсв _____

я исчеза́ю, ты исчеза́ешь... наст. вр.

исче́знуть св

я исче́зну, ты исче́знешь... буд. вр.

▪ исчезать, исчезнуть = скрываться, скрыться

• Что исчезло + где?

Солнце исчезло (= скрылось) за горизонтом.

• Что исчезло + у кого?

У человека исчезли все сомнения.

**исчезать, исчезнуть —
появляться, появиться —
возникать, возникнуть**

«Исчезли юные забавы,
Как сон, как утренний туман...»

(А.С. Пушкин)

К

КАЗА́ТЬСЯ нсв _____

я кажу́сь, ты ка́жешься... наст. вр.

показа́ться св

я покажу́сь, ты пока́жешься... буд. вр.

▪ казаться, показаться = производить, произвести не вполне ясное впечатление

♦ казаться, показаться + кому? *(человеку)*

• Кому кажется + что?

Женщине кажется, что кто-то ходит по коридору.

• Кому показалось + что?

Человеку показалось, что кто-то постучал в дверь.

показаться = появиться
Что показалось + где?
На небе показалось солнышко.
Что появилось + где?
На небе появилось солнышко.

К

ЗАПОМНИТЕ

кажется, казалось =
выражение неуверенности говорящего
в достоверности представляемой им информации

Мне кажется, что сегодня может быть дождь.

Мы с вами, кажется, где-то встречались...

— **Кажется, звонит телефон.**
— **Нет, тебе показалось.**

Когда кажется, креститься надо!..

(Поговорка)

«Она в семье своей родной
Казалась девочкой чужой...»
(А.С. Пушкин, «Евгений Онегин»)

КАСА́ТЬСЯ нсв _____

я каса́юсь, ты каса́ешься... наст. вр.

косну́ться св

я косну́сь, ты коснёшься... буд. вр.

◆ касаться, коснуться + чего? *(руки, вопроса)*
◆ прикасаться, прикоснуться + к чему? *(к руке)*

• Кто коснулся + чего?

Молодой человек коснулся руки девушки.

• Кто прикоснулся + к чему?

Молодой человек прикоснулся к руке девушки.

ЗАПОМНИТЕ

**Докладчик в своём выступлении коснулся
важной научной проблемы.**

Это тебя не касается! =
Это не твоё дело!

КАТА́ТЬ нсв _____

я ката́ю, ты ката́ешь... наст. вр.

▪ катать = обычно: передвигать что-либо на колёсах в
разных направлениях

кати́ть нсв

я качу́, ты ка́тишь... наст. вр.

▪ катить = обычно: передвигать что-либо на колёсах в одном направлении (а также: *катить бочку, шар...*)

покати́ть св

я покачу́, ты пока́тишь... буд. вр.

♦ катать + что? *(детскую коляску)* + где? *(в парке, по парку)*

♦ катить, покатить + что? *(детскую коляску)* + куда? *(домой)*

> • Кто катает + что? + где?
> *Мать катает детскую коляску по парку.*
> • Кто катит + что? + куда?
> *Мать катит детскую коляску домой.*

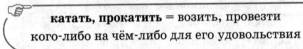

катать, прокатить = возить, провезти кого-либо на чём-либо для его удовольствия

прокати́ть св

я прокачу́, ты прока́тишь... буд. вр.

♦ катать, прокатить + кого? *(ребёнка)* + на чём? *(на санках)*

> • Кто катает + кого? + на чём?
> *Мать катает ребёнка на санках.*

КАТА́ТЬСЯ нсв _____

я ката́юсь, ты ката́ешься... наст. вр.

▪ кататься = ездить на чём-либо для собственного удовольствия

♦ кататься + на чём? *(на велосипеде, на коньках, на лыжах)*

поката́ться св

я поката́юсь, ты поката́ешься... буд. вр.

▪ покататься = поездить на чём-либо для собственного удовольствия, но определённый период времени

прокати́ться св

я прокачу́сь, ты прока́тишься... буд. вр.

▪ прокатиться = проехать на чём-либо для собственного удовольствия

• Кто катается + на чём?

Лыжник катается на лыжах.

• Кто захотел покататься + на чём?

Велосипедист захотел покататься на велосипеде.

• Кто прокатился + на чём? + как?

Сегодня я впервые прокатился на коньках по кругу.

(по)ката́йся, (по)ката́йтесь пов. накл.

(про)кати́сь, (про)кати́тесь пов. накл.

Если у тебя есть немного свободного времени, иди покатайся на велосипеде.

Если хочешь, прокатись на моём велосипеде.

ЗАПОМНИТЕ

Любишь кататься —
люби и саночки возить! (Поговорка) =
Если ты любишь получать удовольствие,
то должен приложить для этого определённые
усилия.

Катись ко всем чертям! (грубое) =
Иди на все четыре стороны!

КАТИ́ТЬ — см. **КАТАТЬ**

КАЧА́ТЬ(СЯ) нсв

я кача́ю(сь), ты кача́ешь(ся)... наст. вр.

▪ качать = производить колебательные движения из стороны в сторону

▪ качаться = совершать колебательные движения из стороны в сторону

качну́ть(ся) св

я качну́(сь), ты качнёшь(ся)... буд. вр.

▪ качнуть = произвести колебательное движение один раз

▪ качнуться = совершить колебательное движение один раз

покача́ть(ся) св

я покача́ю(сь), ты покача́ешь(ся)... буд. вр.

▪ покачать = произвести несколько колебательных движений

▪ покачаться = совершить несколько колебательных движений из стороны в сторону

пока́чивать(ся) нсв

я пока́чиваю(сь), ты пока́чиваешь(ся)... наст. вр.

> • Кто качает + кого? + на чём?
>
> *Мать качает ребёнка на руках.*
>
> • Кто качается + на чём?
>
> *Ребёнок качается на качелях.*

ЗАПОМНИТЕ

Качается маятник в часах.

Качаются на ветру (= от ветра) деревья в саду.

«И перья страуса склонённые
В моём качаются мозгу...»
(А.А. Блок, «Незнакомка»)

КИПЕ́ТЬ нсв

он, она, оно кипи́т, они кипя́т наст. вр.

закипе́ть св

он, она, оно закипи́т, они закипя́т буд. вр.

▪ закипеть = начать кипеть

закипа́ть нсв

он, она, оно закипа́ет, они закипа́ют наст. вр.

▪ закипать = начинать кипеть

вскипе́ть св

он, она, оно вскипи́т, они вскипя́т буд. вр.

▪ вскипеть = дойти до кипения

> • Что закипает?
>
> *Вода в чайнике закипает.*
>
> *(= Чайник закипает.)*
>
> • Что кипит?
>
> *Вода в чайнике кипит. (= Чайник кипит.)*
>
> • Что вскипело?
>
> *Вода в чайнике вскипела. (= Чайник вскипел.)*

К

═══════ **ЗАПОМНИТЕ** ═══════

Пришёл Прокоп — кипел укроп,
Ушёл Прокоп — кипит укроп.
Как при Прокопе кипел укроп,
Так и без Прокопа кипит укроп.

(Скороговорка)

«Кипит наш разум возмущённый...»

(Интернационал)

КИПЯТИ́ТЬ нсв

я кипячу́, ты кипяти́шь... наст. вр.

▪ кипятить = доводить до кипения

вскипяти́ть св

я вскипячу́, ты вскипяти́шь... буд. вр.

▪ вскипятить = довести до кипения

• Кто кипятит + что?

Хозяйка кипятит воду в чайнике.

(= Хозяйка кипятит чайник.)

• Кто вскипятил + что?

Хозяйка вскипятила воду в чайнике.

(= Хозяйка вскипятила чайник.)

кипячёный (-ая, -ое, -ые) им. прилаг.

❚ *В графине вода сырая или кипячёная?*

кипячённый (-ая, -ое, -ые) страд. прич.

❚ *Чайник полон кипячённой утром воды.*

вскипяти́(те) пов. накл.

❚ *Вскипятите чайник, пожалуйста!*

═══════ **ЗАПОМНИТЕ** ═══════

Не кипятись! =
Не нервничай, не раздражайся.

кипятить, вскипятить —
кипеть, закипеть, вскипеть

КЛАСТЬ нсв

я кладу́, ты кладёшь... наст. вр.

▪ класть = располагать что-либо в горизонтальном положении на какой-либо поверхности

положи́ть св

я положу́, ты поло́жишь... буд. вр.

■ положить = расположить что-либо в горизонтальном положении на какой-либо поверхности

♦ класть, положить + что? *(книгу)* + куда? *(на стол)*

■ отложить = положить в сторону

■ откладывать = класть в сторону

• Кто положил + что? (+ кого?) + куда?

Студент положил книгу на стол.

Студент положил книгу в портфель.

Мать положила (= уложила) ребёнка на кровать.

Мать положила (= уложила) ребёнка в кровать (= под одеяло).

поло́женный (-ая, -ое, -ые) страд. прич.

поло́жен (-а, -о, -ы) кр. ф. страд. прич.

• Что (было) положено + куда?

Книга (была) положена на стол.

положи́(те) пов. накл.

—*Вот твоя книга, которую я у тебя брал на прошлой неделе.*

— *Очень хорошо! Положи её, пожалуйста, на стол...*

ЗАПОМНИТЕ

Он отложил встречу на час. =
Он перенёс время встречи на один час.

Не откладывай на завтра то,
что можешь сделать сегодня!

(Поговорка)

класть, положить — лежать —
ложиться, лечь — ставить, поставить —
вешать, повесить

➢ см. также **ЛЕЖАТЬ**

КЛÉИТЬ(СЯ) нсв _____

я клéю, ты клéишь, он, она, оно клéит(ся)... они клéят(ся) наст. вр.

▪ клеить = использовать клей для соединения каких-либо предметов

склéить(ся) св

я склéю, ты склéишь, он, она, оно склéит(ся)... они склéят(ся) буд. вр.

▪ склеить = соединить с помощью клея

склéивать(ся) нсв

я склéиваю, ты склéиваешь, он, она, оно склéива-ет(ся)... они склéивают(ся) наст. вр.

▪ склеивать = соединять с помощью клея

▪ наклеивать, наклеить = наложить (сверху) и соединить с помощью клея

▪ приклеивать, приклеить = приложить (сбоку) меньшее к большему и соединить с помощью клея

◆ склеивать, склеить + что? *(два листа бумаги)*

◆ склеивать, склеить + что? *(один лист бумаги)* + с чем? *(с другим)*

◆ наклеивать, наклеить + что? *(марку)* + на что? *(на конверт)*

◆ приклеивать, приклеить + что? *(маленький лист бумаги)* + к чему? *(к большому)*

(на)клéй(те) пов. накл.

❘ *Наклей на конверт марку и отправь письмо.*

ЗАПОМНИТЕ
У нас с тобой ничего не клеится. =
У нас с тобой не складываются отношения.

КОЛЛЕКЦИОНИ́РОВАТЬ нсв _____

я коллекциони́рую, ты коллекциони́руешь... наст. вр.

▪ коллекционировать = собирать

◆ коллекционировать + что? *(произведения искусства)*

• Кто коллекционирует + что?
Коллекционер коллекционирует произведения искусства. (= Коллекционер собирает произведения искусства.)

коллекционировать — собирать

КОМА́НДОВАТЬ _{нсв}

я кома́ндую, ты кома́ндуешь... наст. вр.
скома́ндовать св
я скома́ндую, ты скома́ндуешь... буд. вр.

▪ командовать, скомандовать = отдавать, отдать команду, приказание

♦ командовать + кем? + чем? *(полком, армией)*

| • Кто командует + кем? + чем?
| *Полковник командует полком.*

> «Командовать парадом буду я!..»
> **(И.Ильф и Е.Петров)**
>
> «...Командовать пошлите их в сенат!»
> **(А.С. Грибоедов, «Горе от ума»)**

КОММЕНТИ́РОВАТЬ _{нсв}

я комменти́рую, ты комменти́руешь... наст. вр.
прокомменти́ровать св
я прокомменти́рую, ты прокомменти́руешь... буд. вр.

♦ комментировать + что? *(спортивный матч, политическое событие)*

| • Кто комментирует + что?
| *Спортивный комментатор комментирует*
| *футбольный матч.*
| *Политический обозреватель комментирует*
| *последние политические события.*

— ЗАПОМНИТЕ —
Без комментариев! —
так говорят, когда слова излишни —
и без них всё ясно

КОНСУЛЬТИ́РОВАТЬ _{нсв}

я консульти́рую, ты консульти́руешь... наст. вр.
проконсульти́ровать св
я проконсульти́рую, ты проконсульти́руешь... буд. вр.

▪ консультировать = давать консультации
♦ **консультировать + кого?** *(студентов)*

> • Кто консультирует + кого?
> *Профессор консультирует студентов. =*
> *Профессор даёт консультации студентам.*

(про)консульти́руй(те) пов. накл.

> *Проконсультируйте меня, пожалуйста, по*
> *одному вопросу.*

КОНТРОЛИ́РОВАТЬ нсв _____

я контроли́рую, ты контроли́руешь... наст. вр.

проконтроли́ровать св

я проконтроли́рую, ты проконтроли́руешь... буд. вр.

▪ контролировать = осуществлять контроль
♦ **контролировать + кого?** *(студентов)*

> • Кто контролирует + кого?
> *Профессор контролирует студентов. =*
> *Профессор осуществляет контроль за сту-*
> *дентами.*

> **контролировать, проконтролировать —**
> **проверять, проверить**

КОНЧА́ТЬ(СЯ) нсв _____

я конча́ю, ты конча́ешь, он, она, оно конча́ет(ся)...
они конча́ют(ся) наст. вр.

(за)ко́нчить(ся) св

я (за)ко́нчу, ты (за)ко́нчишь, он, она, оно
(за)ко́нчит(ся)... они (за)ко́нчат(ся) буд. вр.

зака́нчивать(ся) нсв

я зака́нчиваю, ты зака́нчиваешь, он, она, оно
зака́нчивает(ся)... они зака́нчивают(ся) наст. вр.

♦ **кончать, кончить + что?** *(работу)*
♦ **кончать, кончить + что делать?** *(работать)*
♦ **заканчивать, закончить + что?** *(работу, универси-*
тет)

> • Кто кончает + что делать?
> *Рабочие кончают работать.*

• Кто закончил + что?

Рабочие закончили работу.

Специалист закончил университет.

• Что закончилось?

Занятие закончилось.

закóнчи(те) пов. накл.

| *Закончи работу и приходи в клуб.*

скончаться = умереть

───**ЗАПОМНИТЕ**───

Кончил дело — гуляй смело!

(Поговорка)

➢ см. также **ЗАКАНЧИВАТЬ**

КОПИ́РОВАТЬ нсв _____

я копи́рую, ты копи́руешь... наст. вр.

скопи́ровать св

я скопи́рую, ты скопи́руешь... буд. вр.

▪ копировать = делать копию

◆ копировать + что? *(документ)*

      • Кто скопировал + что?

      Секретарь скопировал документ. =

      Секретарь сделал копию документа.

скопи́рованный (-ая, -ое, -ые) страд. прич.

скопи́рован (-а, -о, -ы) кр. ф. страд. прич.

      • Что (было) скопировано + кем?

      Документ (был) скопирован секретарём.

КОРМИ́ТЬ нсв _____

я кормлю́, ты кóрмишь... наст. вр.

накорми́ть св

я накормлю́, ты накóрмишь... буд. вр.

▪ кормить = давать корм, пищу

◆ кормить + кого? *(ребёнка, собаку)*

      • Кто кормит + кого?

      Мать кормит ребёнка.

      Мальчик кормит собаку.

• Кто накормил + кого? + чем?

Мать накормила семью обедом.

Мальчик накормил собаку мясом.

нако́рмленный (-ая, -ое, -ые) страд. прич.

нако́рмлен (-а, -о, -ы) кр. ф. страд. прич.

• Кто (был) накормлен + кем?

Ребёнок (был) накормлен матерью.

• Кто (был) накормлен + чем?

Собака (была) накормлена мясом.

(на)корми́(те) пов. накл.

Мама, накорми нас обедом!

ЗАПОМНИТЕ

**Сколько волка ни корми —
он всё в лес смотрит.**

(Пословица)

КРА́СИТЬ нсв _____

я кра́шу, ты кра́сишь... наст. вр.

▪ красить = покрывать краской

покра́сить св

я покра́шу, ты покра́сишь... буд. вр.

▪ покрасить = выкрасить

♦ красить, покрасить + что? *(стену, дом)*

• Кто красит + что?

Маляр красит стену.

• Кто красит + что? + чем?

Маляр красит стену зелёной краской.

вы́крашенный (-ая, -ое, -ые) страд. прич.

покра́шенный (-ая, -ое, -ые) страд. прич.

вы́крашен (-а, -о, -ы) кр. ф. страд. прич.

покра́шен (-а, -о, -ы) кр. ф. страд. прич.

• Что (было) покрашено (= выкрашено)
+ в какой цвет?

*Дом был покрашен (= выкрашено) в жёлтый
цвет.*

(по)кра́сь(те) пов. накл.

Покрасьте стену зелёной краской.

---ЗАПОМНИТЕ---
«Не место красит человека,
а человек — место».

(Поговорка)

Внимание:
«красит» — здесь: «украшает».

«Клёны выкрасили город
Колдовским каким-то цветом.
Это осень, мама, осень!
Бабье лето! Бабье лето!»

(Городской романс)

КРАСНЕ́ТЬ нсв _____

я краснею, ты краснеешь... наст. вр.

покрасне́ть св

я покраснею, ты покраснеешь... буд. вр.

▪ краснеть = покрываться краской стыда, смущения

• Кто + что делает?

Девушка краснеет.
• Кто + что сделал?

Девушка покраснела.

⚖ **краснеть, покраснеть —
бледнеть, побледнеть**

«И не краснеть удушливой волной,
Слегка соприкоснувшись рукавами...»

(М.И. Цветаева)

КРАСТЬ нсв _____

я краду, ты крадёшь... наст. вр.

укра́сть св

я украду, ты украдёшь... буд. вр.

▪ красть, украсть = воровать, своровать

♦ красть, украсть + что? *(деньги)* + у кого?

(у богача)

| • Кто украл + что? + у кого?
| *Вор украл деньги у богача.*

укра́денный (-ая, -ое, -ые) страд. прич.

укра́ден (-а, -о, -ы) кр. ф. страд. прич.

| • Что (было) украдено + у кого?
| *Деньги (были) украдены у богача.*

━━━━━ **ЗАПОМНИТЕ** ━━━━━

Карл у Клары украл кораллы,

А Клара у Карла украла кларнет!

(Скороговорка)

Не укради!

(Библейская заповедь)

«Та,

у которой я украден,

в отместку тоже станет красть…»

(Е.А. Евтушенко)

«Здесь всё уже украдено до нас…»

(К/ф «Операция «Ы»)

 красть, украсть — воровать, своровать

КРИЧА́ТЬ нсв _____

я кричу́, ты кричи́шь… наст. вр.

▪ кричать = производить крик

закрича́ть св

я закричу́, ты закричи́шь… буд. вр.

▪ закричать = начать кричать

кри́кнуть св

я кри́кну, ты кри́кнешь… буд. вр.

▪ крикнуть = произвести единовременный крик

| • Кто кричит + как?
| *Ребёнок громко кричит.*

(не) кричи́(те) пов. накл.

| *Не кричи! Ребёнок спит!..*

КУПА́ТЬ(СЯ) нсв

я купа́ю(сь), ты купа́ешь(ся)... наст. вр.

▪ купать = погружать кого-либо в воду для мытья

▪ купаться = погружаться (= погружать своё тело) в воду для собственного удовольствия

искупа́ть(ся) св

я искупа́ю(сь), ты искупа́ешь(ся)... буд. вр.

▪ искупать(ся) = выкупать(ся)

◆ купать, искупать + кого? *(ребёнка, коня)*

◆ купаться, искупаться + где? *(в озере, в реке)*

> • Кто купает + кого?
>
> *Мать купает ребёнка.*
>
> *Мальчик купает коня.*
>
> • Кто купается + где?
>
> *Туристы купаются в лесном озере.*

─── **ЗАПОМНИТЕ** ───

Сегодня очень жарко! Пойдём, искупаемся в реке!

КУПИ́ТЬ св

я куплю́, ты ку́пишь... буд. вр.

покупа́ть нсв

я покупа́ю, ты покупа́ешь... наст. вр.

◆ покупать, купить + что? *(продукты, товары)*

◆ покупать, купить + где? *(в магазине, на рынке)* + у кого? *(у продавца)*

◆ покупать, купить + за сколько? (= почём? + за какую цену?) *(за пять рублей)*

ку́пленный (-ая, -ое, -ые) страд. прич.

ку́плен (-а, -о, -ы) кр. ф. страд. прич.

> • Кто купил + что? + где?
>
> *Мать купила на рынке овощи и фрукты.*
>
> • Кто покупает + что? + где?
>
> *Мать всегда покупает овощи и фрукты только на рынке.*
>
> • Что (было) куплено + где?
>
> *Овощи (были) куплены на рынке.*

• Кто купил + что? + у кого?

Отец купил старый автомобиль у своего друга.

купи́(те) пов. накл.

*Если ты идёшь в магазин, купи мне, пожа-
луйста, полкило колбасы и бутылку пива.*

━━━ **ЗАПОМНИТЕ** ━━━

Здоровье невозможно купить ни за какие деньги!

(Народная мудрость)

 покупать, купить — продавать, продать

➤ см. также **ПОКУПАТЬ**

КУРИ́ТЬ нсв _____

я курю́, ты ку́ришь... наст. вр.

закури́ть св

я закурю́, ты заку́ришь... буд. вр.

▪ закурить = начать курить

заку́ривать нсв

я заку́риваю, ты заку́риваешь... наст. вр.

▪ закуривать = начинать курить

покури́ть св

я покурю́, ты поку́ришь... буд. вр.

▪ покурить = курить немного, кратковременно

поку́ривать нсв

я поку́риваю, ты поку́риваешь... наст. вр.

▪ покуривать = курить время от времени

вы́курить св

я вы́курю, ты вы́куришь... буд. вр.

▪ выкурить = закончить курить (= докурить до конца
одну сигарету, папиросу или трубку)

выку́ривать нсв

я выку́риваю, ты выку́риваешь... наст. вр.

▪ выкуривать = курить + сколько?

♦ курить + что? *(сигареты, папиросы, трубку)*

• Кто курит + что?

Курильщик курит сигареты.

Он много курит.

К

(не) кури́(те) пов. накл.

заку́ривай(те) пов. накл.

> *Кури, не стесняйся!*
>
> *Закуривайте, пожалуйста!*
>
> (Предложение закурить ваши собственные сигареты.)

ЗАПОМНИТЕ

Он курит давно и много...

Он выкуривает по пачке (сигарет) в день.

Ему надо немедленно бросить курить!..

— **Где ваш друг?**

— **Он вышел покурить...**

Сейчас он выкурит сигарету и вернётся...

«Курить — здоровью вредить!»

(Поговорка)

**Минздрав предупреждает:
курение вредит вашему здоровью.**

«Давай закурим, товарищ, по одной,
Давай закурим, товарищ мой...»

(Песня)

КУСА́ТЬ нсв

я куса́ю, ты куса́ешь наст. вр.

откуси́ть св

я откушу́, ты отку́сишь... буд. вр.

> • Кто откусил + что?
>
> *Карлсон откусил кусок торта.*

кусать, откусить — кушать, покушать

закусить =
съесть немного чего-либо (часто: после рюмки
крепкого алкогольного напитка)
закуска = лёгкая пища

К

КУСА́ТЬ(СЯ) нсв _____

он, она, оно куса́ет(ся), они куса́ют(ся)... наст. вр.

укуси́ть св

я укушу́, ты уку́сишь, он, она, оно уку́сит... буд. вр.

> • Кто укусил + кого?
>
> *Собака укусила мальчика.*
>
> • Кто кусается + как?
>
> *Комары больно кусаются.*

«...А если будешь драться —
Я буду кусаться...»
(Детский стишок)

ЛГАТЬ нсв _____

я лгу, ты лжёшь... наст. вр.

солга́ть св

я солгу́, ты солжёшь... буд. вр.

▪ лгать = врать, говорить неправду

♦ лгать + кому? *(приятелю)* + что?

> • Кто солгал + кому? + что?
>
> *Мальчик солгал (= соврал) матери, что он получил за контрольную работу хорошую оценку.*

(не) лги́(те) пов. накл.

> *Не лги! Я всё равно узнаю правду!*

━━━ **ЗАПОМНИТЕ** ━━━
Раз солгал — навек лгуном стал!
(Поговорка)

лгать, солгать — врать, соврать

ЛЕЖА́ТЬ нсв _____

я лежу́, ты лежи́шь... наст. вр.

▪ лежать = находиться в горизонтальном положении на какой-либо поверхности

♦ лежать + где? *(на столе, на кровати, в кровати)*

ложи́ться нсв

я ложу́сь, ты ложи́шься... наст. вр.

▪ ложиться = принимать горизонтальное положение, располагаясь на какой-либо поверхности

♦ ложиться + куда? *(на кровать, в кровать)*

лечь св

я ля́гу, ты ля́жешь... буд. вр.

он лёг, она легла́, они легли́ прош. вр.

▪ лечь = принять горизонтальное положение, расположившись на какой-либо поверхности

♦ лечь + куда? *(на кровать, в кровать)*

класть нсв

я кладу́, ты кладёшь... наст. вр.

▪ класть = располагать что-либо в горизонтальном положении на какой-либо поверхности

положи́ть св

я положу́, ты поло́жишь... буд. вр.

▪ положить = расположить что-либо в горизонтальном положении на какой-либо поверхности

♦ класть, положить + что? *(книгу)* + куда? *(на стол, в портфель)*

• Что лежит + где?

Книга лежит на столе (в портфеле).

• Кто лежит + где?

Ребёнок лежит в кроватке.

Больной лежит на кровати.

Больной лежит в больнице.

• Кто лёг + куда?

Больной лёг в кровать.

Больной лёг в больницу.

• Кто положил + что? + куда?

Студент положил книгу на стол (в портфель).

поло́женный (-ая, -ое, -ые) страд. прич.

поло́жен (-а, -о, -ы) кр. ф. страд. прич.

> • Что (было) положено + куда?
> *Книга (была) положена на стол.*

лежи́(те) пов. накл.

ложи́тесь пов. накл.

клади́(те) пов. накл.

положи́(те) пов. накл.

> *Лежите! Вам нельзя вставать!..*
> *Уже очень поздно — ложитесь спать!..*
> *Не кладите трубку, она сейчас подойдёт к телефону...*
> *Положите больного на кровать...*

ЗАПОМНИТЕ
Лежачего не бьют!
(Жизненный принцип)

лежать — стоять — сидеть — висеть;
лежать — класть, положить —
ложиться, лечь

ЛЕТА́ТЬ нсв _____

> *я лета́ю, ты лета́ешь...* наст. вр.

▪ летать = передвигаться по воздуху в разных направлениях

♦ летать + где? *(в небе)*

лете́ть св

> *я лечу́, ты лети́шь...* наст. вр.

▪ лететь = передвигаться по воздуху в определённом направлении

♦ лететь + куда? *(на юг)*

полете́ть св

> *я полечу́, ты полети́шь...* буд. вр.

▪ полететь = осуществить намерение лететь, начать лететь

♦ полететь + куда? *(на юг)*

полета́ть св

> *я полета́ю, ты полета́ешь...* буд. вр.

▪ полетать = недолго летать в разных направлениях

♦ полетать + где? *(в небе)*

 летать, лететь — полетать, полететь — прилетать, прилететь — улетать, улететь

прилете́ть св

я прилечу́, ты прилети́шь… буд. вр.

▪ прилететь = прибыть по воздуху

прилета́ть нсв

я прилета́ю, ты прилета́ешь… буд. вр.

▪ прилетать = прибывать по воздуху

♦ прилететь, прилетать + куда? *(на юг)* + откуда? *(с севера)*

улете́ть св

я улечу́, ты улети́шь… буд. вр.

▪ улететь = покинуть месторасположение по воздуху

улета́ть нсв

я улета́ю, ты улета́ешь… наст. вр.

▪ улетать = покидать месторасположение по воздуху

♦ улететь, улетать + откуда? *(с севера)* + куда? *(на юг)*

> • Кто летает + где?
> *Птицы летают в небе.*
>
> • Кто полетел + куда?
> *Птицы полетели на юг.*
>
> • Кто летит + куда?
> *Птицы летят на юг.*
>
> • Кто улетел + откуда? + куда?
> *Птицы улетели с севера на юг.*
>
> • Кто прилетел + куда? + откуда?
> *Птицы прилетели на юг с севера.*

ЗАПОМНИТЕ

Он любит летать на самолёте.

Он всегда летает самолётами.

Летайте самолётами «Аэрофлота»!

(Реклама)

Как летит время! =
Как быстро проходит время!

У меня это совсем вылетело из головы! =
Я совсем забыл об этом!

Л

> «Летят перелётные птицы
> В осенней дали голубой,
> Летят они в жаркие страны,
> А я остаюся с тобой...»
>
> (Песня)
>
> «остаюся» — просторечное, правильно: «остаюсь»
>
> «Летит, летит по небу клин усталый,
> Летит по небу на исходе дня...»
>
> (Р. Гамзатов) 📖

ЛЕТЕТЬ — см. **ЛЕТАТЬ**

ЛЕЧИ́ТЬ(СЯ) нсв _____

я лечу́(сь), ты ле́чишь(ся)... наст. вр.

вы́лечить(ся) св

я вы́лечу(сь), ты вы́лечишь(ся)... буд. вр.

▪ лечиться = проходить курс лечения

▪ вылечить = сделать человека здоровым

▪ вылечиться = выздороветь

◆ лечить + кого? *(больного)*

> • Кто лечит + кого?
>
> *Врач лечит больного.*
>
> • Кто лечится + где?
>
> *Больной лечится в больнице.*
>
> • Кто лечится + у кого?
>
> *Больной лечится у известного врача.*
>
> • Кто вылечил + кого?
>
> *Врач вылечил больного.*

—ЗАПОМНИТЕ—

Ему нужно серьёзно лечиться.

**Это очень хороший врач —
он вас обязательно вылечит!**

Тебе лечиться надо!.. —
так иногда выражают недовольство человеку,
который очень разнервничался и потерял контроль
над собой, потерял самообладание

> Если насморк лечить, то он пройдёт через
> две недели, а если не лечить — через 14 дней.
>
> *(Народное наблюдение)*

 **лечить(ся), вылечить(ся) —
болеть, заболеть**

ЛИТЬ(СЯ) нсв _____

я лью, ты льёшь, он, она, оно льёт(ся)... наст. вр.
▪ лить = сообщать движение жидкости
♦ лить + что? *(воду)*

нали́ть св

я налью, ты нальёшь... буд. вр.

налива́ть нсв

я наливаю, ты наливаешь... наст. вр.
▪ наливать, налить = наполнять, наполнить жидкостью какую-либо ёмкость
♦ наливать, налить + что? *(воду)* + куда? *(в стакан)*

вылива́ть нсв

я выливаю, ты выливаешь... наст. вр.

вы́лить св

я вы́лью, ты вы́льешь... буд. вр.
▪ выливать, вылить = освобождать, освободить ёмкость от жидкости
♦ выливать, вылить + что? *(шампанское)* + откуда? *(из бутылки)*

> • Кто льёт + что?
>
> *Мальчик льёт воду.*
> • Что льётся + откуда?
>
> *Вода льётся из крана.*
> • Кто налил + что? + куда?
>
> *Официант налил шампанское в бокалы.*
> • Кто вылил + что? + откуда?
>
> *Официант вылил шампанское из бутылки.*

нале́й(те) пов. накл.

> *Налейте мне чаю, пожалуйста!..*

> ——————ЗАПОМНИТЕ——————
> **Льёт как из ведра! =**
> **Идёт очень сильный дождь (= ливень).**

> «Налейте, налейте бокалы полней!..»
> (Заздравная песня)
>

ЛОВИ́ТЬ(СЯ) нсв _____

я ловлю́, ты ло́вишь... наст. вр.

ПОЙМА́ТЬ св

я пойма́ю, ты пойма́ешь... буд. вр.

> ☞ **ловить** нсв — **поймать** св

♦ ловить, поймать + кого? (+ что?) (*преступника, рыбу, мяч, удачу*)

> • Кто поймал +кого?
> *Полицейский поймал преступника.*
> *Вратарь поймал мяч.*
> *Рыбак (= рыболов) поймал рыбу.*

по́йманный (-ая, -ое, -ые) страд. прич.

по́йман (-а, -о, -ы) кр. ф. страд. прич.

> • Кто (был) пойман + кем?
> *Преступник (был) пойман полицейским.*

лови́(те) пов. накл.; нсв

пойма́й(те) пов. накл.; св

> *Лови мячик!*
> *Попробуй поймай меня!*

> ——————ЗАПОМНИТЕ——————
> **Не пойман — не вор!**
> (Поговорка)

> «Ловись, рыбка, большая и маленькая!..»
> (Заклинание волка-рыболова
> из русской народной сказки)
>
> «Ловите миг удачи!..
> Пусть неудачник плачет, кляня свою судьбу!..»
> (П.И. Чайковский, опера «Пиковая дама»)
>

ЛОЖИ́ТЬСЯ нсв

я ложу́сь, ты ложи́шься... наст. вр.

лечь

я ля́гу, ты ля́жешь... буд. вр.

▪ ложиться, лечь = принимать, принять горизонтальное положение, располагаясь на какой-либо поверхности

 ложиться, лечь = идти, пойти спать; ложиться, лечь в больницу

• Кто лёг + куда?
Человек лёг на кровать.
Больной лёг в больницу.

ложи́сь, ложи́тесь пов. накл.

Ложитесь на диван.
Ложись спать. Уже поздно!

—ЗАПОМНИТЕ—

На этого человека можно положиться. =
В этом человеке можно быть уверенным:
он никогда не подведёт.

Положись на меня! =
Доверься мне, я всё сделаю как надо.

ЛОМА́ТЬ(СЯ) нсв

я лома́ю, ты лома́ешь, он, она, оно лома́ет(ся)...
наст. вр.

слома́ть(ся) св

я слома́ю, ты слома́ешь, он, она, оно слома́ет(ся)...
буд. вр.

♦ ломать, сломать + что? *(карандаш, игрушку, часы, руку)*

сло́манный (-ая, -ое, -ые) страд. прич.

сло́ман (-а, -о, -ы) кр. ф. страд. прич.

• Кто сломал + что?
Студент сломал карандаш.
Ребёнок сломал игрушку.

Л

• Что сломалось + у кого?

У студента сломались часы.

• Что (было) сломано + у кого?

У студента (была) сломана рука.

(не) лома́й(те) пов. накл.; нсв

(не) слома́й(те) пов. накл.; св

Не ломайте деревья! Берегите природу!
Будь осторожен! Не сломай себе шею, когда
будешь спускаться с горы!

───── **ЗАПОМНИТЕ** ─────

Человек сломал себе руку. =
У человека сломана рука.

У водителя сломался автомобиль.

Сломить сопротивление противника.

 ломать, сломать — чинить, починить

ЛЮБИ́ТЬ нсв _____

я люблю́, ты лю́бишь... наст. вр.

полюби́ть св

я полюблю́, ты полю́бишь... буд. вр.

▪ любить, полюбить = иметь, приобрести пристрастие к чему-либо

♦ любить, полюбить + что делать? *(читать, смотреть телевизор, кататься на коньках, гулять)*

♦ любить, полюбить + что? *(книги, балет, мороженое, кофе, прогулки)*

▪ любить, полюбить = испытывать, начать испытывать любовь

▪ влюбиться = полюбить

▪ влюбляться = то же, но неоднократно

♦ любить, полюбить + кого? *(мать, девушку)*

♦ влюбляться, влюбиться + в кого? *(в девушку)*

влюблённый (-ая, -ое, -ые) страд. прич.

влюблён, влюблена́ (-ó, -ы́) кр. ф. страд. прич.

люби́мый (-ая, -ое, -ые) страд. прич. = им. прилаг.

люби́м (-а, -о, -ы) кр. ф. страд. прич.

> • Кто любит + что делать?
> *Студент любит читать.*
> • Кто любит + что?
> *Студент любит книги.*
> • Кто любит + кого?
> *Ребёнок любит свою мать.*
> • Кто полюбил + кого?
> *Студент полюбил девушку.*
> • Кто влюбился + в кого?
> *Студент влюбился в девушку.*
> • Кто влюблён + в кого?
> *Студент влюблён в девушку.*

(по)люби́(те) пов. накл.

> *Любите книгу — источник знания!*

ЗАПОМНИТЕ

любимый (любимая) =
человек, которого любят

возлюбленный (возлюбленная) =
то же, но более поэтическое

влюблённый (влюблённая) =
человек, который любит

любовник (любовница) =
партнёр по сексуальным отношениям

«Я вас любил: любовь ещё, быть может,
В душе моей угасла не совсем...»

(А.С. Пушкин)

«Люблю тебя, Петра творенье,
Люблю твой строгий, стройный вид...»

(А.С. Пушкин, «Медный всадник»)

 любить, полюбить — влюбляться,
влюбиться — нравиться, понравиться

➢ см. также **ВЛЮБЛЯТЬСЯ**

ЛЮБОВА́ТЬСЯ нсв _____

я любу́юсь, ты любу́ешься... наст. вр.

полюбова́ться св

я полюбу́юсь, ты полюбу́ешься... буд. вр.

▪ любоваться = с удовольствием смотреть на что-либо продолжительное время

♦ любоваться + чем? *(картиной, красивым видом, пейзажем)*

▪ залюбоваться = засмотреться от восхищения

♦ залюбоваться + кем? *(красивой девушкой)*

> • Кто любуется + чем?
> *Туристы любуются красивым горным пейзажем.*
>
> • Кто залюбовался + чем? (+ кем?)
> *Посетители выставки залюбовались новой картиной художника.*
> *Молодой человек залюбовался красивой девушкой.*

ЗАПОМНИТЕ
**Ты такая красивая сегодня —
залюбоваться можно!..**

МАКА́ТЬ нсв _____

я мака́ю, ты мака́ешь... наст. вр.

макну́ть св

я макну́, ты макнёшь... буд. вр.

▪ макать, макнуть = погружать, погрузить что-либо в жидкость

♦ макать, макнуть + что? *(печенье)* + во что? *(в чай)*

> • Кто макает + что? + во что?
> *Бабушка макает печенье в чай.*

МАКНУ́ТЬ — сравните: МО́КНУТЬ

МАРИНОВА́ТЬ нсв _____

я мариню́ю, ты мариню́ешь... наст. вр.

замаринова́ть св

я замариню́ю, ты замариню́ешь... буд. вр.

▪ мариновать = готовить продукты в маринаде

♦ мариновать + что? *(грибы, огурцы)*

> • Кто замариновал + что?
> *Мать замариновала огурцы.*

(за)марино́ванный (-ая, -ое, -ые) страд. прич.

замарино́ван (-а, -о, -ы) кр. ф. страд. прич.

> • Что (было) замариновано + кем?
> *Грибы (были) замаринованы матерью.*

> маринов_ные огурцы,
> маринованные грибы

МАХА́ТЬ нсв _____

я машу́, ты ма́шешь... наст. вр.

он маха́л, она маха́ла, они маха́ли прош. вр.

▪ махать = совершать махательные движения

помаха́ть св

я помашу́, ты пома́шешь... буд. вр.

он помаха́л, она помаха́ла, они помаха́ли прош. вр.

▪ помахать = немного, несколько раз совершить махательные движения

махну́ть св

я махну́, ты махнёшь... буд. вр.

▪ махнуть = совершить однократное махательное движение

♦ махать, помахать, махнуть + чем? *(рукой, платком)* + кому? *(матери)*

> • Кто машет + кому? + чем?
> *Мать машет сыну платком.*
> • Кто помахал + кому? + чем?
> *Сын помахал матери рукой.*

помаши́(те) пов. накл.

> *Когда поезд будет отходить от станции, помаши мне рукой.*

---ЗАПОМНИТЕ---

Он на всё махнул рукой. =
Ему всё стало безразлично,
он стал ко всему совершенно равнодушен,
потому что потерял последнюю надежду и
ни во что больше не верит.

МЕНЯ́ТЬ(СЯ) нсв _____

я меня́ю(сь), ты меня́ешь(ся)... наст. вр.

▪ менять = производить обмен

поменя́ть(ся) св

я поменя́ю(сь), ты поменя́ешь(ся)... буд. вр.

▪ поменять(ся) = обменять(ся)

◆ поменять + что? *(номер телефона, деньги)*

◆ поменяться + чем? *(местами)* + с кем? *(с соседом)*

обменя́ть(ся) св

я обменя́ю(сь), ты обменя́ешь(ся)... буд. вр.

▪ обменять = произвести обмен

◆ обменять + что? *(квартиру, деньги)*

◆ обменяться + чем? *(телефонами = номерами
телефонов)* + с кем? *(с новым знакомым)*

> • Кто поменял + что?
>
> *Девушка вышла замуж и поменяла фамилию.*
> • Кто обменял + что?
>
> *Турист обменял деньги в банке.*
> • Кто поменялся + с кем? + чем?
>
> *Пассажир поменялся со своим соседом местами.*
> • Кто обменялся + чем?
>
> *Друзья обменялись телефонами.*

---ЗАПОМНИТЕ---

Пункт обмена валюты

➤ см. также **ИЗМЕНЯ́ТЬСЯ**

МЕ́РИТЬ нсв _____

я ме́рю, ты ме́ришь... наст. вр.

поме́рить св

я поме́рю, ты поме́ришь... буд. вр.

▪ мерить, померить = определять, определить величину с помощью меры

изме́рить св

я изме́рю, ты изме́ришь... буд. вр.

измеря́ть нсв

я измеря́ю, ты измеря́ешь... наст. вр.

▪ измерять, измерить = определять, определить размер чего-либо

♦ измерять, измерить + что? *(площадь комнаты)*

приме́рить св

я приме́рю, ты приме́ришь... буд. вр.

примеря́ть нсв

я примеря́ю, ты примеря́ешь... наст. вр.

▪ примерять, примерить = определять, определить соответствие одного объекта другому объекту

♦ примерять, примерить + что? *(платье, костюм)*

> • Кто измерил + что?
>
> *Рабочие измерили площадь комнаты.*
>
> • Кто примерил + что?
>
> *В магазине «Одежда» покупательница примерила несколько платьев.*

поме́рь(те) разговорное; пов. накл.

изме́рь(те) пов. накл.

приме́рь(те) пов. накл.

> *Вот вам градусник — померьте температуру!*
> *Вот вам «метр» — измерьте длину комнаты.*
> *Вот вам новое платье — примерьте его,*
> *пожалуйста!*

> «Я знаю: век уж мой измерен;
> Но чтоб продлилась жизнь моя,
> Я утром должен быть уверен,
> Что с вами днём увижусь я...»
>
> (А.С. Пушкин, «Евгений Онегин»)

МЁРЗНУТЬ нсв _____

я мёрзну, ты мёрзнешь... наст. вр.

▪ мёрзнуть = испытывать холод

замёрзнуть св

я замёрзну, ты замёрзнешь... буд. вр.

он замёрз, она замёрзла, они замёрзли прош. вр.

▪ замёрзнуть = испытать сильное охлаждение, превратиться в лёд

замерза́ть нсв

я замерза́ю, ты замерза́ешь... наст. вр.

▪ замерзать = испытывать сильное охлаждение

> • Кто замёрз?
> *Ночью в горах было холодно, и туристы очень замёрзли.*
>
> • Что замёрзло?
> *Ночью был сильный мороз, и к утру река замёрзла.*

(не)замерза́й(те) пов. накл.; нсв

(не)(за)мёрзни(те) пов. накл.; св

> *Сегодня по радио обещали сильный мороз — смотри не замёрзни!*

 мёрзнуть — замёрзнуть — замерзать

МЕЧТА́ТЬ нсв _____

я мечта́ю, ты мечта́ешь... наст. вр.

▪ мечтать = предаваться мечтам, грёзам

помечта́ть св

я помечта́ю, ты помечта́ешь... буд. вр.

▪ помечтать = мечтать непродолжительное время

♦ мечтать + о чём? *(о любви, о счастье)*

> • Кто мечтает + о ком? (+ чём?)
> *Студент мечтает о девушке.*
> *Девушка мечтает о счастье.*

———ЗАПОМНИТЕ———

Давай немного помечтаем!..

> «Мечтать, надо мечтать! —
> Людям орлиного племени!..»
>
> (Песня)

МИРИ́ТЬ(СЯ) нсв

я мирю́(сь), ты ми́ришь(ся)... наст. вр.

помири́ть(ся) св

я помирю́(сь), ты поми́ришь(ся)... буд. вр.

▪ мирить, помирить = помогать восстанавливать, помочь восстановить добрые отношения (мир) между двумя людьми после их ссоры

♦ мирить, помирить + кого? *(мужа)* + с кем? *(с женой)*

▪ мириться, помириться = восстанавливать, восстановить добрые отношения (мир) с человеком после ссоры

♦ мириться, помириться + с кем? *(с другом)*

> • Кто помирил + кого? + с кем?
>
> *Тёща (= мать жены) помирила жену с мужем.*
>
> • Кто помирился + с кем?
>
> *Молодой человек помирился со своей девушкой.*

(по)мири́тесь пов. накл.

ЗАПОМНИТЕ

> **«Мирись, мирись, мирись!**
> **И больше не дерись!..»**
>
> **(Детский стишок)**

МО́КНУТЬ нсв

я мо́кну, ты мо́кнешь... наст. вр.

▪ мокнуть = пропитываться влагой

намо́кнуть св

я намо́кну, ты намо́кнешь... буд. вр.

он намо́к, она намо́кла... прош. вр.

▪ намокнуть = пропитаться влагой

промо́кнуть св

я промо́кну, ты промо́кнешь... буд. вр.

он промо́к, она промо́кла... прош. вр.

▪ промокнуть = насквозь пропитаться влагой

> • Что промокло?

> *Был сильный дождь, и платье на девушке*
> *совсем промокло.*

(не) промо́кни(те) пов. накл.

> *На улице идёт дождь — смотри не промокни!*

> **МО́КНУТЬ** — сравните: **МАКНУ́ТЬ**

---**ЗАПОМНИТЕ**---

На улице льёт как из ведра —
я промок до нитки! =
На улице идёт очень сильный дождь (= ливень),
и я совсем промок.

мокнуть, намокнуть, промокнуть —
мочить, намочить, промочить

МОЛИ́ТЬСЯ нсв

я молю́сь, ты мо́лишься... наст. вр.

помоли́ться св

я помолю́сь, ты помо́лишься... буд. вр.

▪ молиться, помолиться = творить (произносить),
сотворить (произнести) молитву

♦ молиться, помолиться + кому? *(Богу)*

> • Кто молится + кому?

> *В церкви верующие (люди) молятся Богу.*

(по)моли́сь, (по)моли́тесь пов. накл.

> *Помолитесь Богу!*

> **молить** = умолять =
> страстно просить кого-либо о чём-либо

---**ЗАПОМНИТЕ**---

Я тебя умоляю!..
(Усиленная форма просьбы)

«Мне надо на кого-нибудь молиться...»
(Б.Ш. Окуджава) 📖

МОЛЧА́ТЬ нсв _____

я молчу́, ты молчи́шь... наст. вр.

▪ **молчать** = ничего не говорить

замолча́ть св

я замолчу́, ты замолчи́шь... буд. вр.

▪ **замолчать** = перестать говорить

помолча́ть св

я помолчу́, ты помолчи́шь... буд. вр.

▪ **помолчать** = не говорить некоторое время

  • Кто молчит?

  Все громко говорили, и только один человек сидел и молчал.

(за)молчи́(те) пов. накл. = требование перестать говорить, прекратить разговоры

помолчи́(те) пов. накл. = просьба прервать разговоры на некоторое время

  Как вам не стыдно! Замолчите немедленно! Помолчите, пожалуйста, немного — я не слышу, что мне говорят по телефону!

━━ ЗАПОМНИТЕ ━━

Слово — серебро, молчание — золото!
(Поговорка)

«Посидим, помолчим, не нужны слова,
Виноваты мы, а любовь права...»
(Песня) 📖

 молчать, помолчать — говорить, сказать

МОЧИ́ТЬ нсв _____

я мочу́, ты мо́чишь... наст. вр.

▪ **мочить** = пропитывать что-либо влагой

намочи́ть св

я намочу́, ты намо́чишь... буд. вр.

▪ намочить = пропитать что-либо влагой

♦ мочить, намочить + что? *(носовой платок)*

промочи́ть св

я промочу́, ты промо́чишь... буд. вр.

▪ промочить = насквозь пропитать что-либо влагой

♦ промочить + что? *(ботинки, ноги = ботинки)*

> • Кто намочил + что?
>
> *Мать намочила платок и протёрла ребёнку лицо.*
> • Кто промочил + что?
>
> *При переходе через ручей путешественники промочили обувь.*

(не) промочи́(те) пов. накл.

> *На улице сыро! Не промочи ноги!*

―**ЗАПОМНИТЕ**―

> **Промочил ноги — промочи горло!** = Выпей немного алкоголя.
>
> (Народная мудрость)

 мочить, намочить, промочить — мокнуть, намокнуть, промокнуть

МОЧЬ нсв

я могу́, ты мо́жешь... наст. вр.

он мог, она могла́... прош. вр.

▪ мочь = обладать способностью, быть в состоянии, иметь право, иметь возможность что-либо (с)делать

смочь св

я смогу́, ты смо́жешь... буд. вр.

он смог, она смогла́... прош. вр.

▪ смочь = приобрести способность, оказаться в состоянии, получить право, получить возможность что-либо (с)делать

♦ мочь, смочь + что (с)делать? *(ходить, работать, отдыхать, много зарабатывать)*

> • Кто может + что делать?
>
> *Студенту выдали студенческий билет, и теперь он может посещать университетскую библиотеку.*

• Кто (не) смог + что сделать?

Абитуриент плохо подготовился к экзаменам и не смог поступить в университет.

• Кто сможет + что сделать?

Если абитуриент хорошо подготовится к экзаменам, он сможет поступить в университет.

—ЗАПОМНИТЕ—

В трудную минуту ты всегда можешь рассчитывать на мою помощь!

Не можешь — научим!
Не хочешь — заставим!

(Жизненный принцип)

МСТИТЬ нсв

я мщу, ты мстишь... наст. вр.

отомсти́ть св

я отомщу́, ты отомсти́шь... буд. вр.

♦ **(ото)мстить + кому?** *(обидчику)* **+ за что?**
(за обиду)

• Кто отомстил + кому? + за что?

Оскорблённый человек отомстил своему обидчику за нанесённую обиду.

МУ́ЧИТЬ(СЯ) нсв

я му́чаю(сь) (= му́чу(сь)), ты му́чаешь(ся)
(= му́чишь(ся))... наст. вр.

изму́чить(ся) св

я изму́чаю(сь) (= изму́чу(сь)), ты изму́чаешь(ся)
(= изму́чишь(ся))... буд. вр.

▪ мучить = причинять страдания (= му́ки)

♦ мучить + кого? *(собаку)* = причинять страдания
(= му́ки) + кому? *(собаке)*

• Кто мучает + кого?

Плохой мальчик мучает свою собаку. = Плохой мальчик причиняет страдания своей собаке.

МУ́ЧИТЬСЯ нсв

я му́чаюсь (= му́чусь), ты му́чаешься (= му́чишься)...
наст. вр.

▪ мучиться = испытывать страдания (= муку)

♦ мучиться + от чего? *(от голода, от жажды)*

ИЗМУ́ЧИТЬСЯ св

я изму́чаюсь (= изму́чусь), ты изму́чаешься
(= изму́чишься)... буд. вр.

▪ измучиться = достичь высокой степени страдания;
очень устать от продолжительного страдания или от
очень тяжёлой работы

> • Кто мучается + от чего?
>
> *Раненый мучается от боли.*
> • Кто измучился + от чего?
>
> *Путешественник, идущий по пустыне,*
> *измучился от жажды.*

(не) му́чайся, (не) му́чайтесь пов. накл.

> *Не мучайся со своей старой машиной — купи*
> *себе новую!*

 мучить(ся), измучить(ся) —
страдать, пострадать

МЧА́ТЬСЯ нсв

я мчусь, ты мчи́шься... наст. вр.

▪ мчаться = передвигаться с очень большой скоростью;
спешить

ПОМЧА́ТЬСЯ св

я помчу́сь, ты помчи́шься... буд. вр.

▪ помчаться = начать двигаться с очень большой скоростью; поспешить

♦ мчаться, помчаться + куда? *(к финишу, на вок-*
зал)

> • Что мчится + куда? (в каком направлении?)
> *Гоночные машины мчатся к финишу.*
> • Кто помчался + куда?
> *До отхода поезда оставалось немного времени, и*
> *пассажир помчался в кассу покупать себе билет.*

ЗАПОМНИТЕ
Время мчится с бешеной скоростью!..

«А потом помчался в кассу
Покупать бутылку квасу…»
(С.Я. Маршак, «Вот какой рассеянный»)

«Вот мчится тройка почтовая…»
(Романс)

МЫТЬ(СЯ) нсв _____

я мо́ю(сь), ты мо́ешь(ся)… наст. вр.

помы́ть(ся) (= вы́мыть(ся)) св

я помо́ю(сь) (= вы́мою(сь)), ты помо́ешь(ся) (= вы́-моешь(ся))… буд. вр.

♦ мыть, помыть + что? *(руки, посуду)*

> • Кто моет + что?
> *Ребёнок моет руки.*
> *Мать моет посуду.*

умы́ться св

я умо́юсь, ты умо́ешься… буд. вр.

▪ умыться = помыть лицо и руки

умыва́ться нсв

я умыва́юсь, ты умыва́ешься… наст. вр.

▪ умываться = мыть лицо и руки

> • Кто моется + где?
> *Девушка моется в ванне.*
> (= Девушка принимает ванну.)
> *Молодой человек моется под душем.*
> (= Молодой человек принимает душ.)

мо́й(те), помо́й(те), вы́мой(те) пов. накл.

> *Мойте руки перед едой!*
> *Иди вымой руки! Сейчас будем обедать!*
> *После обеда помой посуду, пожалуйста!*

ЗАПОМНИТЕ
умывать руки =
снимать с себя ответственность

> «Надо, надо умываться
> По утрам и вечерам,
> А нечистым трубочистам —
> Стыд и срам! Стыд и срам!..»
>
> (К.И. Чуковский, «Мойдодыр») 📖

Н

НАБЛЮДА́ТЬ нсв _____

я наблюда́ю, ты наблюда́ешь... наст. вр.

понаблюда́ть св

я понаблюда́ю, ты понаблюда́ешь... буд. вр.

▪ наблюдать = пристально смотреть с целью изучения, часто — с помощью специальных оптических приборов (бинокля, микроскопа, телескопа)

♦ наблюдать + что? *(жизнь животных, движение звёзды)*

♦ наблюдать + за кем? (+ за чем?) *(за детьми, за противником, за движением звёзд)*

> • Кто наблюдает + за чем? (+ за кем?)
>
> *Астроном наблюдает за движением звёзд.*
> *Воспитательница наблюдает за игрой детей.*
> *Разведчик наблюдает за перемещением противника.*
>
> • Кто наблюдает + за что?
>
> *Учёный наблюдает жизнь животных.*

(по)наблюда́й(те) пов. накл.

│ *Понаблюдай за детьми, пока я схожу в магазин.*

═ЗАПОМНИТЕ═
Вы очень наблюдательны! =
Вы всё замечаете!

НАВЕЩА́ТЬ нсв _____

я навеща́ю, ты навеща́ешь... наст. вр.

навести́ть св

я навещу́, ты навести́шь... буд. вр.

❖ **навещать, навестить** + кого? *(родителей, больного)*

> • Кто навещает + кого?
>
> *Сын часто навещает своих родителей.*
>
> • Кто навестил + кого?
>
> *Студенты навестили в больнице своего больного товарища.*

навести(те) пов. накл.

> *Навестите нас как-нибудь.*

> **навещать, навестить** + кого? —
> **посещать, посетить** + что?

НАДЕВА́ТЬ нсв _____

я надева́ю, ты надева́ешь... наст. вр.

наде́ть св

я наде́ну, ты наде́нешь... буд. вр.

❖ **надевать, надеть** + что? *(платье, плащ, шляпу)*

> • Кто надел + что?
>
> *Женщина надела своё новое платье.*

наде́нь(те) пов. накл.

> *Надень плащ — на улице идёт дождь.*

> **надевать, надеть** + что?
> **одевать, одеть** + кого?
> **одеваться, одеться** + во что?

> «...Вместо шляпы на ходу
> Он надел сковороду!..»
>
> (С.Я. Маршак, «Вот какой рассеянный»)

НАДЕ́ЯТЬСЯ нсв _____

я наде́юсь, ты наде́ешься... наст. вр.

понаде́яться св

я понаде́юсь, ты понаде́ешься... буд. вр.

▪ надеяться = иметь надежду на что-либо

❖ надеяться, понадеяться + на что? (+ на кого?)

(на помощь друга (на друга))

• Кто надеется + на что?

Артист надеется на успех.

надéйся, надéйтесь пов. накл.

Всегда надейся только на себя!

———— **ЗАПОМНИТЕ** ————

На Бога надейся, а сам не плошай!

(Поговорка)

надеяться на «авось» —
слово «авось» означает ничем не обоснованную
надежду на то, что всё как-нибудь устроится само
собой, освобождающую от необходимости
принятия ответственных решений

НАДОЕДÁТЬ нсв _____

я надоедáю, ты надоедáешь... наст. вр.

надоéсть св

я надоéм, ты надоéшь... буд. вр.

♦ **надоедать, надоесть + кому?** *(студенту)* **+ что
делать?** *(заниматься)*

• Кому надоело + что делать?

Студенту надоело заниматься.

• Кому надоело + что?

Студенту надоели занятия.

(не) надоедáй(те) пов. накл.

*Не надоедайте отцу своими разговорами — он
очень занят!..*

———— **ЗАПОМНИТЕ** ————

**Мне всё надоело —
хочу изменить свою жизнь...**

Надоел ты мне хуже горькой редьки! =
Ты мне очень сильно надоел!

НАЖИМÁТЬ нсв _____

я нажимáю, ты нажимáешь... наст. вр.

нажáть св

я нажму́, ты нажмёшь... буд. вр.

♦ **нажимать, нажать** + на что? *(на кнопку, на педаль)*

> • Кто нажал + на что?
>
> *Человек подошёл к двери в квартиру и нажал на кнопку звонка.*
>
> *Водитель нажал на педаль тормоза.*

(не) нажима́й(те) пов. накл.; нсв

нажми́(те) пов. накл.; св

> *Не нажимай так сильно на карандаш!*
>
> *Нажми на кнопку звонка.*

> «Сядешь и просто нажимаешь на педаль...»
> (Песня)

НАЗНАЧА́ТЬ нсв

> *я назнача́ю, ты назнача́ешь...* наст. вр.

назна́чить св

> *я назна́чу, ты назна́чишь...* буд. вр.

♦ **назначать, назначить** + что? *(время встречи, экзамена, концерта)*

♦ **назначать, назначить** + кого? *(заместителя министра)* + кем? *(= на какую должность?)* *(министром (на должность министра))*

> • Кто назначил + что?
>
> *Деканат назначил дату и время экзамена.*
>
> *Футбольный судья назначил штрафной удар в ворота соперника.*
>
> • Кто назначил + кого? + кем? *(= на какую должность?)*
>
> *Президент назначил заместителя министра министром. = Президент назначил заместителя министра на должность министра.*

назна́ченный (-ая, -ое, -ые) страд. прич.

назна́чен (-а, -о, -ы) кр. ф. страд. прич.

> • Кто (был) назначен + кем?
>
> *Заместитель министра (был) назначен министром.*

НАЗЫВА́ТЬ(СЯ) нсв _____

я называ́ю, ты называ́ешь, он, она, оно назы-ва́ет(ся)... наст. вр.

назва́ть(ся) св

я назову́, ты назовёшь, он, она, оно назовёт(ся)... буд. вр.

▪ называть, назвать = давать, дать имя (название)
▪ называться = иметь название, носить название
▪ назваться = взять, присвоить себе имя

• Кто назвал + кого? (+ что?) + как?

Родители назвали сына Иваном.

Писатель назвал свой роман «Война и мир».

• Что называется + как?

Роман называется «Война и мир». =

Роман носит название «Война и мир».

назови́(те) пов. накл.

Назовите фамилию писателя — автора романа «Война и мир».

┌─────── **ЗАПОМНИТЕ** ───────┐

Назвался груздем —

полезай в кузов! (Поговорка) =

Будь достоин взятого на себя обязательства.

Хоть горшком назови — только в печь не ставь!

(Поговорка)

└────────────────────────────┘

➤ см. также **ЗВАТЬ**

НАКА́ЗЫВАТЬ нсв _____

я нака́зываю, ты нака́зываешь... наст. вр.

наказа́ть св

я накажу́, ты нака́жешь... буд. вр.

▪ наказывать, наказать = подвергать, подвергнуть наказанию

◆ наказывать, наказать + кого? *(преступника)* + за что? *(за преступление)*

• Кто наказал + кого? + за что?

Мать наказала ребёнка за плохое поведение.

нака́занный (-ая, -ое, -ые) страд. прич.

нака́зан (-а, -о, -ы) кр. ф. страд. прич.

> • Кто (был) наказан + кем? + за что?
>
> *Ребёнок (был) наказан матерью за плохое поведение.*

> «Как я ошибся!
> Как наказан...»
>
> (П.И. Чайковский, опера «Пиковая дама»)

НАМЕРЕВА́ТЬСЯ нсв

я намерева́юсь, ты намерева́ешься... наст. вр.

▪ намереваться = иметь намерение, хотеть, планировать

♦ намереваться + что сделать? *(поступить в университет)*

наме́ренный (-ая, -ое, -ые) им. прилаг.

наме́рен (-а, -о, -ы) кр. ф. им. прилаг.

> • Кто намеревается + что сделать?
>
> *Абитуриент намеревается поступить в университет.*
>
> • Кто намерен + что сделать?
>
> *Абитуриент намерен поступить в университет.*
>
> • У кого есть + какое намерение?
>
> *У абитуриента есть намерение поступить в университет.*

namespace

**намереваться —
собираться** + что (с)делать?

НАПАДА́ТЬ нсв

я напада́ю, ты напада́ешь... наст. вр.

напа́сть св

я нападу́, ты нападёшь... буд. вр.

♦ нападать, напасть + на кого? *(на противника, на врага)*

> • Кто напал + на кого?
>
> *Разъярённый тигр напал на охотника.*

┌─────────────────────────────────────┐
ЗАПОМНИТЕ

Я имею честь напасть на вас, сударь!..

(На дуэли)

Лучшая защита — нападение!

(Жизненный принцип)
└─────────────────────────────────────┘

«Умейте выжидать,

Умейте нападать,

При каждой неудаче

Давать умейте сдачи,

Иначе вам удачи — не видать!..»

(В.И. Лебедев-Кумач, «Во всём нужна сноровка»)

**нападать, напасть —
защищаться, защититься**

НАПОЛНЯ́ТЬ нсв _____

я наполня́ю, ты наполня́ешь... наст. вр.

напо́лнить св

я напо́лню, ты напо́лнишь... буд. вр.

♦ наполнять, наполнить + что? *(стакан)* + чем? *(водой)*

  • Кто наполнил + что? + чем?

  Официант наполнил бокалы красным вином.

напо́лненный (-ая, -ое, -ые) страд. прич.

напо́лнен (-а, -о, -ы) кр. ф. страд. прич.

  • Что (было) наполнено + чем?

  Бокалы (были) наполнены красным вином.

напо́лни(те) пов. накл.

  Наполните ваши бокалы! Я хочу сказать тост!..

НАПОМИНА́ТЬ нсв _____

я напомина́ю, ты напомина́ешь... наст. вр.

напо́мнить св

я напо́мню, ты напо́мнишь... буд. вр.

■ напоминать, напомнить = способствовать восстановлению в памяти утраченной, забытой информации

♦ напоминать, напомнить + кому? *(ребёнку)* + о
чём? *(об уроках)*

▪ напоминать, напомнить = рождать, породить
ассоциации с ранее виденным или пережитым

♦ напоминать, напомнить + кому? *(туристу)*
+ кого? + что? *(его родной город)*

> • Кто напомнил + кому? + о чём?
>
> *Мать напомнила ребёнку о необходимости*
> *делать уроки. (= Мать напомнила ребёнку о*
> *том, что ему необходимо делать уроки.)*
> • Кто напомнил + кому? + кого? (+ что?)
>
> *Сын напомнил матери своего отца. (= Сын*
> *был похож на отца.)*
> *Город, в который приехал турист, напомнил*
> *ему его родной город. (= Этот город был похож*
> *на его родной город.)*

(не) напомина́й(те) пов. накл.; нсв
напо́мни(те) пов. накл.; св

> *Не напоминайте мне о нём!*
> *Напомни мне, пожалуйста, свой номер теле-*
> *фона!..*

───── **ЗАПОМНИТЕ** ─────

Этот человек мне кого-то напоминает —
кажется, я его уже где-то видел...

➢ см. также **ПОМНИТЬ**

НАПРАВЛЯ́ТЬ(СЯ) нсв _____

я направля́ю(сь), ты направля́ешь(ся)... наст. вр.
напра́вить(ся) св

я напра́влю(сь), ты напра́вишь(ся)... буд. вр.

▪ направлять, направить = посылать, послать кому-
либо что-либо

♦ направлять, направить + что? *(телеграмму)* + кому?
(родителям)

▪ направлять, направить = посылать, послать кого-
либо куда-либо

♦ направлять, направить + кого? *(сотрудника)* + куда? *(в командировку)*

▪ направляться, направиться куда-либо = идти, пойти (ехать — поехать)

♦ направляться, направиться + куда? *(в университет, на вокзал, домой)*

• Кто направил + что? + кому?

Сын направил родителям телеграмму.

• Кто направил + кого? + куда?

Администрация университета направила студентов на практику.

• Кто направился + куда?

Студенты направились на практику.

напра́вленный (-ая, -ое, -ые) страд. прич.

напра́влен (-а, -о, -ы) кр. ф. страд. прич.

• Кто (был) направлен + куда?

Студенты (были) направлены на практику.

НАРУША́ТЬ нсв _____

я наруша́ю, ты наруша́ешь... наст. вр.

нару́шить св

я нару́шу, ты нару́шишь... буд. вр.

♦ нарушать, нарушить + что? *(тишину, телефонную связь, договор)*

• Кто нарушил + что?

Партнёр по переговорам нарушил заключённый ранее договор.

• Что нарушило + что?

Сильная буря нарушила телефонную связь.

Ничто не нарушало тишину (тишины) леса.

нару́шенный (-ая, -ое, -ые) страд. прич.

нару́шен (-а, -о, -ы) кр. ф. страд. прич.

• Что было нарушено + кем?

Договор был нарушен партнёрами.

(не) наруша́й(те) пов. накл.

Никогда не нарушай данного тобой слова!

**нарушать, нарушить —
разрушать, разрушить**

НАСЛАЖДА́ТЬСЯ нсв _____

я наслажда́юсь, ты наслажда́ешься... наст. вр.

▪ наслаждаться = получать, испытывать самое сильное удовольствие, наслаждение (буквально: «сладкое» удовольствие)

наслади́ться св

я наслажу́сь, ты наслади́шься... буд. вр.

♦ наслаждаться, насладиться + чем? *(музыкой, отдыхом)*

> • Кто наслаждается + чем?
> *Зрители наслаждались виртуозной игрой музыкантов.*

НАСТА́ИВАТЬ нсв _____

я наста́иваю, ты наста́иваешь... наст. вр.

настоя́ть св

я настою́, ты настои́шь... буд. вр.

▪ настаивать, настоять = энергично добиваться, добиться принятия своего мнения, своей точки зрения, своей позиции по какому-либо вопросу

♦ настаивать, настоять + на чём? *(на своём мнении)*

> • Кто настоял + на чём?
> *Депутат настоял на необходимости рассмотрения данной проблемы на очередном заседании парламента.*

---ЗАПОМНИТЕ---

Я настаиваю на том, чтобы...

Он всегда умеет настоять на своём. — о человеке с характером

НАСТУПА́ТЬ нсв _____

я наступа́ю, ты наступа́ешь... наст. вр.

наступи́ть св

я наступлю́, ты насту́пишь... буд. вр.

☞ наступать (военное) = атаковать, теснить противника;
наступить = встать ногой на что-нибудь;
наступить на ногу = встать кому-нибудь на ногу

♦ **наступать, наступить** + на что? *(на ногу, на камень, на грабли)*

▪ **наступать** = военное: осуществлять наступление на противника

♦ **наступать** + на кого? *(на врага, на противника, на неприятеля)*

> • Кто наступил + на что? + кому?
> *Танцор случайно наступил на ногу своей партнёрше.*
>
> • Кто наступает + на кого?
> *Армия наступает на отступающего противника.*

 наступать — отступать, отступить

━━━ **ЗАПОМНИТЕ** ━━━
наступать дважды на одни и те же грабли =
дважды допускать одну и ту же ошибку,
не уметь извлечь урок из совершённой ошибки

НАХОДИ́ТЬ нсв _____

я нахожу́, ты нахо́дишь... наст. вр.
найти́ св

я найду́, ты найдёшь... буд. вр.

♦ **находить, найти** + что? (+ кого?) *(гриб, кошелёк)*

> • Кто нашёл + что?
> *Грибник нашёл прекрасный «белый» гриб.*
> *Нищий (человек) нашёл кошелёк с деньгами и отдал его в милицию...*

━━━ **ЗАПОМНИТЕ** ━━━
Кто ищет, тот всегда найдёт!..
(Песня)

«Кто-то теряет,
А кто-то находит...»
(М. Танич, И. Шаферан,
из к/ф «Неисправимый лгун»)

 находить, найти — искать, поискать

НАХОДИ́ТЬСЯ нсв _____

я нахожу́сь, ты нахо́дишься... наст. вр.

▪ находиться = занимать определённое местоположение, быть расположенным где-либо

♦ находиться + где? *(на земном шаре, в стране, в городе, на улице, в доме)*

> • Что находится + где?
> *Всемирно известный музей «Эрмитаж» находится в городе Санкт-Петербурге.*

ЗАПОМНИТЕ
> **Веди себя прилично —**
> **не забывай, где ты находишься!..**
>
> **Находиться в оппозиции к власти.**

НАЧИНА́ТЬ нсв _____

я начина́ю, ты начина́ешь... наст. вр.

нача́ть св

я начну́, ты начнёшь... буд. вр.

♦ начинать, начать + что делать? *(учиться в университете, изучать русский язык)*

> • Кто начал + что делать?
> *Ребёнок начал учиться в школе в 7 лет.*
> (= *Ребёнок пошёл в школу в 7 лет.*)
> *Студент начал изучать русский язык на первом курсе.*

начина́й(те) пов. накл.; нсв

начни́(те) пов. накл.; св

> *Начинайте читать текст.*

ЗАПОМНИТЕ
> **— Не знаю, с чего начать.**
> **— Начните с самого начала. Начните с главного.**

начина́ться нсв

он, она, оно начина́ется, они начина́ются... наст. вр.

нача́ться св

он, она, оно начнётся, они начну́тся... буд. вр.

• Что начинается + когда?

Урок начинается в 9 часов утра.

На улице начинается дождь — возьмите зонтик.

ЗАПОМНИТЕ

**Проходите скорее в зал —
концерт уже начался!..**

**начинать, начать — кончать, кончить —
заканчивать, закончить**

НЕНАВИ́ДЕТЬ нсв _____

я ненави́жу, ты ненави́дишь... наст. вр.

▪ ненавидеть = испытывать чувство ненависти (нена-
висть — чувство, прямо противоположное любви)

возненави́деть св

я возненави́жу, ты возненави́дишь... буд. вр.

▪ возненавидеть = начать ненавидеть

♦ ненавидеть, возненавидеть + кого? *(врага, преда-
теля)* + за что? *(за подлость, за предательство)*

• Кто ненавидит (возненавидел) + кого? + за что?

*Жена ненавидит (возненавидела) мужа за
измену.*

ненави́стный (-ая, -ое, -ые) им. прилаг.

ненави́стен, ненави́стна (-о, -ы) кр. ф. им. прилаг.

• Кто ненавистен + кому?

*Фашисты ненавистны людям за свои злодея-
ния.*

«...То сердце не научится любить,
которое устало ненавидеть!..»

(Н.А. Некрасов)

📖

НЕРВИ́РОВАТЬ нсв _____

я нерви́рую, ты нерви́руешь... наст. вр.

▪ нервировать = создавать нервозную обстановку,
нервозное состояние

♦ нервировать + кого? *(родителей, преподавателя)*

• Кто нервирует + кого?
Непослушный ребёнок нервирует своих
родителей.

(не) нерви́руй(те) пов. накл.

Не нервируйте меня, я очень устал!..

> «Муля! Не нервируй меня!»
> (К/ф «Подкидыш»)

нервировать — нервничать,
понервничать

НЕ́РВНИЧАТЬ нсв _____

я не́рвничаю, ты не́рвничаешь... наст. вр.

▪ нервничать = переживать нервозное состояние,
чувствовать сильное беспокойство

поне́рвничать св

я поне́рвничаю, ты поне́рвничаешь... буд. вр.

▪ понервничать = непродолжительное время чувствовать беспокойство

♦ нервничать, понервничать + из-за чего? *(из-за*
экзамена)

• Кто нервничает + из-за чего?
Студент нервничает из-за предстоящего
экзамена.

(не) не́рвничай(те) пов. накл.

Не нервничайте из-за всяких пустяков!

ЗАПОМНИТЕ

> **Не надо нервничать! Давайте во всём**
> **спокойно разберёмся!**

НЕСТИ́ нсв _____

я несу́, ты несёшь... наст. вр.

▪ нести = перемещать что-либо, держа в руках, во
время ходьбы, в одном определённом направлении

носи́ть нсв

я ношу́, ты но́сишь... наст. вр.

▪ **носить** = перемещать что-либо, держа в руках, во время ходьбы, в разных направлениях или неоднократно

принести́ св

я принесу́, ты принесёшь... буд.вр.

приноси́ть нсв

я приношу́, ты прино́сишь... наст. вр.

▪ принести = ... сюда

▪ приносить = ... сюда — многократно

унести́ св

я унесу́, ты унесёшь... буд. вр.

унеси́ть нсв

я уношу́, ты уно́сишь... наст. вр.

▪ унести = ... отсюда

▪ уносить = ... отсюда — многократно

> **носить** = переносное: использовать какую-либо одежду в течение определённого времени

• Кто несёт + что? + куда?

Студент несёт книги в библиотеку.

• Кто носит + что? + как часто?

Мать каждый день носит продукты из магазина.

(не) носи́(те) пов. накл.

неси́(те) пов. накл.

Не носи тяжёлые вещи — врач сказал, что это тебе вредно!

Неси скорей обед — я очень проголодался!..

━━━**ЗАПОМНИТЕ**━━━
Зимой в России холодно, поэтому люди здесь носят тёплые куртки и шубы.

Он плохо видит, поэтому вынужден носить очки.

 носить, нести — приносить, принести — уносить, унести

 НОСИ́ТЬ — см. НЕСТИ

НРА́ВИТЬСЯ нсв _____

я нра́влюсь, ты нра́вишься... наст. вр.

понра́виться св

я понра́влюсь, ты понра́вишься... буд. вр.

▪ нравиться = произвести приятное впечатление; вызывать приятные ощущения

▪ понравиться = начать нравиться; произвести приятное впечатление; вызвать приятные ощущения

◆ нравиться, понравиться + кому? *(девушке, молодому человеку)*

> • Кто нравится + кому?
> *Девушка нравится молодому человеку.*
> • Кому нравится + что?
> *Девушке нравится классическая музыка.*
> • Кому понравилось + что?
> *Девушке понравился вчерашний концерт.*

> Что нравится + кому? =
> Кто любит + что?

―**ЗАПОМНИТЕ**―
> **Я люблю русскую литературу. =
> Мне нравится русская литература.**

> «Подойди ко мне — ты мне нравишься!..
> Поцелуй меня — не отравишься!..»
> (Романс «Очи чёрные»)

> нравиться, понравиться —
> любить, полюбить

НУЖДА́ТЬСЯ нсв _____

я нужда́юсь, ты нужда́ешься... наст. вр.

▪ нуждаться = испытывать нужду, потребность в чём-либо

◆ нуждаться + в чём? *(в помощи, в лечении, в заботе)*

• Кто нуждается + в чём? (= Кому нужно + что?)
Больной нуждается в лечении. (= Больному
нужно лечение, больному нужно лечиться.)
Больной нуждается в лекарствах.
(= Больному нужны лекарства.)

━━━━**ЗАПОМНИТЕ**━━━━

**Я сам знаю, как мне лучше поступить,
и не нуждаюсь ни в чьих советах!..**

Я очень нуждаюсь в вашей помощи!..

**нуждаться (без дополнения) = бедствовать
«Эта семья очень нуждается...»**

ОБВИНЯ́ТЬ нсв _____

я обвиня́ю, ты обвиня́ешь... наст. вр.

обвини́ть св

я обвиню́, ты обвини́шь... буд. вр.

▪ обвинять, обвинить = предъявлять, предъявить
обвинение

♦ обвинять, обвинить + кого? *(преступника)*
+ в чём? *(в преступлении)*

• Кто обвинил + кого? + в чём?
Обвинитель (= *прокурор*) *обвинил обвиняемого* (= *преступника*) *в преступлении.*
*Обвинитель предъявил обвиняемому обвинение
в преступлении.*

обвинённый (-ая, -ое, -ые) страд. прич.

обвинён, обвинена́ (-о́, -ы́) кр. ф. страд. прич.

• Кто (был) обвинён + в чём?
Преступник (= *обвиняемый*) *(был) обвинён в
совершении преступления.*

☞ **обвиняемый** — человек, которого обвиняют
обвинитель — человек, который обвиняет

➢ см. также **ВИНИТЬ**

ОБГОНЯ́ТЬ нсв _____

   я обгоня́ю, ты обгоня́ешь... наст. вр.

обогна́ть св

   я обгоню́, ты обго́нишь... буд. вр.

♦ обгонять, обогнать + кого? (+ что?) *(соперников)*

   • Кто обогнал + кого?

   Чемпион обогнал всех своих соперников.

(не) обгоня́й(те) пов. накл.; нсв

обгони́(те) пов. накл.; св

━━━━━━**ЗАПОМНИТЕ**━━━━━━
Не уверен — не обгоняй!

(Надпись на заднем стекле автомобиля)

   **обгонять, обогнать — гонять, гнать —
догонять, догнать**

ОБЕ́ДАТЬ нсв _____

   я обе́даю, ты обе́даешь... наст. вр.

пообе́дать св

   я пообе́даю, ты пообе́даешь... буд. вр.

   • Кто обедает + где? + когда? + с кем?

   *Обычно в 12 часов студент обедает со своим
приятелем в студенческой столовой.*

(по)обе́дай(те) пов. накл.

   *Я сегодня задержусь на работе — (по)обедай-
те без меня.*

   **обедать, пообедать — завтракать,
позавтракать — ужинать, поужинать**

ОБЕСПЕ́ЧИВАТЬ нсв _____

   я обеспе́чиваю, ты обеспе́чиваешь.. наст. вр.

обеспе́чить св

   я обеспе́чу, ты обеспе́чишь... буд. вр.

♦ обеспечивать, обеспечить + кого (+ что?) *(детей,
детский сад)* + чем? *(продуктами питания)*

• Кто обеспечивает + кого? (+ что?) + чем?
Молочный завод обеспечивает детей (детский сад) молоком и другими молочными продуктами.

обеспе́ченный (-ая, -ое, -ые) страд. прич.
обеспе́чен (-а, -о, -ы) кр. ф. страд. прич.

• Что обеспечено + чем?
Детский сад обеспечен молоком и молочными продуктами.

┌─── **ЗАПОМНИТЕ** ───┐
ГАИ (государственная автоинспекция) обеспечивает безопасность дорожного движения.

«Рыбьим жиром детей обеспечивать...»
(Шуточная песня)

ОБЕЩА́ТЬ нсв _____

я обеща́ю, ты обеща́ешь... наст. вр.

пообеща́ть св

я пообеща́ю, ты пообеща́ешь... буд. вр.

◆ (по)обещать + кому? *(другу)* + что сделать? *(помочь)*

• Кто (по)обещал + кому? + что сделать?
Студент пообещал своему другу помочь подготовиться к экзамену.

(не) обеща́й(те) пов. накл.

Обещай мне, что бросишь курить.

«Как провожала и обещала
Синий платочек беречь...»
(В. Максимов, «Синий платочек»)

«Не обещайте деве юной
Любови вечной на земле!..»
(Б.Ш. Окуджава, «Песня кавалергарда»)

«любови» — устаревшее, правильно: «любви»

ОБИЖА́ТЬ(СЯ) нсв _____

я обижа́ю(сь), ты обижа́ешь(ся)... наст. вр.

оби́деть(ся) св

я оби́жу(сь), ты оби́дишь(ся)... буд. вр.

♦ обижать, обидеть + кого? *(ребёнка)*

♦ обижаться, обидеться + на кого? *(на приятеля)*

♦ обижаться, обидеться + на что? *(на критику)*

• Кто обидел + кого?
Хулиган обидел ребёнка.

• Кто обиделся + на кого?
Ребёнок обиделся на отца.

оби́женный (-ая, -ое, -ые) страд. прич.

оби́жен (-а, -о, -ы) кр. ф. страд. прич.

• Кто (был) обижен + кем?
Ребёнок (был) обижен хулиганом.

• Кто (был) обижен + на кого?
Ребёнок (был) обижен на отца.

• Кому (стало) обидно + за кого?
Матери (стало) обидно за ребёнка.

(не) обижа́й(ся), (не) обижа́йте(сь) пов. накл.

Не обижайся на меня! Я просто неудачно пошутил...

Не обижайте детей и стариков!..

«Не обижай меня, скажи мне лучше "нет" —
Молчать не надо...»

(Песня) 📖

ОБЛАДА́ТЬ нсв _____

я облада́ю, ты облада́ешь... наст. вр.

▪ обладать = обычно: иметь какое-либо свойство, качество, способность; владеть чем-либо

♦ обладать + чем? *(талантом, состоянием)*

• Кто обладает + чем?
Художник обладает незаурядным талантом.
Финансист обладает баснословным (= очень большим) состоянием.

☞ обладать — сравните: **иметь и владеть**

О

ОБМА́НЫВАТЬ нсв _____

я обма́нываю, ты обма́нываешь... наст. вр.

обману́ть св

я обману́, ты обма́нешь... буд. вр.

▪ обманывать, обмануть = говорить, сказать неправду, дать заведомо ложную информацию

♦ обманывать, обмануть + кого? *(покупателя)*

> • Кто обманул + кого?
> *Спекулянт обманул покупателя.*

обма́нутый (-ая, -ое, -ые) страд. прич.

обма́нут (-а, -о, -ы) кр. ф. страд. прич.

> • Кто (был) обманут + кем?
> *Покупатель (был) обманут спекулянтом.*

(не) обма́нывай(те) пов. накл.

> *Никогда не обманывайте своих друзей!*

> «Ах, обмануть меня не трудно:
> Я сам обманываться рад!..»
>
> (А.С. Пушкин, «Признание»)

ОБНАРУ́ЖИВАТЬ(СЯ) нсв _____

я обнару́живаю, ты обнару́живаешь... наст. вр.

обнару́жить(ся) св

я обнару́жу, ты обнару́жишь... буд. вр.

▪ обнаруживать, обнаружить = неожиданно находить, найти или понимать, понять что-либо

♦ обнаруживать, обнаружить + что? *(следы, небесное тело)*

> • Кто обнаружил + что?
> *Учёные обнаружили новое небесное тело.*
> *Наблюдатели обнаружили в небе неопознанный летающий объект.*
> *Пограничники обнаружили следы нарушителя.*
> *Студент обнаружил, что забыл дома тетрадку.*

обнару́женный (-ая, -ое, -ые) страд. прич.

обнару́жен (-а, -о, -ы) кр. ф. страд. прич.

> • Что (было) обнаружено + кем?
>
> *Следы нарушителя были обнаружены погра-*
> *ничниками.*

ОБНИМА́ТЬ(СЯ) нсв _____

я обнима́ю(сь), ты обнима́ешь(ся)... наст. вр.

обня́ть(ся) св

я обниму́(сь), ты обни́мешь(ся)... буд. вр.

◆ обнимать, обнять + кого? *(жену, мужа)*

◆ обниматься, обняться + с кем? *(с женой, с мужем)*

> • Кто обнимает + кого?
>
> *Муж обнимает свою жену.*
>
> • Кто обнимается + с кем?
>
> *Муж обнимается со своей женой.*
>
> *Муж с женой обнимаются.*

обними́(сь), обними́те(сь) пов. накл.

> *Обними меня, мой милый!..*

> «Обними меня покрепче,
> Посмотри в мои глаза...»
>
> (Романс»)

ОБОРУ́ДОВАТЬ нсв = св _____

я обору́дую, ты обору́дуешь... наст. вр. = буд. вр.

◆ оборудовать + что? *(космический корабль)* + чем?
(аппаратурой)

> • Кто оборудовал + что? + чем?
>
> *Учёные оборудовали космический корабль*
> *новейшей электронной аппаратурой.*

обору́дованный (-ая, -ое, -ые) страд. прич.

обору́дован (-а, -о, -ы) кр. ф. страд. прич.

> • Что (было) оборудовано + чем?
>
> *Космический корабль (был) оборудован*
> *новейшей электронной аппаратурой.*

—ЗАПОМНИТЕ—

Завод оборудован по последнему слову техники. =
Завод модернизирован.

О

ОБРАЗО́ВЫВАТЬ(СЯ) нсв _____

я образо́вываю, ты образо́вываешь, он, она, оно
образо́вывает(ся)... наст. вр.

образова́ть(ся) св

я образу́ю, ты образу́ешь, он, она, оно образу́ет(ся)...
буд. вр.

♦ **образовать + что?** *(новую форму)*

> • Кто образовал + что?
>
> *Энтузиасты образовали футбольную команду.*
> *Танцующие образовали круг.*
>
> • Что образовалось + где? + когда? + как?
>
> *После сильного землетрясения в горах образо-*
> *валось новое горное озеро.*
>
> *На территории бывшей Российской империи*
> *после революции образовалось новое союзное*
> *государство.*

образо́ванный (-ая, -ое, -ые) страд. прич. = им. прилаг.
образо́ван (-а, -о, -ы) кр. ф. страд. прич.

> • Что (было) образовано + где? + когда? + как?
>
> *На территории бывшей Российской империи*
> *после революции (было) образовано новое*
> *союзное государство.*

образу́й(те) пов. накл.

> *Образуйте от глагола «образовать» прошед-*
> *шее время.*

━━━━━ **ЗАПОМНИТЕ** ━━━━━
Образованный человек — это человек,
который получил хорошее образование.

ОБСЛУ́ЖИВАТЬ нсв _____

я обслу́живаю, ты обслу́живаешь... наст. вр.

обслужи́ть св

я обслужу́, ты обслу́жишь... буд. вр.

♦ **обслуживать, обслужить + кого?** *(клиента,*
посетителя)

> • Кто обслуживает + кого?
>
> *Официант обслуживает посетителей ресто-*
> *рана.*

обслужи́(те) пов. накл.

| *Официант! Обслужите нас, пожалуйста!*

———**ЗАПОМНИТЕ**———
**— Извините! Этот столик не обслуживается —
он забронирован.**

➤ см. также **СЛУЖИТЬ**

ОБСУЖДА́ТЬ нсв ———————————————
я обсужда́ю, ты обсужда́ешь... наст. вр.

обсуди́ть св
я обсужу́, ты обсу́дишь... буд. вр.

▪ обсуждать = дискутировать (дискуссировать)

♦ обсуждать, обсудить + что? *(вопрос, проблему, ситуацию)* + с кем? *(с товарищем, с коллегой, с парт-нёром)*

| • Кто обсудил + что? + с кем?
| *Предприниматель обсудил со своим партнё-ром условия договора.*

———**ЗАПОМНИТЕ**———
(Давайте) обсудим условия договора.

ОБЩА́ТЬСЯ нсв ———————————————
я обща́юсь, ты обща́ешься... наст. вр.

▪ общаться = вступать в речевой контакт

♦ общаться + с кем? *(с друзьями, с товарищами по группе)*

| • Кто общается + с кем?
| *Студент общается с товарищами по группе.*

ОБЪЕДИНЯ́ТЬ(СЯ) нсв ———————————
я объединя́ю(сь), ты объединя́ешь(ся)... наст. вр.

объедини́ть(ся) св
я объединю́(сь), ты объедини́шь(ся)... буд. вр.

♦ объединять, объединить + кого? (+ что?) *(европей-ские страны)* + во что? (в какую организацию?) *(в Европейский союз)*

♦ объединяться, объединиться + с кем? (+ с чем?)
(с Восточной Германией) + во что? (в какое объединение?) *(в единое государство)*

> • Кто объединил + кого? (+ что?) + во что? (в какую организацию?)
> *Европейские народы объединили свои государства в единый Европейский союз.*
> • Кто (что) объединился + во что? (в какое объединение?)
> *Европейские государства объединились в единый Европейский союз.*
> *Западная и Восточная Германии объединились в единое государство.*

объединя́й(ся), объединя́йте(сь) пов. накл.

> *Народы всего мира! Объединяйтесь в борьбе с международным терроризмом и глобализмом!*
> *= Народы мира! Объединим свои усилия в борьбе с международным терроризмом и глобализмом!*

ОБЪЯВЛЯ́ТЬ нсв _____

я объявля́ю, ты объявля́ешь... наст. вр.

объяви́ть св

я объявлю́, ты объя́вишь... буд. вр.

▪ объявлять, объявить = делать, сделать объявление
♦ объявлять, объявить + что? *(начало концерта)*
♦ объявлять, объявить + кому? *(зрителям)* + о чём?
(о начале концерта)

> • Кто объявил + что?
> *Конферансье (= ведущий концерта) объявил начало концерта.*
> • Кто объявил + кому? + о чём?
> *Конферансье объявил зрителям о начале концерта.*

объяви́(те) пов. накл.

> *Объявите студентам о начале экзамена.*

ОБЪЯСНЯ́ТЬ нсв _____

я объясня́ю, ты объясня́ешь... наст. вр.

объясни́ть св

я объясню́, ты объясни́шь... буд. вр.

▪ объяснять = делать информацию более ясной для собеседника

♦ объяснять, объяснить + кому? *(студентам)* + что? *(правило, значение слова)*

• Кто объясняет + кому? + что?

Преподаватель объясняет студентам новое правило по грамматике.

объясни́(те) пов. накл.

Объясни мне, пожалуйста, значение глагола «объяснять».

━━━ ЗАПОМНИТЕ ━━━

объясниться (кому-либо) в любви = рассказать объекту своей любви о своих чувствах

«Рядом с девушкой верной
Был он тих и несмел...
Ей любви своей первой
Объяснить не умел...»
(Е. Долматовский, песня
из к/ф «Они были первыми»)

ОВЛАДЕВА́ТЬ нсв _____

я овладева́ю, ты овладева́ешь... наст. вр.

овладе́ть св

я овладе́ю, ты овладе́ешь... буд. вр.

♦ овладевать, овладеть + чем? *(городом, иностранным языком, вниманием)*

• Кто овладел + чем?

Войска овладели городом.
Студенты овладели основными правилами грамматики.
Лектор овладел вниманием аудитории.

овладева́й(те) пов. накл.

> *Настойчиво овладевайте знаниями!*

ОДЕВА́ТЬ(СЯ) нсв _____

> *я одева́ю, ты одева́ешь...* наст. вр.

оде́ть(ся) св

> *я оде́ну(сь), ты оде́нешь(ся)...* буд. вр.

■ одеваться, одеться = одевать, одеть себя

◆ одевать, одеть + кого? *(ребёнка)*

> • Кто одел + кого?
>
> *Мать одела ребёнка.*
> • Кто оделся + во что?
>
> *Ребёнок оделся сам.*
> *Невеста оделась в белое платье.*
> *(= Невеста надела белое платье.)*

оде́тый (-ая, -ое, -ые) страд. прич.

одет (-а, -о, -ы) кр. ф. страд. прич.

одева́й(ся), одева́йте(сь) пов. накл.; нсв

оде́нь(ся), оде́ньте(сь) пов. накл.; св

> *Одевайтесь теплее — на улице сильный мороз.*
> *Одень ребёнка и отведи его в детский сад.*

> ☞
> ## Сравните:
> **одевать(ся), одеть(ся) —**
> **раздевать(ся), раздеть(ся)** (обратное действие)
> **одевать, одеть + кого?**
> **одеваться, одеться + во что?**
> **надевать, надеть + что?**

> «Одет, раздет и вновь одет...»
> (А.С. Пушкин, «Евгений Онегин») 📖

ОКА́ЗЫВАТЬСЯ нсв _____

> *я ока́зываюсь, ты ока́зываешься...* наст. вр.

оказа́ться св

> *я окажу́сь, ты ока́жешься...* буд. вр.

▪ оказаться = попасть куда-либо случайно, не по своей воле

♦ оказаться + где? *(в больнице, в тюрьме)*

　• Кто оказался + где?

Человек, который попал в аварию, оказался в больнице.

Человек, который совершил преступление, оказался в тюрьме.

─────── **ЗАПОМНИТЕ** ───────

Директора не оказалось на месте, и нам пришлось разговаривать с его заместителем.

Человек был так пьян, что не помнил, как оказался на улице.

«оказывается», «оказалось» — означает, что полученная информация или какой-либо результат стал полной неожиданностью для говорящего

Оказывается, на экваторе почти каждый день идёт дождь.

Оказалось, что экзамен перенесли на следующую неделю.

Как оказалось, в музее был выходной день, и поэтому студенты не смогли попасть на экскурсию.

ОПА́ЗДЫВАТЬ нсв _____

я опа́здываю, ты опа́здываешь... наст. вр.

опозда́ть св

я опозда́ю, ты опозда́ешь... буд. вр.

▪ опаздывать, опоздать = приходить, прибывать поздно, позже намеченного срока

♦ опаздывать, опоздать + куда? *(в университет, на поезд)* + на сколько? *(на пять минут, на два часа, на несколько дней, на месяц)*

• Кто опоздал + на сколько?

Студент опоздал на занятия на пять минут.

Пассажир опоздал на свой поезд на полчаса.

• Что опоздало + на сколько?

Самолёт опоздал на два часа.

(не) опа́здывай(те) пов. накл.; нсв

(не) опозда́й(те) пов. накл.; св

| *Не опаздывай к обеду!*
| *Не опоздай на поезд!*

━━━ ЗАПОМНИТЕ ━━━

**Ты опоздал со своими советами —
я уже всё сделал сам!..**

ОПИ́СЫВАТЬ нсв ─────────────────

я опи́сываю, ты опи́сываешь... наст. вр.

описа́ть св

я опишу́, ты опи́шешь... буд. вр.

▪ описывать = передавать особенности внешних форм или сущность переживаний

♦ описывать, описать + что? *(событие, природу, чувства)*

• Кто описывает (описал) + что?

Лев Толстой описывает события Отечественной войны 1812 года.

Пушкин великолепно описал красоту осенней природы.

Лермонтов тонко описал переживания своего героя — Печорина.

опиши́(те) пов. накл.

| *Опишите ваши впечатления от экскурсии.*
| *Опишите внешность преступника.*

➢ см. также **ПИСАТЬ**

ОПРЕДЕЛЯ́ТЬ нсв ─────────────────

я определя́ю, ты определя́ешь... наст. вр.

определи́ть св

я определю́, ты определи́шь... буд. вр.

♦ **определять, определить + что?** *(температуру, вес, давление)*

> • Кто определил + что?
>
> *Сотрудники Гидрометцентра определили силу и направление ветра.*

определённый (-ая, -ое, -ые) страд. прич.

определён, определена́ (-о́, -ы́) кр. ф. страд. прич.

> • Что (было) определено + кем?
>
> *Сотрудниками Гидрометцентра (были) определены сила и направление ветра.*

определи́(те) пов. накл.

> *Определите время и вид глагола «определил».*

ЗАПОМНИТЕ

Туристы по солнцу определили стороны света.

ОПУСКА́ТЬ(СЯ) нсв

> *я опуска́ю(сь), ты опуска́ешь(ся)...* наст. вр.

опусти́ть(ся) св

> *я опущу́(сь), ты опу́стишь(ся)...* буд. вр.

♦ **опускать, опустить + что?** *(шторы, занавес, руку)* **+ куда?** *(вниз, в воду)*

♦ **опускаться, опуститься + куда?** *(на землю, на дно реки)*

> • Кто опустил + что? + куда?
>
> *За окнами стало темно, и хозяева опустили на окнах шторы.*
>
> *Человек подошёл к двери своего дома и опустил руку в карман, где лежал ключ.*
>
> *Девушка смутилась и опустила вниз свои густые, чёрные ресницы (= прикрыла глаза).*
>
> • Кто (что) опустился + куда?
>
> *Женщина почувствовала себя очень усталой и опустилась на диван.*

опу́щенный (-ая, -ое, -ые) страд. прич.

опу́щен (-а, -о, -ы) кр. ф. страд. прич.

> • Что было опущено?
>
> *Спектакль закончился, и занавес был опущен.*

опусти́(те) пов. накл.

На улице стало совсем темно — опустите шторы.

ЗАПОМНИТЕ

руки опускаются (опустились) =
человек теряет (потерял) всякую надежду
добиться какого-либо результата

«Опустись, занавеска линялая,
На больные герани мои...»

(А.А. Блок)

ОРГАНИЗО́ВЫВАТЬ нсв

я организо́вываю, ты организо́вываешь... наст. вр.
организова́ть нсв = св

я организу́ю, ты организу́ешь... буд. вр. = наст. вр.
◆ организовать + что? *(мероприятие, структуру, концерт, собрание, забастовку)*

• Кто организовал + что?

Студенты консерватории организовали благотворительный концерт для ветеранов. Профсоюзы организовали забастовку рабочих.

организо́ванный (-ая, -ое, -ые) страд. прич.
организо́ван (-а, -о, -ы) кр. ф. страд. прич.

• Что (было) организовано + кем?

Благотворительный концерт для ветеранов (был) организован студентами консерватории. Забастовка рабочих (была) организована профсоюзами.

ОСВА́ИВАТЬ нсв

я осва́иваю, ты осва́иваешь... наст. вр.
осво́ить св

я осво́ю, ты осво́ишь... буд. вр.
◆ осваивать, освоить + что? *(иностранный язык, компьютер, месторождение полезных ископаемых)*
осво́енный (-ая, -ое, -ые) страд. прич.

освóен (-а, -о, -ы) кр. ф. страд. прич.

> • Кто осваивает (освоил) + что?
>
> *Студенты осваивают иностранный язык и компьютер.*
>
> *Геологи освоили новое месторождение полезных ископаемых.*
>
> • Что (было) освоено + кем?
>
> *Месторождение (было) освоено нефтедобывающей компанией.*

ОСВОБОЖДÁТЬ(СЯ) нсв _____

я освобождáю(сь), ты освобождáешь(ся)... наст. вр.

освободи́ть(ся) св

я освобожу́(сь), ты освободи́шь(ся)... буд. вр.

▪ освободить = сделать кого-либо свободным

▪ освободиться = стать свободным

♦ освобождать, освободить + кого? *(пленника)* + откуда? *(из-под стражи)*

♦ освобождать(ся), освободить(ся) + от чего? *(от наручников, от данного обязательства)*

> • Кто освободил + кого? + откуда?
>
> *Мальчик освободил птичку из клетки.*
>
> *Суд освободил подсудимого из-под стражи.*
>
> • Кто освободил + кого? + от чего?
>
> *Полицейский освободил задержанного от наручников.*
>
> • Кто освободился + откуда? (+ от чего?)
>
> *Подсудимый освободился из-под стражи.*
>
> *Задержанный освободился от наручников.*

освобождённый (-ая, -ое, -ые) страд. прич.

освобождён, освобождена́ (-ó, -ы́) кр. ф. страд. прич.

> • Кто (был) освобождён + откуда?
>
> *Подсудимый (был) освобождён судом из-под стражи.*

освободи́(те) пов. накл.

> *Освободи меня от своего присутствия!*
>
> (= Уйди, я не хочу тебя видеть!)

О

---ЗАПОМНИТЕ---
Не ждите меня — я сегодня освобожусь поздно.

Освободите стол — мне нужно
разложить чертежи.

ОСЛАБЕВА́ТЬ нсв _____

я ослабева́ю, ты ослабева́ешь... наст. вр.

ослабе́ть (= осла́бнуть) св

я ослабе́ю (осла́бну), ты ослабе́ешь (осла́бнешь)...
буд. вр.

он ослабе́л (= осла́б), она ослабе́ла (= осла́бла)...
прош. вр.

▪ ослабевать, ослабеть (= ослабнуть) = становиться,
стать слабым

┃ • Кто ослабел (= ослаб) (+ из-за чего?)
┃ *Больной ослабел (= ослаб) из-за болезни.*
┃ • Что ослабило + кого?
┃ *Болезнь ослабила больного.*

осла́бленный (-ая, -ое, -ые) страд. прич.

осла́блен (-а, -о, -ы) кр. ф. страд. прич.

┃ Кто (был) ослаблен + чем?
┃ *Больной (был) ослаблен болезнью.*

     ослабевать, ослабеть —
ослаблять, ослабить

ОСЛАБЛЯ́ТЬ нсв _____

я ослабля́ю, ты ослабля́ешь... наст. вр.

осла́бить св

я осла́блю, ты осла́бишь... буд. вр.

▪ ослаблять, ослабить = делать, сделать что-либо более слабым

♦ ослаблять, ослабить + что? *(верёвку, узел)*

┃ • Кто ослабил + что?
┃ *Человек ослабил узел верёвки.*

ОСМА́ТРИВАТЬ нсв _____

я осма́триваю, ты осма́триваешь... наст. вр.

осмотре́ть св

   я осмотрю́, ты осмо́тришь... буд. вр.

♦ **осматривать, осмотреть + что?** *(местность, город, музей)*

     • Кто осматривает + что?

     Туристы осматривают город.

     Посетители осматривают музей.

     • Кто осмотрел + кого?

     Врач осмотрел больного и поставил диагноз.

➢ см. также **СМОТРЕТЬ**

ОСНО́ВЫВАТЬ нсв _____

   я осно́вываю, ты осно́вываешь... наст. вр.

основа́ть св

   редко: *я осную́, ты осну́ешь...* буд. вр.

▪ **основывать, основать** = закладывать, заложить основу чего-либо

♦ **основывать, основать + что?** *(город, университет)*

     • Кто основал + что?

     Русский царь Пётр Первый в 1703 году основал город Санкт-Петербург.

     Великий русский учёный М.В. Ломоносов основал Московский университет.

осно́ванный (-ая, -ое, -ые) страд. прич.

осно́ван (-а, -о, -ы) кр. ф. страд. прич.

     • Что (было) основано + кем?

     Город Санкт-Петербург (был) основан русским царём Петром Первым в 1703 году.

     Московский университет (был) основан великим русским учёным М.В. Ломоносовым.

ОСТАВА́ТЬСЯ нсв _____

   я оста́юсь, ты остаёшься... наст. вр.

оста́ться св

   я оста́нусь, ты оста́нешься... буд. вр.

♦ **оставаться, остаться + где?** *(дома, на работе, в гостях)* **+ на сколько (времени)?** *(на час, на весь день)*

> • Кто остался + где?
>
> *Человек заболел и остался дома* (= не пошёл на работу).
>
> • Кто остался + где? + на сколько (времени)?
>
> *Человек зашёл в гости к своим друзьям и остался у них на весь вечер* (= провёл у них весь вечер).

остава́йся, остава́йтесь пов. накл.; нсв

оста́нься, оста́ньтесь пов. накл.; св

> *Мы так интересно разговариваем — останься ещё хоть на пять минут!..*
>
> *Уже очень поздно! Оставайтесь у нас ночевать...*

> «Оставайся, мальчик, с нами —
> будешь нашим королём...»
> (Песня из м/ф «В синем море, в белой пене...»)

ОСТАВЛЯ́ТЬ нсв

я оставля́ю, ты оставля́ешь... наст. вр.

оста́вить св

я оста́влю, ты оста́вишь... буд. вр.

▪ оставить = не взять с собой

♦ оставлять, оставить + что? *(очки, ключи, докумен-ты)* + где? *(дома, на работе, на столе)*

> • Кто оставил + что? (кого?) + где?
>
> *Придя на работу, человек обнаружил, что оставил свои очки дома* (= забыл их дома).
>
> *Ребёнок заболел, и мать оставила его дома* (= не повела его в детский сад).

оста́вленный (-ая, -ое, -ые) страд. прич.

оста́влен (-а, -о, -ы) кр. ф. страд. прич.

> • Что (было) оставлено + где?
>
> *Очки (были) оставлены дома.*
>
> • Кто (был) оставлен + где?
>
> *Ребёнок (был) оставлен дома.*

оста́вь(те) пов. накл.

> *Оставьте свой номер телефона — директор позвонит вам, когда вернётся.*

> «Оставь надежду, всяк сюда входящий!..»
> (Вергилий)
>
> «Ах, оставьте, ах, оставьте!
> Всё слова, слова, слова!..»
> (Песня)

ОСТАНА́ВЛИВАТЬ(СЯ) нсв _____

я останá́вливаю(сь), ты останáвливаешь(ся)... наст. вр.

останови́ть(ся) св

я остановлю́(сь), ты остано́вишь(ся)... буд. вр.

♦ останавливать, остановить + что? (кого?) *(маши-ну, человека на улице)*

▪ останавливаться, остановиться = на время прекра-щать, прекратить движение

▪ останавливаться, остановиться = временно посе-ляться, поселиться (проездом)

♦ останавливаться, остановиться + где? *(перед светофором, в гостинице)*

  • Кто остановил + что? (кого?)

  Полицейский остановил машину и попросил водителя предъявить права.

  Человек остановил прохожего и спросил его, как пройти в библиотеку.

остано́вленный (-ая, -ое, -ые) страд. прич.
остано́влен (-а, -о, -ы) кр. ф. страд. прич.

  • Что (было) остановлено + кем?

  Машина (была) остановлена полицейским.

  • Кто остановился + где?

  Прохожий остановился на перекрёстке.

  Туристы остановились в местной гости-нице.

(не) останá́вливай(ся), (не) останá́вливайте(сь)
пов. накл.; нсв

останови́(сь), останови́те(сь) пов. накл.; св

> *Остановите, пожалуйста, автобус — мне нужно здесь выйти...*
>
> *Не останавливайтесь! Не задерживайте движение!..*
>
> *Когда будете приезжать в Санкт-Петербург, останавливайтесь в нашей гостинице!*

— **ЗАПОМНИТЕ** —

Не останавливайтесь на достигнутом! = Смелее ставьте и решайте всё новые задачи.

«Остановись, мгновенье, ты прекрасно!..»
(И.В. Гёте, «Фауст»)

ОСУЩЕСТВЛЯ́ТЬ(СЯ) нсв _____

> *я осуществля́ю, ты осуществля́ешь, он, она, оно осуществля́ет(ся)... наст. вр.*

осуществи́ть(ся) св

> *я осуществлю́, ты осуществи́шь, он, она, оно осуществи́т(ся)... буд. вр.*

♦ осуществлять, осуществить + что? *(реформу, задуманное, мечту)*

> • Кто осуществил + что?
>
> *Правительство осуществило реформу высшего и среднего образования.*
>
> *Студент осуществил свою мечту — поехать учиться в России.*
>
> • Что осуществилось?
>
> *Осуществилась мечта студента — поехать учиться в Россию.*

осуществлённый (-ая, -ое, -ые) страд. прич.

осуществлён, осуществлена́ (-о́, -ы́) кр. ф. страд. прич.

> • Что (было) осуществлено + когда?
>
> *В начале XXI века (была) осуществлена реформа высшего и среднего образования.*

ОТВЕЧА́ТЬ нсв _____

я отвеча́ю, ты отвеча́ешь... наст. вр.

отве́тить св

я отве́чу, ты отве́тишь... буд. вр.

▪ отвечать, ответить = давать, дать ответ на вопрос

♦ отвечать, ответить + кому? *(преподавателю,*
экзаменатору) + на что? *(на вопрос)*

▪ отвечать, ответить = нести, понести ответственность

♦ отвечать + за что? *(за безопасность движения)*

> • Кто ответил + кому? + на что?
>
> *Студент ответил экзаменатору на его вопрос.*
>
> *Студент ответил на вопрос преподавателя.*
>
> • Кто отвечает + за что?
>
> *Дорожная полиция отвечает за безопасность*
> *движения на дорогах.*

отвеча́й(те) пов. накл.; нсв

отве́ть(те) пов. накл.; св

> *Если не хотите, не отвечайте на мои вопросы.*
> *Ответь мне только на один вопрос...*

---**ЗАПОМНИТЕ**---

Ты мне за всё ответишь!..

(Угроза)

ОТДЫХА́ТЬ нсв _____

я отдыха́ю, ты отдыха́ешь... наст. вр.

отдохну́ть св

я отдохну́, ты отдохнёшь... буд. вр.

♦ отдыхать, отдохнуть + когда? *(летом)* + где? *(на*
юге) + с кем? *(с подругой)* + как? *(хорошо)*

> • Кто отдохнул + когда? + где? + с кем? + как?
>
> *Летом студент хорошо отдохнул со своей*
> *подругой на Чёрном море.*

отдыха́й(те) пов. накл.; нсв

отдохни́(те) пов. накл.; св

> *Вы много и хорошо поработали — теперь*
> *отдыхайте!..*
> *Отдохни немного и потом принимайся за*
> *работу...*

---ЗАПОМНИТЕ---

Отдыхать — не работать!

(Народная мудрость)

ОТКА́ЗЫВАТЬ(СЯ) нсв _____

я отка́зываю(сь), ты отка́зываешь(ся)... наст. вр.

отказа́ть(ся) св

♦ отказывать, отказать + кому? *(товарищу)* + в чём? *(в просьбе)*

♦ отказываться, отказаться + от чего? *(от предложения, от помощи, от своих слов)*

♦ отказываться, отказаться + что (с)делать? *(работать, помочь)*

> • Кто отказал + кому? + в чём?
>
> *Человек отказал товарищу в его просьбе помочь ему.*
>
> • Кто отказался + что сделать?
>
> *Человек отказался помочь своему товарищу.*
>
> • Кто отказался + от чего?
>
> *Человек отказался от помощи своего товарища.*

(не) отка́зывай(ся), (не) отка́зывайте(сь) пов. накл.; нсв

(не) откажи́(сь), (не) откажи́те(сь) пов. накл.; св

> *Не отказывайся ни от какой работы!*
> *Не отказывайся от своих слов!*
> *Если тебе не нравится это предложение, откажись от него...*

---ЗАПОМНИТЕ---

Не откажите (мне) в любезности!.. —
вежливая форма просьбы сделать
что-нибудь (= Пожалуйста!)

«Не откажите мне в любезности
Со мной пройтись туда-сюда!..»
(В. Котов, «Марш высотников»
из к/ф «Высота»)

О

ОТКРЫВА́ТЬ(СЯ) нсв _____

я открыва́ю, ты открыва́ешь,.. он, она, оно открыва́ет(ся)... наст. вр.

откры́ть(ся) св

я откро́ю, ты откро́ешь, он, она, оно откро́ет(ся)... буд. вр.

◆ открывать, открыть + что? *(дверь, глаза, новый закон природы, конференцию)*

> • Кто открыл + что?
>
> *Швейцар открыл дверь.*
>
> *Учёный открыл новый закон природы.*
>
> *Ребёнок проснулся и открыл глаза.*
>
> *Председатель открыл заседание парламента.*
>
> • Что открылось + когда? + где?
>
> *Дверь открылась, и в комнату вошёл незнакомец.*
>
> *На прошлой неделе в Институте русского языка имени Пушкина открылась международная научно-методическая конференция.*

откры́тый (-ая, -ое, -ые) страд. прич.

откры́т (-а, -о, -ы) кр. ф. страд. прич.

> • Что (было) открыто + кем?
>
> *На прошлой неделе в Институте русского языка (была) открыта научно-методическая конференция.*
>
> *Учёным (был) открыт новый закон природы.*

(не) открыва́й(те) пов. накл.; нсв

откро́й(те) пов. накл.; св

> *Не открывайте окна — могут налететь комары!..*
>
> *Звонят! Откройте дверь!..*

───── **ЗАПОМНИТЕ** ─────

«...А ларчик просто открывался!..» (И.А. Крылов) = У проблемы было простое решение, и не стоило ломать понапрасну голову.

 открывать(ся), открыть(ся) — закрывать(ся), закрыть(ся)

О

ОТМЕЧА́ТЬ(СЯ) нсв _____

*я отмеча́ю, ты отмеча́ешь, он, она, оно отме-
ча́ет(ся)...* наст. вр.

отме́тить(ся) св

*я отме́чу, ты отме́тишь, он, она, оно отме́-
тит(ся)...* буд. вр.

◆ отмечать, отметить + что? *(значение, праздник,
юбилей)*

> • Кто отметил + что?
>
> *Юбиляр отметил день своего рождения.*
> *Студент отметил в тексте незнакомые
> слова.*
> *Докладчик отметил, что проведение реформы
> системы образования представляет собой ак-
> туальную потребность времени.*

отме́ченный (-ая, -ое, -ые) страд. прич.

отме́чен (-а, -о, -ы) кр. ф. страд. прич.

> • Что (было) отмечено + что?
>
> *В докладе (было) отмечено, что в области
> образования проводятся важные реформы.*

отме́ть(те) пов. накл.

> *Отметьте в тексте наиболее важную для
> себя информацию.*

> ┌─────────── **ЗАПОМНИТЕ** ───────────┐
> │   **отмечать юбилей =**   │
> │   **праздновать юбилей**   │
> └──────────────────────────────────────┘

ОТПРАВЛЯ́ТЬ(СЯ) нсв _____

я отправля́ю(сь), ты отправля́ешь(ся)... наст. вр.

отпра́вить(ся) св

я отпра́влю(сь), ты отпра́вишь(ся)... буд. вр.

◆ отправлять, отправить + что? *(письмо)* + куда?
(в Москву) + кому? *(родителям)*

◆ отправиться + куда? *(в Москву)* + к кому? *(к родителям)*

> • Кто отправил + что? + кому? + куда?
>
> *Студент отправил письмо своим родителям
> в Москву.*

• Кто отправился + куда? + к кому?

Студент отправился к своим друзьям в общежитие.

отпра́вленный (-ая, -ое, -ые) страд. прич.

отпра́влен (-а, -о, -ы) кр. ф. страд. прич.

• Что (было) отправлено + куда?

Письмо (было) отправлено в Санкт-Петербург.

отпра́вь(те) пов. накл.

отправля́йся, отправля́йтесь пов. накл.

Если ты пойдёшь на почту, отправь, пожалуйста, моё письмо.

Немедленно отправляйтесь в школу!..

> «А мне всё равно куда и зачем, —
> Лишь бы отправиться в путь...»
>
> (Песня) 📖

 **отправлять, отправить —
посылать, послать**

ОТРАЖА́ТЬ(СЯ) нсв _____

я отража́ю(сь), ты отража́ешь(ся)... наст. вр.

отрази́ть(ся) св

я отражу́(сь), ты отрази́шь(ся)... буд. вр.

◆ отражать, отразить + что? *(лицо, фигуру человека, удар, типичные черты общества)*

◆ отражаться, отразиться + в чём? *(в зеркале, в воде, в литературном произведении)*

• Что отразило + что?

Зеркало отразило лицо и фигуру человека.

• Кто отразился + в чём?

Девушка отразилась в зеркале.

• Что отразился + в чём?

Небо с облаками отразилось в водной глади озера.

В романе отразились типичные черты дворянского общества XIX века.

отражённый (-ая, -ое, -ые) страд. прич.

отражён, отражена́ (-о́, -ы́) кр. ф. страд. прич.

> • Что (было) отражено + в чём?
>
> *В романе (были) отражены типичные черты*
> *дворянского общества XIX века.* =
> *В романе нашли своё отражение типичные*
> *черты дворянского общества XIX века.*

───── **ЗАПОМНИТЕ** ─────
> **Вратарь отразил удар.** =
> **Гол не был забит.**

ОТСТАВА́ТЬ нсв _____

> *я отстаю́, ты отстаёшь...* наст. вр.

отста́ть св

> *я отста́ну, ты отста́нешь...* буд. вр.

▪ отстать = оказаться позади других

♦ отставать, отстать + от кого? (от чего?)
(от товарищей, от поезда)

> • Кто отстал + от кого? (от чего?)
>
> *Спортсмен отстал от других спортсменов.*
> *Пассажир отстал от поезда.*
> *Студент долго болел и отстал от своих*
> *товарищей по группе.*
> *Страна отстала в экономическом отношении*
> *от наиболее развитых стран мира.*

отста́нь(те) пов. накл.

───── **ЗАПОМНИТЕ** ─────
> **Отстань! Ты мне безумно надоел!..** =
> **Я не хочу с тобой общаться!..**

  отставать, отстать — догонять, догнать,
обгонять, обогнать

ОТСТУПА́ТЬ нсв _____

> *я отступа́ю, ты отступа́ешь...* наст. вр.

отступи́ть св

> *я отступлю́, ты отсту́пишь...* буд. вр.

▪ отступить = буквально: сделать шаг назад

• Кто отступил + куда?
Армия отступила на заранее подготовленные позиции.

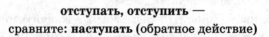

отступать, отступить —
сравните: **наступать** (обратное действие)

ОТСУ́ТСТВОВАТЬ нсв _____

я отсу́тствую, ты отсу́тствуешь... наст. вр.

▪ отсутствовать = не быть в наличии, находиться в отсутствии

♦ отсутствовать + где? *(на работе, на занятиях)*

• Кто отсутствует + где?
Студент отсутствует на занятиях.

отсутствовать — сравните:
присутствовать (противоположный признак)

ОХРАНЯ́ТЬ нсв _____

я охраня́ю, ты охраня́ешь... наст. вр.

▪ охранять = осуществлять охрану какого-либо лица или объекта

♦ охранять + что? (кого?) *(дворец, президента)*

• Кто охраняет + кого? (что?)
Гвардейцы охраняют дворец.
Мушкетёры охраняют короля.

ЗАПОМНИТЕ

телохранитель =
человек, который осуществляет
персональную охрану какого-либо важного
лица и несёт ответственность за его жизнь

 охранять — хранить — защищать

О

ОЦЕ́НИВАТЬ нсв _____

я оце́ниваю, ты оце́ниваешь... наст. вр.

оцени́ть св

я оценю́, ты оце́нишь... буд. вр.

▪ оценивать, оценить = назначать, назначить цену; определять, определить стоимость; ставить, поставить оценку

▪ оценить = дать принципиально высокую оценку кому-либо или чему-либо

♦ оценивать, оценить + что? *(картину, ответ студента на экзамене, подвиг, вклад в науку)*

> • Кто оценил + что? + как?
>
> *Специалист оценил картину в 15 тысяч рублей.*
>
> *Преподаватель оценил ответ студента на пять.*
>
> *Родина высоко оценила подвиг солдата и наградила его орденом.*
>
> *Коллеги по достоинству оценили вклад учёного в науку.*

оценённый (-ая, -ое, -ые) страд. прич.

оценён, оценена́ (-о́, -ы́) кр. ф. страд. прич.

> • Что было оценено + кем? + как?
>
> *Подвиг солдата был высоко оценён Родиной.*
>
> *Вклад учёного в науку был по достоинству оценён его коллегами.*

┌─────── ЗАПОМНИТЕ ───────┐
│ **оценить по достоинству =** │
│ **дать высокую оценку** │
└─────────────────────────┘

ОЧАРО́ВЫВАТЬ нсв _____

я очаро́вываю, ты очаро́вываешь... наст. вр.

очарова́ть св

я очару́ю, ты очару́ешь... буд. вр.

▪ очаровывать, очаровать = производить, произвести очень сильное, магическое, чарующее впечатление на кого-либо

♦ **очаровывать, очаровать + кого?** *(молодого человека, поэта, слушателей)*

> • Кто очаровал + кого?
>
> *Юная прекрасная девушка очаровала молодо-
> го человека.*
>
> *Чудесная природа очаровала поэта.*
>
> *Волшебная музыка очаровала слушателей.*

очаро́ванный (-ая, -ое, -ые) страд. прич. = им. прилаг.

очаро́ван (-а, -о, -ы) кр. ф. страд. прич.

очарова́тельный (-ая, -ое, -ые) им. прилаг.

> • Кто (был) очарован + кем?
>
> *Молодой человек (был) очарован юной пре-
> красной девушкой.*
>
> • Кто (был) очарован + чем?
>
> *Поэт (был) очарован чудесной природой.*
>
> *Слушатели (были) очарованы волшебной
> музыкой.*

> ☞ **очаровать** — сравните:
> **разочаровать** (противоположное действие)

> «Очаровательные глазки,
> Очаровали вы меня!..»
> (Городской романс)

ОШИБА́ТЬСЯ нсв _____

я ошиба́юсь, ты ошиба́ешься... наст. вр.

ошиби́ться св

я ошибу́сь, ты ошибёшься... буд. вр.

он оши́бся, она оши́блась, они оши́блись прош. вр.

▪ ошибаться, ошибиться = совершать, совершить;
допускать, допустить ошибку

♦ ошибаться, ошибиться + в чём? *(в расчётах)*

> • Кто ошибся + в чём?
>
> *Инженер-проектировщик ошибся в расчё-
> тах. = Инженер-проектировщик допустил
> ошибку в расчётах.*

---ЗАПОМНИТЕ---

Я не ошибусь, если скажу... —
деликатная форма выражения
собственной позиции

Не ошибается тот, кто ничего не делает.

(Народная мудрость)

На ошибках люди учатся.

(Народное наблюдение)

ПА́ДАТЬ нсв _____

я па́даю, ты па́даешь... наст. вр.

упа́сть св

я упаду́, ты упадёшь... буд. вр.

♦ падать, упасть + куда? *(на пол, на землю)*

> • Кто упал + куда?
>
> *Ребёнок упал на пол и немного ушибся.*
>
> • Что упало + куда? + откуда?
>
> *С дерева на землю упало яблоко.*

(не) па́дай(те) пов. накл.; нсв

(не) упади́(те) пов. накл.; св

> *Держись крепче! Не падай!..*
>
> *На улице очень скользко — смотри не упади!*

☞ **пасть** — устаревшее; современное значение:
опуститься в нравственном отношении,
потерять человеческий облик

---ЗАПОМНИТЕ---

Он упал на моих глазах. =
Это случилось в присутствии рассказчика,
который стал очевидцем происшедшего.

Он упал (= пал) в моих глазах. =
Человек, о котором идёт речь,
окончательно потерял для рассказчика
авторитет и уважение.

> «Упал он больно, встал здорово…»
> (А.С. Грибоедов, «Горе от ума»)
>
> «Паду ли я, стрелой пронзённый?
> Иль мимо пролетит она?..»
> (А.С. Пушкин, «Евгений Онегин»)
>
> «Я пал, чтоб встать!..»
> (У. Шекспир, «Гамлет»)

ПАКОВА́ТЬ нсв _____

я паку́ю, ты паку́ешь… наст. вр.

■ паковать = убирать вещи в чемодан или сумку

упакова́ть св

я упаку́ю, ты упаку́ешь… буд. вр.

упако́вывать нсв

я упако́вываю, ты упако́вываешь… буд. вр.

♦ паковать, упаковать + что? *(вещи)* + куда?
(в чемодан, в сумку)

> • Кто упаковал + что? (+ куда?)
> *Туристы упаковали свои вещи в чемоданы и сумки и отправились на вокзал.*

упако́ванный (-ая, -ое, -ые) страд. прич.

упако́ван (-а, -о, -ы) кр. ф. страд. прич.

> • Что (было) упаковано + куда?
> *Вещи (были) упакованы в чемоданы и сумки, и туристы отправились на вокзал.*

упаку́й(те) пов. накл.

> *Упакуйте свои вещи и отправляйтесь на вокзал.*

ПЕРЕВОДИ́ТЬ нсв _____

я перевожу́, ты перево́дишь… наст. вр.

перевести́ св

я переведу́, ты переведёшь… буд. вр.

он перевёл, она перевела́, они перевели́ прош. вр.

♦ переводить, перевести + что? *(текст, статью, роман)* + с какого языка? *(с английского)* + на какой язык? *(на русский)*

• Кто переводит (перевёл) + что? + с какого языка? + на какой (язык)?

Переводчик переводит (перевёл) зарубежный роман с английского языка на русский (язык).

переведённый (-ая, -ое, -ые) страд. прич.

переведён, переведена́ (-ó, -ы́) кр. ф. страд. прич.

• Что (было) переведено + кем?

Роман (был) переведён переводчиком.

переведи́(те) пов. накл.

Переведите мне, пожалуйста, что говорит американский президент.

 переводить, перевести — водить, вести

ПЕРЕЕЗЖА́ТЬ нсв _____

я переезжа́ю, ты переезжа́ешь... наст. вр.

перее́хать св

я перее́ду, ты перее́дешь... буд. вр.

▪ переезжать, переехать = менять, поменять место жительства

◆ переезжать, переехать (+ откуда?) + куда? *(на другую квартиру, в другой город)*

• Кто переехал + откуда? + куда?

Семья переехала с одной квартиры на другую.

В 1918-ом году советское правительство переехало из Петрограда в Москву.

 переезжать, переехать — переходить, перейти

➤ см. также **ЕЗДИТЬ, ЕХАТЬ**

ПЕРЕХОДИ́ТЬ нсв _____

я перехожу́, ты перехо́дишь... наст. вр.

перейти́ св

я перейду́, ты перейдёшь... буд. вр.

▪ переходить, перейти = менять, поменять местонахождение

■ **переходить, перейти** = менять, поменять место работы или учёбы

♦ **переходить, перейти** (+ откуда?) + куда?
(на другую сторону улицы, на другую работу)

> • Кто перешёл + откуда? + куда?
>
> *Пешеход перешёл с одной стороны улицы на другую.*
>
> *Рабочий перешёл с одного завода на другой.*
>
> *Студент перешёл с восточного факультета на филологический.*
>
> *Туристы перешли с одного берега реки на другой по новому мосту.*

(не) переходи́(те) пов. накл.; нсв

перейди́(те) пов. накл.; св

> *Не переходите улицу на красный сигнал светофора!*
>
> *Перейди через мост — и попадёшь на другой берег реки.*

➢ см. также **ХОДИТЬ, ИДТИ**

ПЕТЬ нсв _____

> *я пою́, ты поёшь...* наст. вр.

спеть св

> *я спою́, ты споёшь...* буд. вр.

■ **спеть** = закончить петь

■ **запеть** = начать петь

♦ **петь, запеть, спеть** + что? *(песню, романс)*

> • Кто спел + что?
>
> *Известный певец спел свою любимую песню.*
>
> *Молодая певица с большим чувством спела цыганский романс.*

спе́тый (-ая, -ое, -ые) страд. прич.

спет (-а, -о, -ы) кр. ф. страд. прич.

> • Что (было) спето + кем?
>
> *Популярная песня (была) спета (= исполнена) известным певцом.*
>
> *Цыганский романс (был) спет (= исполнен) молодой певицей.*

П

(с)пóй(те) пов. накл.

| *Спойте нам что-нибудь, пожалуйста!..*

> ──── **ЗАПОМНИТЕ** ────
> **Его песенка спета!** =
> Его дела безнадёжно плохи,
> время его успехов прошло.
>
> **Рано пташечка запела, как бы
> кошечка не съела!..**
>
> (Поговорка)

> «Пой, ласточка, пой!
> Пой, не умолкай!..»
>
> (Романс)
>
> «Спой мне песню, как девица
> За водой поутру шла...»
>
> (А.С. Пушкин, «Зимний вечер»)
>
> «Споёмте, друзья, ведь завтра в поход...»
>
> (А. Чуркин)

ПЕЧÁТАТЬ нсв _____

я печáтаю, ты печáтаешь... наст. вр.

напечáтать св

я напечáтаю, ты напечáтаешь... буд. вр.

▪ печатать, напечатать = набирать, набрать текст на пишущей машинке, на компьютере

▪ печатать, напечатать = издавать, издать журнал, книгу, роман

♦ печатать, напечатать + что? *(текст, книгу)*

   • Кто напечатал + что?

Машинистка напечатала (= набрала) текст диссертации на пишущей машинке.
Издательство «Златоуст» напечатало (= издало) новое учебное пособие для иностранцев.
Учёный напечатал (= опубликовал) в научном журнале свою научную статью.

напеча́танный (-ая, -ое, -ые) страд. прич.

напеча́тан (-а, -о, -ы) кр. ф. страд. прич.

> • Что (было) напечатано + где?
>
> *Текст диссертации (был) напечатан на пишущей машинке.*
>
> *Учебное пособие (было) напечатано в издательстве «Златоуст».*
>
> *Статья учёного (была) напечатана в научном журнале.*

(на)печа́тай(те) пов. накл.

> *Напечатай, пожалуйста, текст моего выступления.*

печатать, напечатать — публиковать, опубликовать

ПИСА́ТЬ нсв _____

я пишу́, ты пи́шешь... наст. вр.

написа́ть св

я напишу́, ты напи́шешь... буд. вр.

◆ писать, написать + что? *(письмо, записку, заявление, книгу, стихи)* + кому? *(родителям, другу, директору)*

> • Кто написал + что? + кому?
>
> *Сын написал письмо родителям.*
>
> *Студентка написала записку подруге.*
>
> *Инженер написал заявление директору.*
>
> *Известный писатель написал новый роман.*

напи́санный (-ая, -ое, -ые) страд. прич.

напи́сан (-а, -о, -ы) кр. ф. страд. прич.

> • Что (было) написано + кем?
>
> *Письмо (было) написано сыном.*
>
> *Записка (была) написана студенткой.*
>
> *Роман (был) написан известным писателем.*

(на)пиши́(те) пов. накл.

> *Пишите грамотно!*
>
> *Напиши мне подробное письмо.*

П

«И славно пишет, переводит...»
«...и говорит, как пишет!..»
(А.С. Грибоедов, «Горе от ума»)

➢ см. также **ЗАПИСЫВАТЬ, ПОДПИСЫВАТЬ**

ПИТЬ нсв
  я пью, ты пьёшь... наст. вр.
попи́ть св
  я попью, ты попьёшь... буд. вр.
вы́пить св
  я вы́пью, ты вы́пьешь... буд. вр.
выпива́ть нсв
  я выпива́ю, ты выпива́ешь... наст. вр.
▪ выпивать, выпить = принимать, принять дозу
алкоголя
♦ пить + что? *(воду, молоко, вино)*
♦ попить, выпить + чего? *(воды, молока, вина)*

> • Кто пьёт + что?
> *Туристы пьют воду.*
> *Ребёнок пьёт молоко.*
> *Пьяница пьёт вино.*

(по)пе́й(те) пов. накл.; нсв
(вы́)пей(те) пов. накл.; св

> *Пейте и кушайте, господа!..*
> *Если вы икаете, попейте воды.*
> *Если вы плохо себя чувствуете, выпейте*
> *лекарство.*

═══ **ЗАПОМНИТЕ** ═══
Он любит выпить. =
Он часто употребляет спиртные напитки.

«Пей вино из полных чар!..»
(Гусарская застольная песня)

«Выпьем, добрая подружка
Бедной юности моей,
Выпьем с горя, где же кружка?
Сердцу станет веселей...»
(А.С. Пушкин, «Зимний вечер»)

ПЛА́ВАТЬ нсв

я пла́ваю, ты пла́ваешь... наст. вр.

▪ плавать = передвигаться по воде в разных направлениях

♦ плавать + как? *(хорошо, плохо, вольным стилем, кролем, брассом)*

♦ плавать + где? *(в море, в реке, в озере, в бассейне)*

ПЛЫТЬ нсв

я плыву́, ты плывёшь... наст. вр.

▪ плыть = передвигаться по воде в одном определён-ном направлении

♦ плыть + куда? *(к берегу, в открытое море)*

ПОПЛЫ́ТЬ св

я поплыву́, ты поплывёшь... буд. вр.

• Кто плавает + как?

Мальчик хорошо плавает, а девочка плавает плохо.

• Кто плавает + где?

Мальчик плавает в море, а девочка плавает в озере.

• Кто плывёт + куда?

Спортсмен быстро плывёт к финишу.

Корабль плывёт в открытое море.

ПЛЫВИ́(ТЕ) пов. накл.

Плывите скорее сюда!..

ЗАПОМНИТЕ

Студент «плавает» на экзамене. =
Студент плохо знает предмет и
отвечает очень неуверенно.

«Плывёт, качаясь, лодочка
По Яузе-реке...»
(Городской романс)

П

ПЛА́КАТЬ нсв _____

я пла́чу, ты пла́чешь... наст. вр.

запла́кать св

я запла́чу, ты запла́чешь... буд. вр.

> • Кто заплакал?
> У ребёнка сломалась любимая игрушка, и он горько заплакал.

(не) пла́чь(те) пов. накл.

> *Не плачь — всё будет хорошо!..*

> «Над печалью нив твоих заплачу,
> Твой простор навеки полюблю...»
>> (А.А. Блок, «Осенняя воля»)
>
> «Не жалею, не зову, не плачу,
> Всё пройдёт, как с белых яблонь дым...»
>> (С.А. Есенин)
>
> «Плачет где-то иволга, схоронясь в дупло...
> Только мне не плачется — на душе светло!..»
>> (С.А. Есенин)
>
> «Не плачь, девчонка!
> Пройдут дожди.
> Солдат вернётся!
> Ты только жди!..»
>> (Солдатская песня)

ПЛАТИ́ТЬ нсв _____

я плачу́, ты пла́тишь... наст. вр.

заплати́ть св

я заплачу́, ты запла́тишь... буд. вр.

◆ платить, заплатить + за что? *(за покупку, за учёбу, за работу, за проезд в транспорте)* + сколько (денег)? *(100 рублей)* + кому? (куда?) *(продавцу, в кассу)*

оплати́ть св

я оплачу́, ты опла́тишь... буд. вр.

опла́чивать нсв

я опла́чиваю, ты опла́чиваешь... наст. вр.

П

♦ **оплачивать, оплатить** + что? *(счета, проезд в транспорте, обучение)*

> • Кто заплатил + кому? + за что? + сколько?
> *Покупатель заплатил продавцу за покупку 100 рублей.*
> *Пассажир заплатил кондуктору за проезд 5 рублей.*
> • Кто оплатил + что?
> *Покупатель оплатил покупку в кассе.*
> *Пассажир оплатил проезд в автобусе.*

опла́ченный (-ая, -ое, -ые) страд. прич.

опла́чен (-а, -о, -ы) кр. ф. страд. прич.

> • Что (было) оплачено + кем?
> *Покупка (была) оплачена покупателем.*
> *Проезд в автобусе (был) оплачен пассажиром.*

(за)плати́(те) пов. накл.

опла́чивай(те) пов. накл.

> *Платите в кассу.*
> *Граждане пассажиры, оплачивайте проезд!*

ЗАПОМНИТЕ

платить, заплатить по счетам =
нести ответственность за собственные поступки

заплатить за проезд — сравните:
оплатить проезд

зарплата =
заработная плата, плата за работу

«Когда я плачу́, я пла́чу...»
(Шутка)

«А у меня всё схвачено!..
За всё заплачено!..»
(Шуточная песенка)

ПЛЫТЬ — см. ПЛАВАТЬ

ПОБЕЖДА́ТЬ нсв _____

я побежда́ю, ты побежда́ешь... наст. вр.

победи́ть св

ты победи́шь, он победи́т... буд. вр.

▪ побеждать, победить = одерживать, одержать победу над кем-либо, чем-либо

♦ побеждать, победить + кого? *(врага, противника)*

> • Кто победил + кого?
>
> *Во время Великой Отечественной войны
> русская армия победила гитлеровскую армию.
> Сборная России победила своих соперников.*
>
> • Кто одержал победу + над кем?
>
> *Русская армия одержала победу над гитлеров-
> ской армией.
> Сборная России одержала победу над своими
> соперниками.*

побеждённый (-ая, -ое, -ые) страд. прич.

побеждён, побеждена́ (-о́, -ы́) кр. ф. страд. прич.

> • Кто (был) побеждён + кем?
>
> *Гитлеровская армия была побеждена русской
> армией.
> Соперники были побеждены сборной России.*

---ЗАПОМНИТЕ---
**победить болезнь =
выздороветь**

«...Мы победили, и враг
бежит, бежит, бежит!..»
(Русская старинная военная песня) 📖

ПОВТОРЯ́ТЬ(СЯ) нсв _____

я повторя́ю(сь), ты повторя́ешь(ся)... наст. вр.

повтори́ть(ся) св

я повторю́(сь), ты повтори́шь(ся)... буд. вр.

▪ повторять, повторить = делать, сделать что-либо
ещё раз

▪ повторять, повторить = делать, сделать что-либо во второй раз

▪ повторяться, повториться = произойти, случиться во второй раз

◆ повторять, повторить + что? *(правило, успех)*

> • Кто повторил + что?
>
> *Ученик повторил правило по грамматике.*
> *Спортсмен повторил свой успех на прошло-*
> *годних соревнованиях.* (= Спортсмен снова
> выступил успешно.)
>
> • Что повторилось + когда?
>
> *На соревнованиях повторилась прошлогодняя*
> *история.* (= Всё случилось, как в прошлом
> году.)

повторя́й(те) пов. накл.; нсв

повтори́(те) пов. накл.; св

> *У тебя завтра экзамен — ещё раз повтори*
> *правила по грамматике.*
> *Я не расслышал, что вы сказали... Повтори-*
> *те, пожалуйста, ещё раз.*

─────── **ЗАПОМНИТЕ** ───────

> **Повторение — мать учения.**
>
> (Поговорка)

> «...И повторится всё, как встарь:
> Ночь, ледяная рябь канала,
> Аптека, улица, фонарь».
>
> (А.А. Блок)

ПОГИБА́ТЬ нсв _____

> *я погиба́ю, ты погиба́ешь...* наст. вр.

поги́бнуть св

> *я поги́бну, ты поги́бнешь...* буд. вр.
> *он поги́б, она поги́бла...* прош. вр.

▪ погибать, погибнуть = разрушаться, разрушиться;
умирать, умереть насильственным путём

П

• Кто погиб + отчего? (при каких обстоятельствах?)

Солдат погиб в бою.

Во Второй Мировой войне погибло 55 миллионов человек.

В блокаду в Ленинграде от голода погибло более полумиллиона человек.

• Что погибло + отчего? (при каких обстоятельствах?)

При пожаре погибла вся библиотека.

─ЗАПОМНИТЕ─

Сам погибай, а товарища выручай!

(Жизненный принцип)

➤ см. также **ГИБНУТЬ**

ПОДНИМА́ТЬ(СЯ) нсв _____

я поднима́ю(сь), ты поднима́ешь(ся)... наст. вр.

подня́ть(ся) св

я подниму́(сь), ты подни́мешь(ся)... буд. вр.

▪ поднимать = перемещать что-либо вверх

♦ поднимать, поднять + что? (кого?) *(руку, чемодан, груз)*

▪ подниматься = двигаться вверх

♦ подниматься, подняться + куда? *(вверх, в небо)* + на чём? *(на лифте, на воздушном шаре)* + по чему? *(по лестнице, по склону горы)*

• Кто поднял + что?

Студент был готов ответить на вопрос преподавателя и поднял вверх руку.

Штангист поднял над головой тяжёлую штангу.

Пассажир поднял с земли свой чемодан и пошёл к поезду.

• Кто поднимается + куда? + на чём? (по чему?)

Пассажиры поднимаются вверх по трапу самолёта.

Жильцы дома поднимаются на лифте.

Воздушный шар поднимается в небо.

П

по́днятый (-ая, -ое, -ые) страд. прич.

по́днят (-а, -о, -ы) кр. ф. страд. прич.

> • Что (было) поднято + кем? + куда?
>
> *Штанга была поднята штангистом.*

поднима́й(ся), поднима́йте(сь) пов. накл.; нсв

подними́(те)(сь) пов. накл.; св

> *Груз очень тяжёлый — поднимайте осторожно.*
>
> *Садитесь в лифт и поднимайтесь к себе в номер.*
>
> *Поднимите руку, кто знает ответ на этот вопрос.*
>
> *На улице сильный ветер — подними воротник.*

—**ЗАПОМНИТЕ**—

Докладчик в своём выступлении поднял ряд очень важных проблем.

У больного поднялась температура.

На улице поднялся сильный ветер.

**поднимать(ся), поднять(ся) —
опускать(ся), опустить(ся)**

ПОДОЗРЕВА́ТЬ нсв _____

я подозрева́ю, ты подозрева́ешь... наст. вр.

заподо́зрить св

я заподо́зрю, ты заподо́зришь... буд. вр.

▪ заподозрить = начать подозревать

♦ подозревать, заподозрить + кого? *(человека)*
+ в чём? *(в совершении преступления)*

подозрева́емый (-ая, -ое, -ые) страд. прич. нсв наст. вр.

> • Кто подозревает (подозревал) + кого? + в чём?
>
> *Следователь подозревает (подозревал) подследственного в совершении тяжкого преступления.*
>
> • Кто заподозрил + кого? + в чём? (в каком преступлении?)
>
> *Следователь Порфирий Петрович заподозрил Родиона Раскольникова в убийстве старухи-процентщицы.*

П

заподо́зренный (-ая, -ое, -ые) страд. прич. св прош. вр.
заподо́зрен (-а, -о, -ы) кр. ф. страд. прич.

> • Кто (был) заподозрен + в чём?
>
> *Родион Раскольников (был) заподозрен*
> *следователем в убийстве. =*
> *Родион Раскольников находился под подозрением*
> *в совершении убийства.*

☞ **подозреваемый =**
человек, который находится под подозрением,
которого подозревают в совершении преступления

—ЗАПОМНИТЕ—
подозрительный тип =
человек, который не внушает доверия

ПОДПИ́СЫВАТЬ(СЯ) нсв _____

я подпи́сываю(сь), ты подпи́сываешь(ся)... наст. вр.
подписа́ть(ся) св

я подпишу́(сь), ты подпи́шешь(ся)... буд. вр.
▪ подписывать(ся), подписать(ся) = поставить свою
подпись, удостоверяющую личность и правомочность документа

♦ подписывать, подписать + что? (*письмо, записку,*
документ, договор, контракт)

♦ подписываться, подписаться + под чем? (*под пись-*
мом, под запиской, под документом, под договором, под
контрактом)

> • Кто подписал + что?
>
> *Девушка подписала свою записку.*
> *Предприниматели подписали контракт.*

подпи́санный (-ая, -ое, -ые) страд. прич.
подпи́сан (-а, -о, -ы) кр. ф. страд. прич.

> • Что (было) подписано + кем?
>
> *Заявление было подписано студентом.*
> *Договор (был) подписан участниками перего-*
> *воров.*

• Кто подписался + под чем?

Студент подписался под заявлением декану.
Участники переговоров подписались под
договором.

(не) подпи́сывайся, подпи́сывайтесь пов. накл.; нсв
подпиши́(те)(сь) пов. накл.; св

Не подписывай документ, не прочитав его!..
Подпишите, пожалуйста, вашу анкету.
Подпишитесь, пожалуйста!..

───── **ЗАПОМНИТЕ** ─────

Мне нужна ваша подпись.

**Я готов подписаться под каждым
вашим словом! —**
экспрессивная форма выражения
полного согласия с собеседником

«...А у меня, что дело, что не дело,
Обычай мой такой:
Подписано, так с плеч долой...»

(А.С. Грибоедов, «Горе от ума»)

➢ см. также **ПИСАТЬ**

ПО(Д)СТРИГА́ТЬ(СЯ) нсв _____

я по(д)стрига́ю(сь), ты по(д)стрига́ешь(ся)...
наст. вр.

☞ подстригать(ся), подстричь(ся) =
постригать(ся), постричь(ся)

по(д)стри́чь(ся) св

я по(д)стригу́(сь), ты по(д)стрижёшь(ся)...
буд. вр.

▪ по(д)стригать(ся), по(д)стричь(ся) = делать, сделать
стрижку, причёску

◆ по(д)стригать, по(д)стричь + что? *(волосы, розы)*
◆ по(д)стригаться, по(д)стричься + где? *(в парик-
махерской)*

> • Кто по(д)стриг + что?
>
> *Девушка постригла свои длинные волосы.*
> *Садовник аккуратно подстриг розы в саду.*
>
> • Кто по(д)стригся + где?
>
> *В парикмахерской девушка по(д)стриглась и*
> *сделала себе новую причёску.*

по(д)стри́женный (-ая, -ое, -ые) страд. прич.

по(д)стри́жен (-а, -о, -ы) кр. ф. страд. прич.

> • Что (было) по(д)стрижено + кем?
>
> *Волосы у девушки (были) коротко постри-*
> *жены.*
> *Розы в саду (были) аккуратно подстрижены*
> *садовником.*

(не) подстрига́й(ся), подстрига́йте(сь) пов. накл.; нсв

по(д)стриги́(те)(сь) пов. накл.; св

> *Не подстригайся — тебе идут длинные*
> *волосы!*
> *Постригись! Ты зарос, как дикобраз!..*
> *Подстригите меня, пожалуйста, покороче...*

☞
постричься =
принять постриг, уйти в монахи

«Вот мой Онегин на свободе —
Острижен по последней моде...»
(А.С. Пушкин) 📖

ПОДТВЕРЖДА́ТЬ нсв _____

я подтвержда́ю, ты подтвержда́ешь... наст. вр.

подтверди́ть св

я подтвержу́, ты подтверди́шь... буд. вр.

■ подтверждать, подтвердить = удостоверить правильность информации или выразить своё согласие с выс-
казанной точкой зрения

♦ подтверждать, подтвердить + что? *(информацию,*
мнение) + чем? *(фактами)*

• Кто подтвердил + что?

Студент подтвердил сказанное его прияте-
лем.

Учёный подтвердил правомерность выдвину-
той гипотезы.

Пассажир подтвердил, что он вылетает
именно этим рейсом.

• Что подтвердило + что?

Результаты следствия подтвердили справед-
ливость подозрений следователя.

подтверждённый (-ая, -ое, -ые) страд. прич.
подтверждён, подтверждена́ (-о́, -ы́) кр. ф. страд. прич.

• Что (было) подтверждено + чем?

Справедливость подозрений следователя
(была) подтверждена результатами след-
ствия.

подтверди́(те) пов. накл.

Подтвердите точность сделанного вами
заявления.

Подтвердите дату своего вылета.

ПОДЧЁРКИВАТЬ нсв _____

я подчёркиваю, ты подчёркиваешь... наст. вр.
подчеркну́ть св

я подчеркну́, ты подчеркнёшь... буд. вр.

▪ подчёркивать, подчеркнуть = буквально: провести линию под наиболее важной частью текста; переносное: выделить каким-либо образом важную часть ин-
формации

◆ подчёркивать, подчеркнуть + что? *(важное слово,*
важную часть теста, важную мысль)

• Кто подчеркнул + что? + где? (+ когда?)

В своём выступлении докладчик подчеркнул
важность обсуждаемой проблемы.

• Что подчёркивалось + где? (+ когда?)

В выступлении докладчика подчёркивалась
важность обсуждаемой проблемы.

подчёркнутый (-ая, -ое, -ые) страд. прич.

П

подчёркнут (-а, -о, -ы) кр. ф. страд. прич.

> • Что (было) подчёркнуто + где? (+ когда?)
>
> *Во время выступления докладчика (была) под-*
> *чёркнута важность обсуждаемой проблемы.*

подчеркни́(те) пов. накл.

> *Прочитайте текст и подчеркните в нём*
> *незнакомые слова.*

---ЗАПОМНИТЕ---
нужное подчеркнуть

(Из анкеты)

подчёркивать, подчеркнуть —
зачёркивать, зачеркнуть

➢ см. также **ЧЕРТИТЬ**

ПОЗДРАВЛЯ́ТЬ нсв _____

я поздравля́ю, ты поздравля́ешь... наст. вр.

поздра́вить св

я поздра́влю, ты поздра́вишь... буд. вр.

♦ поздравлять, поздравить + кого? *(мать, отца, дру-*
га, подругу, профессора) + с чем? *(с праздником, с днём*
рождения, с Новым годом)

> • Кто поздравляет + кого? + с чем? (с каким
> праздником?)
>
> *Сын поздравляет родителей с праздником.*
> *Студент поздравляет друга с днём рождения.*
> *Студенты поздравляют профессора с Новым*
> *годом.*

поздра́вь(те) пов. накл.

> *Поздравь меня — я получил на экзамене пятёрку!*
> *Поздравьте свою учительницу — у неё сегодня*
> *юбилей!..*

---ЗАПОМНИТЕ---
Дорогой друг!
Поздравляю тебя с днём рождения!
Желаю тебе крепкого здоровья,
успехов в учёбе и большого личного счастья!

(Текст поздравительной открытки)

ПОЙМА́ТЬ св _____

я пойма́ю, ты пойма́ешь... буд. вр.

▪ поймать = удачно завершить процесс действия, которое обозначается глаголом «ловить»

♦ поймать + кого? (что?) *(животное, птицу, насеко-мое; преступника; удачу)*

> • Кто поймал + кого?
> *Охотник в лесу поймал лису.*
> *Знаменитый сыщик Шерлок Холмс поймал преступника.*

по́йманный (-ая, -ое, -ые) страд. прич.
по́йман (-а, -о, -ы) кр. ф. страд. прич.

> • Кто (был) пойман + кем?
> *Лиса (была) поймана охотником.*
> *Преступник (был) пойман знаменитым сыщиком Шерлоком Холмсом.*

пойма́й(те) пов. накл.

> *Попробуй поймай меня!*
> *Поймай свою удачу за хвост!*

---ЗАПОМНИТЕ---

Не пойман — не вор! (Поговорка) =
Нельзя обвинять человека, если у тебя нет достаточных доказательств.

«Рыбачок, рыбачок!
Не поймаешь на крючок!..»
(Детский стишок)

➤ см. также **ЛОВИТЬ**

ПОКА́ЗЫВАТЬ нсв _____

я пока́зываю, ты пока́зываешь... наст. вр.

показа́ть св

я покажу́, ты пока́жешь... буд. вр.

▪ показывать = демонстрировать

♦ показывать, показать + что? *(картину, достоприме-чательности, город, покупку)* + кому? *(туристам, друзьям)*

> • Кто показал + что? + кому?
> *Экскурсовод показал туристам городские*
> *достопримечательности.*
> *Художник показал посетителям выставки*
> *свои последние картины.*

пока́занный (-ая, -ое, -ые) страд. прич.

пока́зан (-а, -о, -ы) кр. ф. страд. прич.

> • Что (было) показано + кем?
> *Городские достопримечательности (были)*
> *показаны туристам экскурсоводом.*
> *Новые картины (были) показаны художником.*

(не) пока́зывай(те) пов. накл.; нсв

покажи́(те) пов. накл.; св

> *Никому не показывай свои личные письма.*
> *Покажите ваш пропуск, пожалуйста!..*

ПОКА́ЗЫВАТЬСЯ нсв _____

он, она, оно пока́зывается, они пока́зываются...
наст. вр.

показа́ться св

он, она, оно пока́жется, они пока́жутся... буд. вр.

■ показываться, показаться = появляться, появиться

> • Что показалось + где? (откуда?)
> *На ночном небе из-за туч показалась луна.*

■ показаться = представить несуществующий образ,
вызвать ложные ассоциации, галлюцинацию;
заставить увидеть и услышать то, чего не было на
самом деле

> • Что показалось + кому?
> *Человеку показалось, что кто-то вошёл в*
> *комнату. Он обернулся, но ничего не увидел.*

---ЗАПОМНИТЕ---
Мало не покажется! —
форма угрозы по поводу предпринимаемого
действия

➤ см. также **КАЗАТЬСЯ**

ПОКИДА́ТЬ нсв _____

я покида́ю, ты покида́ешь... наст. вр.

поки́нуть св

я поки́ну, ты поки́нешь... буд. вр.

▪ покидать, покинуть — более экспрессивное, чем «уйти» или «уехать»

♦ покидать, покинуть + что? (кого?) *(город, пристань, родину, отчий дом; родных, близких)*

> • Кто покинул + что? (кого?)
>
> *Сын покинул отчий дом.*
>
> *Сын покинул своих родителей в поисках заработка.*
>
> *Эмигрант покинул родину.*

поки́нутый (-ая, -ое, -ые) страд. прич.

поки́нут (-а, -о, -ы) кр. ф. страд. прич.

> • Что (было) покинуто + кем?
>
> *Отчий дом (был) покинут сыном.*

(не) покида́й(те) пов. накл.; нсв

поки́нь(те) пов. накл.; св

> *Не покидайте своих родных!*
>
> *Немедленно покиньте помещение!..*

 покидать, покинуть — оставлять, оставить

ПОКУПА́ТЬ нсв _____

я покупа́ю, ты покупа́ешь... наст. вр.

купи́ть св

я куплю́, ты ку́пишь... буд. вр.

♦ покупать, купить + что? *(продукты, товары, цветы, дом, машину, акции)* + кому? *(родителям, другу)* + для кого? *(для родителей, для друга)*

> • Кто купил + что? + где? + кому? (для кого?)
>
> *Сын купил в магазине подарки своим родителям.*
>
> *За границей сын купил сувениры для своих родителей.*

ку́пленный (-ая, -ое, -ые) страд. прич.

ку́плен (-а, -о, -ы) кр. ф. страд. прич.

> • Что (было) куплено + кем? + для кого?
> *Сувениры (были) куплены сыном для его родителей.*

(не) покупа́й пов. накл.; нсв

купи́ пов. накл.; св

> *Покупайте лотерейные билеты!*
> *Не покупай много фруктов — они могут испортиться...*
> *Если ты пойдёшь в магазин, купи мне, пожа-луйста, батон и бутылку минеральной воды.*

 покупать, купить — продавать, продать

ЗАПОМНИТЕ

покупатель =
человек, который приобретает что-либо
за деньги

покупка =
товар, приобретённый за деньги

Благодарим за покупку!

(Надпись на чеке)

«Он отправился в буфет
Покупать себе билет,
А потом помчался в кассу
Покупать бутылку квасу!..»

(С.Я. Маршак, «Вот какой рассеянный»)

➤ см. также **КУПИТЬ**

ПОЛУЧА́ТЬ нсв _____

я получа́ю, ты получа́ешь... наст. вр.

получи́ть св

я получу́, ты полу́чишь... буд. вр.

◆ получать, получить + что? *(письмо, телеграмму, стипендию, зарплату, пенсию)* + от кого? *(от сына, от государства)*

• Кто получил + что?

Студент получил стипендию.

Рабочий получил зарплату.

Пенсионер получил пенсию.

Журналист получил свежую информацию.

• Кто получил + что? + от кого?

Родители получили письмо от сына.

полу́ченный (-ая, -ое, -ые) страд. прич.

полу́чен (-а, -о, -ы) кр. ф. страд. прич.

• Что (было) получено + кем?

Стипендия получена студентом.

Зарплата получена рабочим.

Пенсия получена пенсионером.

Свежая информация получена журналистом.

• Что (было) получено + от кого?

Письмо (было) получено от сына.

получи́(те) пов. накл.

— *Ты ещё не получал стипендию?*

— *Нет, не получал...*

— *Иди, получи!..*

получаться, получиться —
близкое по значению к «случаться»;
о результате, который был достигнут
(часто помимо воли говорящего)
...Я не знаю, как это так получилось!..
У меня никогда ничего не получается!..

«— Разрешите обратиться,
Получите два рубля!..»
(С.В. Михалков, «Дядя Стёпа»)

получать, получить —
посылать, послать —
отправлять, отправить

П

ПÓЛЬЗОВАТЬСЯ нсв _____

я пóльзуюсь, ты пóльзуешься... наст. вр.

воспóльзоваться св

я воспóльзуюсь, ты воспóльзуешься... буд. вр.

▪ пользоваться = использовать какой-либо инструмент или аппарат по его прямому назначению

▪ воспользоваться = единожды использовать какой-либо инструмент или аппарат по его прямому назначению

◆ (вос)пользоваться + чем? *(ручкой, телефоном, кремом, помадой)*

> • Кто пользуется + чем?
>
> *Директор фирмы для связи пользуется мобильным телефоном.*
>
> *Молодая девушка не пользуется губной помадой.*

━━━ ЗАПОМНИТЕ ━━━

**воспользоваться случаем =
не упустить свой шанс**

**«Разрешите воспользоваться
вашим телефоном...»**

➢ см. также **ИСПОЛЬЗОВАТЬ**

ПОМЕЩÁТЬ(СЯ) нсв _____

я помещáю(сь), ты помещáешь(ся)... наст. вр.

помести́ть св

я помещу́(сь), ты помести́шь(ся)... буд. вр.

▪ помещать, поместить = найти место для чего-либо где-либо

◆ помещать, поместить + что? *(чемодан)* + куда? *(в шкаф)*

▪ помещаться = находиться, располагаться

▪ (не) помещаться, поместиться = для чего-либо (кого-либо) достаточно (недостаточно) места внутри какого-либо замкнутого пространства

◆ помещаться, поместиться + где? *(в чемодане)*

П

> • Кто поместил + что? + куда?

Турист поместил свой чемодан в стенной шкаф.

помещённый (-ая, -ое, -ые) страд. прич.

помещён, помещена́ (-о́, -ы́) кр. ф. страд. прич.

> • Что (было) помещено + куда?

Чемодан (был) помещён в стенной шкаф.

> • Что не помещается + где?

*Все вещи не поместились в чемодане —
пришлось брать ещё и сумку.*

> • Что помещается + где?

Деканат помещается на втором этаже.
*(= Деканат находится на втором этаже. =
Деканат расположен на втором этаже.)*

ПО́МНИТЬ нсв

я по́мню, ты по́мнишь... наст. вр.

☞
> помнить, запомнить, запоминать —
> вспомнить, вспоминать —
> напомнить, напоминать

запо́мнить св

я запо́мню, ты запо́мнишь... буд. вр.

▪ помнить, запомнить = хранить, сохранить в памяти определённую информацию

♦ помнить, запомнить + что? *(иностранные слова, стихи, номер телефона)*

запомина́ть нсв

я запомина́ю, ты запомина́ешь... наст. вр.

▪ запоминать, запомнить = фиксировать, зафиксировать в памяти определённую информацию

♦ запоминать, запомнить + что? *(адрес, номер телефона)*

вспо́мнить св

я вспо́мню, ты вспо́мнишь... буд. вр.

вспомина́ть нсв

я вспомина́ю, ты вспомина́ешь... наст. вр.

П

▪ **вспоминать, вспомнить** = восстанавливать, восстановить в памяти забытую информацию

♦ **вспоминать, вспомнить** + что? *(детство, номер телефона)*

напóмнить св

я напóмню, ты напóмнишь... буд. вр.

напоминáть нсв

я напоминáю, ты напоминáешь... наст. вр.

▪ **напоминать, напомнить** = помогать, помочь кому-либо восстанавливать (восстановить) забытую информацию; ассоциироваться с чем-либо или с кем-либо

♦ **напоминать, напомнить** + кому? *(студенту)* + что? *(время экзамена)*

> • Кто помнит + что? (кого?)
>
> *Студент помнит правило по грамматике.*
>
> *Внук помнит свою бабушку.*
>
> • Кто запомнил + что?
>
> *Студент запомнил правило по грамматике.*
>
> *Полицейский запомнил номер машины.*
>
> • Кто вспомнил + что?
>
> *На экзамене студент вспомнил правило по грамматике.*
>
> *Старик вспомнил своё детство.*
>
> • Кто напомнил + кому? + что? (о чём?)
>
> *Преподаватель напомнил студенту правило по грамматике.*
>
> *Здание школы напомнило человеку о его детстве.*
>
> • Кто напомнил + кому? + кого?
>
> *Брат напомнил сестре отца.* (= *Брат оказался похож на отца.*)

пóмни(те) пов. накл.

запоминáй(те) пов. накл.; нсв

запóмни(те) пов. накл.; св

вспоминáй(те) пов. накл.; нсв

вспóмни(те) пов. накл.; св

(не) напоминáй(те) пов. накл.; нсв

П

напóмни(те) пов. накл.; св

> *И днём, и ночью помни обо мне!*
> *Запомните раз и навсегда!*
> *Вспоминай обо мне!..*
> *Не напоминай мне об этом!..* (= Я не хочу об этом слышать!)
> *Напомни мне, пожалуйста, что вечером я должна позвонить своей подруге...*

───ЗАПОМНИТЕ───

Он мне кого-то напоминает... =
Он на кого-то похож, но не могу вспомнить, на кого именно...

«Вы помните,
Вы всё, конечно, помните...»
(С.А. Есенин)

«Вспоминай, коли другая,
Друга милого любя,
Будет песни петь, играя,
На коленях у тебя...»
(Я.П. Полонский, «Песня цыганки»)

ПОМОГÁТЬ нсв _____

> *я помогáю, ты помогáешь...* наст. вр.

помóчь св

> *я помогý, ты помóжешь...* буд. вр.
> *он помóг, она помоглá...* прош. вр.

♦ помогать, помочь + кому? *(другу)* + что (с)делать? *((под)готовиться к экзамену)*

> • Кто помог + кому? + что сделать?
> *Студент помог своему другу подготовиться к экзамену.*

помогú(те) пов. накл.

> *Помоги мне, пожалуйста, подготовиться к экзамену.*

П

> «Помоги мне, помоги мне,
> В желтоглазую ночь позови...»
>
> (Л. Дербенёв, «Вулкан страстей»)

ПОНИМÁТЬ нсв

я понимáю, ты понимáешь... наст. вр.

поня́ть св

я пойму́, ты поймёшь... буд. вр.

✦ понимать, понять + **что? (кого?)** *(объяснение преподавателя, иностранную речь)*

• Кто (не) понял + **что? (чего?)**

Студенты поняли объяснение преподавателя.
Студенты не поняли объяснения преподавателя.

(не)пóнятый (-ая, -ое, -ые) страд. прич.

(не)пóнят (-а, -о, -ы) кр. ф. страд. прич.

• Что (было) понято + **кем?**

Объяснение преподавателя (было) понято студентами.

• Что осталось непонятым + **кем?**

Объяснение преподавателя осталось непонятым студентами.

понимáй(те) пов. накл.; нсв

поймú(те) пов. накл.; св

Понимайте, как знаете!.. (= Думайте об этом, как хотите — мне это всё равно!)
Поймите меня правильно!.. (= Я хочу, чтобы вы обязательно поняли мою точку зрения.)

> «Учитесь властвовать собою;
> Не всякий вас, как я, поймёт;
> К беде неопытность ведёт...»
>
> (А.С. Пушкин, «Евгений Онегин»)

> «Кондуктор не спешит — кондуктор понимает,
> Что с девушкою я прощаюсь навсегда...»
>
> (Городской романс)

---ЗАПОМНИТЕ---
Счастье — это когда тебя понимают.

(Афоризм)

Пойми ты раз и навсегда!

(Горячкин)

ПОПАДА́ТЬ нсв _____

я попада́ю, ты попада́ешь... наст. вр.

попа́сть св

я попаду́, ты попадёшь... буд. вр.

■ попадать(ся), попасть(ся) = оказываться, оказаться в определённом месте или в определённой ситуации — либо вопреки собственной воле, либо, наоборот, с желанием, но неожиданно или случайно

♦ попадать, попасть + куда? *(в цель, в ловушку, в ситуацию)*

• Кто попал + куда?

Стрелок попал в цель.

Лиса попала в капкан.

Абитуриент чудом попал в университет.

• Кто попался + куда?

Мышка попалась в мышеловку.

Рыбка попалась на крючок.

попади́(те) пов. накл.

Попади в «яблочко» (= в цель)!

---ЗАПОМНИТЕ---
попасть в трудное положение

попасть в (самую) точку =
угадать, правильно ответить на трудный вопрос

ПО́РТИТЬ(СЯ) нсв _____

я по́рчу(сь), ты по́ртишь(ся), он, она, оно по́ртит(ся)... наст. вр.

испо́ртить(ся) св

я испо́рчу(сь), ты испо́ртишь(ся), он, она, оно испо́ртит(ся)... — буд. вр.

▪ портить(ся), испортить(ся) = делать(ся), сделать(ся) плохим, негодным к употреблению (= ломать(ся), сломать(ся))

♦ портить, испортить + что? *(одежду, продукты, настроение)*

> • Кто испортил + что?
>
> *Неопытный портной испортил костюм.*
>
> *Пьяница испортил гостям настроение.*
>
> • Что испортилось (+ из-за чего?)
>
> *Погода испортилась.*
>
> *Продукты испортились из-за отсутствия холодильника.*

испо́рченный (-ая, -ое, -ые) страд. прич.

испо́рчен (-а, -о, -ы) кр. ф. страд. прич.

> • Что (было) испорчено + кем?
>
> *Костюм (был) испорчен портным.*
>
> *Настроение гостей (было) испорчено пьяницей.*

(не) (ис)по́рти(те) пов. накл.

> *Не порти мне настроения!*

ЗАПОМНИТЕ

испортить отношения

ПОСЕЩА́ТЬ нсв _____

я посеща́ю, ты посеща́ешь... наст. вр.

посети́ть св

я посещу́, ты посети́шь... буд. вр.

▪ посещать, посетить = обычно: наносить, нанести официальный визит

♦ посещать, посетить + что? *(музей, театр, школу)*

♦ посещать, посетить + кого? *(президента)*

> • Кто посетил + что?
>
> *Туристы посетили музей-усадьбу Льва Толстого «Ясная поляна».*
>
> *Президент посетил соседнюю страну с официальным визитом.*

• Кто посетил + кого?

Иностранная делегация посетила президента страны. (= Иностранная делегация нанесла официальный визит президенту.)

посети́(те) пов. накл.

Посетите Санкт-Петербург — прекрасный город на берегах реки Невы!

☞ **посещать, посетить + что?**
сравните: **навещать, навестить + кого?**

───── **ЗАПОМНИТЕ** ─────
посетитель =
человек, который пришёл в официальное
учреждение по деловому вопросу

ПОСТУПА́ТЬ нсв _____

я поступа́ю, ты поступа́ешь... наст. вр.

поступи́ть св

я поступлю́, ты посту́пишь... буд. вр.

▪ поступать, поступить = совершать, совершить (хороший или плохой) поступок

♦ поступать, поступить + как? *(хорошо, плохо)*

▪ поступать, поступить = стать учащимся учебного заведения

♦ поступать, поступить + куда? *(в школу, в университет, на работу)*

• Кто поступил + куда?

Ребёнок поступил в школу.

Абитуриент поступил в университет.

Рабочий поступил на работу на завод.

• Кто поступил + как?

Мальчик помог старушке перейти через дорогу — он поступил хорошо (= совершил хороший поступок).

───── **ЗАПОМНИТЕ** ─────
Поступай, как знаешь! =
Делай, как хочешь — ты всё равно
не слушаешь моих советов.

П

ПОСЫЛА́ТЬ нсв _____

я посыла́ю, ты посыла́ешь... наст. вр.

посла́ть св

я пошлю́, ты пошлёшь... буд. вр.

◆ посылать, послать + что? *(письмо, телеграмму, посылку)* + кому? *(родителям, студенту)*

по́сланный (-ая, -ое, -ые) страд. прич.

по́слан (-а, -о, -ы) кр. ф. страд. прич.

> • Кто послал + что? + кому?
>
> *Родители послали студенту посылку с фруктами.*
>
> • Что (было) послано + кому? + кем?
>
> *Письмо (было) послано студенту его родителями.*

(не) посыла́й(те) пов. накл.; нсв

пошли́(те) пов. накл.; св

> *Не посылай письмо — всё равно оно не успеет дойти до твоего приезда!.. Пошли лучше телеграмму.*

> ━━━━ **ЗАПОМНИТЕ** ━━━━
> **послать куда подальше (на три буквы) =**
> **нецензурно выругаться**

> **посылать, послать —**
> **отправлять, отправить —**
> **получать, получить**

ПОЯВЛЯ́ТЬСЯ нсв _____

я появля́юсь, ты появля́ешься... наст. вр.

появи́ться св

я появлю́сь, ты поя́вишься... буд. вр.

▪ появиться = стать явным, видимым, ощутимым

◆ появляться, появиться + где? (откуда?) *(на небе, на земле, в городе, из-за горизонта)*

> • Кто появился + где?
>
> *В доме неожиданно появился гость.*
>
> • Что появился + где? (откуда?)
>
> *На небе из-за туч появилось солнце.*

В последнем номере журнала появилась статья известного учёного.

В голове у него появилась интересная мысль.

ПРЕБЫВА́ТЬ нсв _____

я пребыва́ю, ты пребыва́ешь... наст. вр.

■ пребывать = находиться где-либо, находиться в определённом состоянии

> • Кто пребывает + где?
>
> *Туристы пребывают в местной гостинице.*
>
> • Кто пребывал + в каком состоянии?
>
> *Студент хорошо сдал экзамены и пребывал теперь в прекрасном состоянии.*

> **пребывать**
> сравните: **прибывать**

ПРЕДЛАГА́ТЬ нсв _____

я предлага́ю, ты предлага́ешь... наст. вр.

предложи́ть св

я предложу́, ты предло́жишь... буд. вр.

♦ предлагать, предложить + кому? *(другу, девушке)* + что? *(чай, помощь, руку и сердце)* (что сделать?) *(попить чаю, помочь, выйти замуж)*

> • Кто предложил + кому? + что? (что сделать?)
>
> *Девушка предложила подруге чай.*
>
> *Девушка предложила подруге попить чаю.*
>
> *Студент предложил другу помощь.*
>
> *Студент предложил другу помочь ему.*
>
> *Молодой человек предложил девушке руку и сердце.*
>
> *Молодой человек предложил девушке выйти за него замуж.*

предло́женный (-ая, -ое, -ые) страд. прич.

предло́жен (-а, -о, -ы) кр. ф. страд. прич.

П

> • Что (было) предложено + кому?
> *Подруге (был) предложен чай.*
> *Подруге было предложено попить чаю.*
> *Другу (была) предложена помощь.*
> *Было предложено помочь другу.*

предлага́й(те) пов. накл.; нсв

предложи́(те) пов. накл.; св

> *Предлагайте свои варианты решения задачи.*
> *Предложи гостю чай с пирожками.*

---ЗАПОМНИТЕ---
предложить руку и сердце =
предложить выйти замуж

ПРЕДПОЛАГА́ТЬ нсв _____

я предполага́ю, ты предполага́ешь... наст. вр.

предположи́ть св

я предположу́, ты предполо́жишь... буд. вр.

◼ предполагать, предположить = высказывать, высказать предположение; допускать, допустить определённый вариант развития будущих событий

◆ предполагать, предположить + что? *(возможное развитие событий)*

> • Кто предполагает + что?
> *Учёные предполагают, что через несколько лет население Земли может увеличиться вдвое.*
> *(= Учёные высказали предложение, что через несколько лет население Земли может увеличиться вдвое.)*

---ЗАПОМНИТЕ---
Предположим... —
означает, что говорящий готовится высказать
некоторую гипотезу, а также — приглашение
к раздумьям и обсуждению какой-либо проблемы

П

☞
предполагать
сравните:
предвидеть = понимать, как будут развиваться события в будущем (буквально: обладать способностью «видеть вперёд»)

предсказать = спрогнозировать будущее развитие событий (буквально: «сказать вперёд»)

предугадать = спрогнозировать будущие события, не имея для этого достаточной информации (буквально: «угадать вперёд»)

предупреждать = говорить кому-либо о грозящей ему в будущем опасности (буквально: «опередить будущее», т. е. сообщить о событии до его фактического наступления)

предусмотреть = на основании предвидения продумать меры, которые понадобятся для более благоприятного развития будущих событий, то есть подготовиться к ним (буквально: «посмотреть вперёд»)

предчувствовать = ощущать возможное развитие будущих событий не столько разумом, сколько чувствами (буквально: «почувствовать вперёд»)

ПРЕДПОЧИТА́ТЬ нсв _____

я предпочита́ю, ты предпочита́ешь... наст. вр.
предпоче́сть св

я предпочту́, ты предпочтёшь... буд. вр.
он предпочёл, она предпочла́... прош. вр.

▪ предпочитать = любить что-либо больше чего-либо
♦ предпочитать, предпочесть + что?*(квас)* + чему?
(пиву)
♦ предпочитать, предпочесть + кого?*(блондинок)*
+ кому? *(брюнеткам)*

> • Кто предпочитает + что? + чему?
> *Девушка предпочитает квас пиву.*
> (= Девушка больше любит квас, чем пиво.)

П

• Кто предпочитает + кого? + кому?

Молодой человек предпочитает блондинок брюнеткам. (= Молодой человек больше любит блондинок, чем брюнеток.)

ПРЕКРАЩА́ТЬ(СЯ) нсв _____

я прекраща́ю, ты прекраща́ешь, он прекраща́ет(ся)... наст. вр.

прекрати́ть(ся) св

я прекращу́, ты прекрати́шь, он прекрати́т(ся)... буд. вр.

▪ прекращать, прекратить = останавливать, остановить развитие какого-либо действия или события

▪ прекращаться, прекратиться = останавливаться, остановиться; заканчиваться, закончиться (о каком-либо действии или событии)

♦ прекращать, прекратить + что? *(занятия, работу, матч)*

• Кто прекратил + что?

Преподаватель прекратил занятия.

Судья прекратил футбольный матч.

• Что прекратилось + из-за чего?

Занятия прекратились из-за болезни преподавателя.

Футбольный матч прекратился из-за плохой погоды.

прекращённый (-ая, -ое, -ые) страд. прич.

прекращён, прекращена́ (-о́, -ы́) кр. ф. страд. прич.

• Что (было) прекращено + кем?

Занятия были прекращены преподавателем.

Футбольный матч был прекращён судьёй.

(не) прекраща́й(те) пов. накл.; нсв

прекрати́(те) пов. накл.; св

Не прекращайте занятий ни на минуту!

Прекратите курить — в комнате и так нечем дышать!

П

ПРЕОДОЛЕВА́ТЬ нсв _____

я преодолева́ю, ты преодолева́ешь... наст. вр.

преодоле́ть св

я преодоле́ю, ты преодоле́ешь... буд. вр.

✦ преодолевать, преодолеть + что? *(препятствия, трудности)*

> • Кто преодолел + что?
>
> *Спортсмен удачно преодолел препятствие.*
> *Студент преодолел все трудности и сдал*
> *экзамен на «отлично».*

преодолённый (-ая, -ое, -ые) страд. прич.

преодолён, преодолена́ (-о́, -ы́) кр. ф. страд. прич.

> • Что (было) преодолено + кем?
>
> *Студентом (были) преодолены все трудно-*
> *сти.*

преодолева́й(те) пов. накл.; нсв

преодоле́й(те) пов. накл.; св

> *Настойчиво преодолевайте все преграды!*
> *Преодолей себя! (= Окажись сильнее своих*
> *слабостей!)*

ПРЕПОДАВА́ТЬ нсв _____

я преподаю́, ты преподаёшь... наст. вр.

препода́ть св

я препода́м, ты препода́шь... буд. вр.

✦ преподавать + что? *(математику, историю, русский язык)*

> • Кто преподаёт + что?
>
> *Учитель в школе преподаёт математику.*
> *Преподаватель преподаёт русский язык*
> *иностранцам.*
> *Профессор преподаёт в университете исто-*
> *рию.*

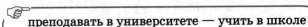

преподавать в университете — учить в школе

ПРЕПЯ́ТСТВОВАТЬ нсв _____

я препя́тствую, ты препя́тствуешь... наст. вр.

воспрепя́тствовать св

я воспрепя́тствую, ты воспрепя́тствуешь... буд. вр.

▪ препятствовать = мешать кому-либо или чему-либо

◆ препятствовать + чему? *(продвижению экспедиции)*

◆ препятствовать + кому? *(учёному)* + в чём? *(в его исследованиях)*

◆ препятствовать + кому? *(учёному)* + что делать? *(проводить исследования)*

> • Что препятствует + кому? + в чём?
> *Недостаток средств препятствует учёному в его исследованиях.*
> • Что препятствовало + чему?
> *Сильный мороз препятствовал продвижению экспедиции к Северному полюсу.*

ПРЕСЛЕ́ДОВАТЬ нсв _____

я пресле́дую, ты пресле́дуешь... наст. вр.

▪ преследовать = буквально: идти за кем-нибудь по его следу

◆ преследовать + кого? *(преступника)*

◆ преследовать + что? *(цель)*

> • Кто преследует + кого?
> *Охотник преследует зверя.*
> • Кто преследует + кого, что?
> *Сыщик преследует преступника.*
> *Преподаватель преследует главную цель: привить студентам любовь к русскому языку.*

━ЗАПОМНИТЕ━
Каждый (человек) преследует свои собственные цели. =
Каждый стремится получить то, что хочет именно он.

ПРЕУВЕЛИ́ЧИВАТЬ нсв _____

я преувели́чиваю, ты преувели́чиваешь... наст. вр.

преувели́чить св

я преувели́чу, ты преувели́чишь... буд. вр.

▪ преувеличивать, преувеличить = придавать, придать чему-либо большее, чем это есть на самом деле, количественное или качественное значение

♦ преувеличивать, преувеличить + что? *(количество, качество, значение)*

┃ • Кто преувеличивает + что?
┃ *Автор преувеличивает значение своего*
┃ *творчества.*

(не) преувели́чивай(те) пов. накл.

┃ *Не преувеличивай свои беды — ты слишком*
┃ *сгущаешь краски!..*

---ЗАПОМНИТЕ---

> **Не преувеличивайте, пожалуйста!..** —
> так говорят, когда информация выглядит
> не слишком правдоподобно

> **преувеличивать, преувеличить —**
> **преуменьшать, преуменьшить**

➤ см. также **УВЕЛИЧИВАТЬ(СЯ)**

ПРЕУМЕНЬША́ТЬ нсв _____

я преуменьша́ю, ты преуменьша́ешь... наст. вр.

преуме́ньшить св

я преуме́ньшу, ты преуме́ньшишь... буд. вр.

▪ преуменьшать = действие, противоположное тому, которое обозначается глаголом «преувеличивать»

➤ см. также **УМЕНЬШАТЬ**

ПРИБЫВА́ТЬ нсв _____

я прибыва́ю, ты прибыва́ешь... наст. вр.

прибы́ть св

я прибу́ду, ты прибу́дешь... буд. вр.

■ прибывать, прибыть = более официальное, чем «приезжать, приехать»

♦ прибывать, прибыть + куда? *(в Петербург)* + откуда? *(из Москвы)*

> • Кто прибыл + когда? + куда? + откуда?
> *Вчера президент прибыл в Москву из поездки по странам ближнего зарубежья.*
> • Что прибывает + куда?
> *К платформе номер пять прибывает скорый поезд «Москва — Петербург».*

> **прибывать**
> сравните: **пребывать**
> *Когда ты* **прибыл** *в Петербург,*
> *он* **пребывал** *в прекрасном настроении.*

ПРИВЛЕКА́ТЬ нсв

> *я привлека́ю, ты привлека́ешь...* наст. вр.

привле́чь св

> *я привлеку́, ты привлечёшь...* буд. вр.
> *он привлёк, она привлекла́...* прош. вр.

♦ привлекать, привлечь + что? *(внимание)* + к чему? *(к картине, к книге)*

> • Кто привлёк (+ чьё?) внимание + к чему? (+ к кому?)
> *Девушка привлекла внимание своей подруги к картине неизвестного художника.*
> *Девушка привлекла к себе внимание молодого человека.*

(не) привлека́й(те) пов. накл.

> *Не шумите! Не привлекайте к себе излишнего внимания!..*

ЗАПОМНИТЕ

> **привлекательная девушка =**
> девушка с яркой, красивой внешностью

**привлекать, привлечь —
отвлекать, отвлечь**

ПРИВЫКÁТЬ нсв _____

я привыкáю, ты привыкáешь... наст. вр.

привы́кнуть св

я привы́кну, ты привы́кнешь... буд. вр.

он привы́к, она привы́кла... прош. вр.

▪ привыкнуть = приобрести какую-либо привычку

♦ привыкать, привыкнуть + к чему? *(к морозу)*

♦ привыкать, привыкнуть + к кому? *(к товарищам по группе)*

> • Кто привык + к чему?
> *Африканец несколько лет прожил в России и постепенно привык к русским морозам.*
> • Кто привык + к кому?
> *Студент за годы учёбы очень привык к своим товарищам по группе.*
> • Кто привык + что делать?
> *Студент привык читать перед сном.*

привыкáй(те) пов. накл.

| *Привыкай к тому, что зимы в России холодные!*

───── **ЗАПОМНИТЕ** ─────
Привыкай помаленьку! —
дружески-фамильярное приглашение
обживаться на новом месте

> «Если вас ударят в ухо,
> Вы сначала вскрикнете.
> Раз ударят, два ударят —
> А потом привыкнете!..»
> **(Шуточная народная мудрость)**

ПРИГЛАШÁТЬ нсв _____

я приглашáю, ты приглашáешь... наст. вр.

пригласи́ть св

я приглашý, ты пригласи́шь... буд. вр.

♦ приглашать, пригласить + кого? *(друга, подругу)*
+ куда? (к кому?) *(в театр, в кино, на концерт; в гости к другу, к подруге)*

> • Кто пригласил + кого? + куда? (к кому?)
>
> *Молодой человек пригласил девушку на концерт.*
>
> *Девушка пригласила свою подругу к себе в гости.*

приглашённый (-ая, -ое, -ые) страд. прич.

приглашён, приглашена́ (-о́, -ы́) кр. ф. страд. прич.

> • Кто (был) приглашён + куда? + кем?
>
> *Девушка (была) приглашена на концерт молодым человеком.*
>
> *Подруга (была) приглашена девушкой к ней в гости.*

(не) приглаша́й(те) пов. накл.; нсв

пригласи́(те) пов. накл.; св

> *Не приглашай этого студента к себе на вечеринку — он очень неприятный в общении человек.*
>
> *Пригласи лучше его приятеля — он будет душой общества!..*

─────── **ЗАПОМНИТЕ** ───────

Разрешите пригласить вас на танец!..

«Я пригласить хочу на танец
Вас, и только Вас!..»

(Песня)

ПРИЕЗЖА́ТЬ нсв _____

я приезжа́ю, ты приезжа́ешь... наст. вр.

прие́хать св

я прие́ду, ты прие́дешь... буд. вр.

■ приезжать, приехать = прибывать, прибыть куда-либо на каком-нибудь транспорте

◆ приезжать, приехать + куда? (к кому?) *(в Россию, в Петербург, к родителям)*

> • Кто приехал + куда? + откуда?
>
> *Студент приехал в Россию из Кореи.*

приезжа́й(те) пов. накл.

> *Приезжайте к нам в гости на зимние кани-*
> *кулы.*

приезжать, приехать —
приходить, прийти — уезжать, уехать

➢ см. также **ЕЗДИТЬ, ЕХАТЬ**

ПРИЛЕТАТЬ — см. **ЛЕТАТЬ**

ПРИМЕРЯТЬ — см. **МЕРИТЬ**

ПРИНИМА́ТЬ(СЯ) нсв _____

я принима́ю(сь), ты принима́ешь(ся)... наст. вр.
приня́ть(ся) св

я приму́(сь), ты при́мешь(ся)... буд. вр.

принимать, принять
приобретает значение только в сочетании
с именами существительными
в винительном падеже

▪ принима́ться, приня́ться = начать осуществлять
какие-либо действия

♦ принимать, принять + что? (кого?) (*душ, лекарство,*
гостей)

♦ принима́ться, приня́ться + что делать? (*работать*)

♦ принима́ться, приня́ться + за что? (*за работу*)

> • Кто принял + кого? (что?)
>
> *Хозяева тепло приняли гостей.*
>
> *Врач принял больного.*
>
> *Спортсмен принял душ.*
>
> *Больной принял лекарство.*
>
> *Командир принял важное решение.*

(не) принима́й(те) пов. накл.; нсв
прими́(те) пов. накл.; св

> *Принимайте гостей!..*
> *Примите мои поздравления!*

---**ЗАПОМНИТЕ**---

Не принимай всё так близко к сердцу!.. =
Не стоит так сильно расстраиваться.

«Прими собранье пёстрых глав...»
(А.С. Пушкин) 📖

ПРИОБРЕТА́ТЬ нсв _____

я приобрета́ю, ты приобрета́ешь... наст. вр.
приобрести́ св

я приобрету́, ты приобретёшь... буд. вр.

■ приобретать, приобрести = получать, доставать, покупать какую-либо вещь или право, возможность использовать что-либо

♦ приобретать, приобрести + что? *(дачу, автомобиль, опыт, знания)*

• Кто приобрёл (приобретает) + что?

Семья приобрела небольшую дачу.
В университете студенты приобретают прочные знания.
Во время практики студенты приобретают необходимый опыт.

приобретённый (-ая, -ое, -ые) страд. прич.
приобретён, приобретена́ (-о́, -ы́) кр. ф. страд. прич.

• Что (было) приобретено + кем?

Семьёй была приобретена небольшая дача.
Во время практики студентами (был) приобретён необходимый опыт.

приобрета́й(те) пов. накл.

Граждане! Приобретайте лотерейные билеты.

«Им огромная собака
Приобретена была...»
(П.О.К. де Бомарше,
«Женитьба Фигаро») 📖

П

ПРИСУ́ТСТВОВАТЬ нсв _____

я прису́тствую, ты прису́тствуешь... наст. вр.

▪ присутствовать = быть в наличии в определённом месте

▪ поприсутствовать = разговорное: побыть где-либо непродолжительное время

♦ присутствовать + где? *(в классе, на занятиях, на работе, на собрании)*

> • Кто присутствует (присутствовал) + где?
> *На занятиях присутствуют все студенты группы.*
> *На вечере присутствовали все желающие.*

> **присутствующий** действительное прич.
> **присутствующие** =
> люди, которые присутствуют
> в определённом месте

ЗАПОМНИТЕ

Все присутствующие горячо аплодировали выступающему.

  присутствовать — отсутствовать

ПРИХОДИ́ТЬ нсв _____

я прихожу́, ты прихо́дишь... наст. вр.

прийти́ св

я приду́, ты придёшь... буд. вр.

он пришёл, она пришла́... прош. вр.

♦ приходить, прийти + куда? *(домой)* + откуда? *(с работы, из университета)*

> • Кто пришёл + куда? (+ откуда?)
> *Муж пришёл домой с работы.*
> *Студент пришёл в общежитие из университета.*

приходи́(те) пов. накл.; нсв

приди́(те) пов. накл.; св

> *Приходите к нам в гости в воскресенье.*

он пришёл = он здесь
он приходил = он пришёл,
побыл здесь какое-то время,
а потом ушёл — теперь его здесь нет

ЗАПОМНИТЕ

пришлось + что сделать? =
не хотелось, но надо было сделать

приходится + что делать? =
не хочется, но надо делать

придётся + что сделать? =
не хочется, но надо будет сделать

«Сердечный друг, желанный друг,
Приди, приди: я твой супруг!..»
(А.С. Пушкин, «Евгений Онегин»)

«Приходит время —
Люди головы теряют...»
(Песня)

«Когда весна придёт, не знаю...»
(А. Фатьянов,
песня из к/ф «Весна на Заречной улице»)

**приходить, прийти — приезжать,
приехать — уходить, уйти**

➢ см. также **ХОДИТЬ, ИДТИ**

ПРÓБОВАТЬ нсв

я прóбую, ты прóбуешь... наст. вр.
попрóбовать св

я попрóбую, ты попрóбуешь... буд. вр.
♦ пробовать, попробовать + что? (*новый сорт чая,
новое блюдо*)
♦ пробовать, попробовать + что сделать? (*решить
трудную задачу*)

• Кто попробовал + что?
*Девушка попробовала новое пирожное.
Иностранец попробовал русское блюдо.*

• Кто попробовал + что сделать?

Иностранный студент попробовал прочитать текст по-русски.

Музыкант попробовал сыграть новое произведение.

(по)пробуй(те) пов. накл.

Попробуйте этот пирожок.

Попробуйте прочитать новый текст без подготовки.

ЗАПОМНИТЕ

— **Скажи, ты умеешь прыгать с парашютом?**
— **Не знаю, не пробовал...**
— **Надо обязательно попробовать!..**

**пробовать, попробовать —
пытаться, попытаться —
стараться, постараться**

ПРОВЕРЯ́ТЬ(СЯ) нсв

я проверя́ю, ты проверя́ешь... наст. вр.

прове́рить(ся) св

я прове́рю, ты прове́ришь... буд. вр.

▪ проверять, проверить = устанавливать, установить соответствие объекта заданным или ожидаемым параметрам

♦ проверять, проверить + что? *(домашнее задание, качество работы, качество изделия)*

• Кто проверяет + что?

Учитель проверяет домашнее задание своих учеников.

Электрик проверяет надёжность электроизоляции.

Налоговая полиция проверяет точность заполнения налоговой декларации.

прове́ренный (-ая, -ое, -ые) страд. прич.

прове́рен (-а, -о, -ы) кр. ф. страд. прич.

• Что (было) проверено + кем?

Домашнее задание учеников (было) проверено учителем.

Надёжность электроизоляции (была) проверена электриком.

━━━ЗАПОМНИТЕ━━━

Кто не верит — пусть проверит!

Доверяй, но проверяй!

(Жизненный принцип)

ПРОДАВА́ТЬ(СЯ) нсв _____

я продаю, ты продаёшь, он продаёт(ся)... наст. вр.

прода́ть(ся) св

я прода́м, ты прода́шь, он прода́ст(ся)... буд. вр.

◆ продавать, продать + что? *(фрукты)* + кому? *(покупателям)*

◆ продаваться + где? *(в магазине, на рынке)*

• Кто продаёт + что? + кому?

В магазине продавцы продают продукты покупателям.

• Что продают + где?

В магазине продают продукты.

• Что продаётся + где?

Продукты продаются в магазине и на рынке.

про́данный (-ая, -ое, -ые) страд. прич.

про́дан (-а, -о, -ы) кр. ф. страд. прич.

• Что (было) продано + кем?

Все продукты (были) проданы продавцами.

(не) продава́й(те) пов. накл.; нсв

прода́й(те) пов. накл.; св

Не продавай свой автомобиль — он у тебя совсем как новый!..

Продай мне свой автомобиль — у тебя их всё равно два!..

━━━ЗАПОМНИТЕ━━━

Не всё в этом мире продаётся!.. =
Есть ценности поистине бесценные!..

> «Не продаётся вдохновенье,
> Но можно рукопись продать!..»
> (А.С. Пушкин,
> «Разговор книгопродавца с поэтом»)

 продавать, продать — покупать, купить

ПРОИЗВОДИ́ТЬ(СЯ) нсв _____

*я произвожу́, ты произво́дишь, он, она, оно произво́-
дит(ся)...* наст. вр.

произвести́(сь) св

я произведу́, ты произведёшь, он произведёт(ся)...
буд. вр.

■ производить, произвести = делать, сделать что-либо
машинным способом, в фабрично-заводских усло-
виях; выпускать, выпустить продукцию

♦ производить, произвести + что? *(продукцию, автомобили, впечатление)*

> • Кто производит + что?
> *Рабочие завода производят автомобили.*
> *Завод производит автомобили.*
> • Что производится + где?
> *На автомобильном заводе производятся
> легковые автомобили.*

произведённый (-ая, -ое, -ые) страд. прич.
произведён, произведена́ (-о́, -ы́) кр. ф. страд. прич.

> • Что (было) произведено + где?
> *На автомобильном заводе (была) произведена
> партия новых автомобилей.*

───── **ЗАПОМНИТЕ** ─────

производить, произвести впечатление
*Выступление артистов произвело
большое впечатление на зрителей.*

П

ПРОИСХОДИ́ТЬ нсв _____

я происхожу́, ты происхо́дишь, он, она оно проис-хо́дит... наст. вр.

произойти́ св

он, она, оно произойдёт... буд. вр.

▪ происходить, произойти = иметь, получить исток откуда-либо

▪ происходить, произойти = иметь место, случиться (о событии)

♦ происходить, произойти + откуда? *(из бедной семьи)*

♦ происходить, произойти + где? *(в России)* + когда? *(в 1917-ом году)*

• Что произошло + где? + когда?

В 1917-ом году в России произошла революция.

• Что происходит + как часто?

В этих местах раз в десять лет происходит землетрясение.

• Что произойдёт + когда?

Учёные предсказывают, что в будущем году произойдёт солнечное затмение.

• Кто происходит + откуда?

Великий русский поэт С.А. Есенин происхо-дит из бедной семьи.

━━━━━**ЗАПОМНИТЕ**━━━━━

Он происходит из старинного дворянского рода.

Он человек благородного происхождения.

Что здесь происходит?! —
выражение крайнего изумления
по поводу происходящего

Произошло ужасное недоразумение! =
Случилась ужасная ошибка,
взаимное недопонимание.

ПРОСЫПАТЬСЯ — см. **СПАТЬ**

ПРОТЕСТОВА́ТЬ нсв _____

я протесту́ю, ты протесту́ешь... наст. вр.

опротестова́ть св

я опротесту́ю, ты опротесту́ешь... буд. вр.

▪ протестовать = выражать протест

♦ протестовать + против чего? *(несправедливости)*

> • Кто протестует + против чего?
>
> *Забастовщики протестуют против низкой заработной платы.*
>
> • Кто опротестовал + что?
>
> *Адвокат опротестовал решение суда.*

протесту́й(те) пов. накл.

> *Протестуйте против несправедливости!*

———ЗАПОМНИТЕ———
Я протестую! =
Я не согласен с мнением или действиями
официальных лиц.

ПРОЩА́ТЬ(СЯ) нсв _____

я проща́ю(сь), ты проща́ешь(ся)... наст. вр.

прости́ть(ся) св

я прощу́(сь), ты прости́шь(ся)... буд. вр.

▪ прощать, простить = извинять, извинить, принимать, принять чьи-либо извинения

♦ прощать, простить + кому? *(другу, девушке)*
+ что? *(обиду)*

▪ проститься = попрощаться

попроща́ться св

я попроща́юсь, ты попроща́ешься... буд. вр.

▪ прощаться, проститься, попрощаться = говорить, сказать «до свидания» («до следующей встречи»)

▪ прощаться, проститься, попрощаться = говорить, сказать «прощай» (расстаться навсегда)

♦ прощаться, проститься + с кем? *(с родителями, с девушкой)*

> • Кто простил + кому? + что?
>
> *Мать простила ребёнку его проступок.*
>
> *Молодой человек простил девушке нанесённую ему обиду.*

П

• Кто прощается + с кем?
На вокзале молодой человек прощается с девушкой.

☞
прощай(те) —
так говорят, когда расстаются навсегда
прости(те) —
так говорят, когда хотят попросить извинения
за что-либо

━━━ **ЗАПОМНИТЕ** ━━━
**Прошу прощения! =
Извините!**

«Прости меня, но я не виновата,.
Что я любить и ждать тебя устала!..»
(Песня) 📖

ПРЫ́ГАТЬ нсв _____

я пры́гаю, ты пры́гаешь... наст. вр.

пры́гнуть св

я пры́гну, ты пры́гнешь... буд. вр.

перепры́гнуть св

я перепры́гну, ты перепры́гнешь... буд. вр.

перепры́гивать нсв

я перепры́гиваю, ты перепры́гиваешь... наст. вр.

♦ прыгать, прыгнуть + куда? *(вверх, на дерево, на кровать)*

♦ перепрыгивать, перепрыгнуть + через что? *(через барьер)*

• Кто прыгнул + куда?

Белка прыгнула на дерево.

Кошка прыгнула на кровать.

Спортсмен прыгнул в воду.

• Кто перепрыгнул + через что?

Лошадь перепрыгнула через препятствие.

пры́гай(те) пов. накл.; нсв

пры́гни(те) пов. накл.; св

Не прыгайте с поезда на ходу!

П

─────ЗАПОМНИТЕ─────

Выше головы не прыгнешь! (Поговорка) =
Невозможно сделать что-либо выше
собственных возможностей.

**Не говори «гоп»,
пока не перепрыгнешь!** (Поговорка) =
Нельзя раньше времени радоваться
какому-либо ожидаемому успеху,
пока он не достигнут в реальности.

ПРЯ́ТАТЬ(СЯ) нсв _____

я пря́чу(сь), ты пря́чешь(ся)... наст. вр.

спря́тать(ся) св

я спря́чу(сь), ты спря́чешь(ся)... буд. вр.

♦ прятать, спрятать + что? *(деньги)* + куда? (где?)
(в сейф)

♦ прятаться, спрятаться + где? (куда?) *(за деревом,
за дерево)*

> • Кто спрятал + что? + куда? (где?)
> *Банкир спрятал деньги в сейф (в сейфе).*
>
> • Кто спрятался + где? (куда?)
> *Ребёнок спрятался за деревом (за дерево).*

спря́танный (-ая, -ое, -ые) страд. прич.

спря́тан (-а, -о, -ы) кр. ф. страд. прич.

> • Что (было) спрятано + куда? (где?)
> *Деньги (были) спрятаны банкиром в сейф
> (в сейфе).*

спрячь(те) пов. накл.

(не)пря́чься, (не) пря́чьтесь пов. накл.

> *Спрячь сувениры в сумку.*

«Не прячьте ваши денежки по банкам и углам!..»
(К/ф «Приключения Буратино»)

📖

прятать, спрятать — искать —
находить, найти

ПУБЛИКОВА́ТЬ(СЯ) нсв _____

 я публику́ю, ты публику́ешь... наст. вр.

опубликова́ть(ся) св

 я опубликую́(сь), ты опублику́ешь(ся)... буд. вр.

опублико́вывать(ся) нсв

 я опублико́вываю(сь), ты опублико́вываешь(ся)...

наст. вр. — **редко**

▪ публиковать, опубликовать = издавать, издать =

печатать, напечатать

  • Кто опубликовал + что? (+ где?)

  Учёный опубликовал свою статью в послед-

  нем номере научного журнала.

опублико́ванный (-ая, -ое, -ые) страд. прич.

опублико́ван (-а, -о, -ы) кр. ф. страд. прич.

  • Что (было) опубликовано + где?

  Статья учёного (была) опубликована в

  последнем номере научного журнала.

(о)публику́й(те) пов. накл.

  Ваша статья очень интересная! Опубликуйте

  её как можно скорее!..

 публиковать, опубликовать —
печатать, напечатать

ПУГА́ТЬ(СЯ) нсв _____

 я пуга́ю(сь), ты пуга́ешь(ся)... наст. вр.

испуга́ть(ся) св

 я испуга́ю(сь), ты испуга́ешь(ся)... буд. вр.

▪ испугать(ся) = напугать(ся)

♦ пугать, испугать + кого? *(птицу, ребёнка)*

♦ пугаться, испугаться + чего? (кого?) *(темноты,*

волка)

  • Кто испугал + кого?

  Большая собака испугала ребёнка.

  • Кто испугался + кого?

  Ребёнок испугался большой собаки.

испу́ганный (-ая, -ое, -ые) страд. прич.

испу́ган (-а, -о, -ы) кр. ф. страд. прич.

> • Кто (был) испуган + кем?
>
> *Ребёнок (был) испуган большой собакой.*

(не) (на)пуга́й(те) пов. накл.

> *Тише! Не напугай ребёнка!..*

━━━━ **ЗАПОМНИТЕ** ━━━━

Пуганая ворона куста боится!.. (Поговорка) =
Тот, кто однажды чего-то сильно испугался,
теперь видит опасность во всём и боится
всего на свете.

ПУСКА́ТЬ нсв _____

> *я пуска́ю, ты пуска́ешь...* наст. вр.

пусти́ть св

> *я пущу́, ты пу́стишь...* буд. вр.

▪ пускать, пустить = давать, дать двигаться свободно

☞ пускать, пустить — выпускать, выпустить —
пропускать, пропустить

вы́пустить св

> *я вы́пущу, ты вы́пустишь...* буд. вр.

выпуска́ть нсв

> *я выпуска́ю, ты выпуска́ешь...* наст. вр.

▪ выпускать, выпустить = освобождать, освободить из
замкнутого пространства, из закрытого помещения

пропусти́ть св

> *я пропущу́, ты пропу́стишь...* буд. вр.

пропуска́ть нсв

> *я пропуска́ю, ты пропуска́ешь...* наст. вр.

▪ пропускать, пропустить = давать, дать возможность,
разрешать, разрешить проходить куда-либо свободно

♦ пускать, выпускать, пропускать + кого? (что?)
(студентов, птиц, воду)

> • Кто (про)пускает + кого? + куда?
>
> *Сторож не (про)пускает студентов без
> пропуска на территорию университета.*

> • Кто выпустил + кого? + откуда?
> *Мальчик выпустил птичку из клетки.*
> *Полицейский выпустил подозреваемого из-под стражи.*

вы́пущенный (-ая, -ое, -ые) страд. прич.

вы́пущен (-а, -о, -ы) кр. ф. страд. прич.

> • Кто (был) выпущен + кем?
> *Подозреваемый (был) выпущен из-под стражи полицейским.*

(не) выпуска́й(те) пов. накл.; нсв

вы́пусти(те) пов. накл.; св

> *Не выпускайте удачу из своих рук!*
> *Выпустите меня на свежий воздух — здесь нечем дышать!..*

ЗАПОМНИТЕ
Не упустите свой шанс!

«В дверях кинофабрики стоял сторож и строго спрашивал пропуск... А если пропуска не было... то пускал и так!..»

(И. Ильф и Е. Петров, «Золотой телёнок»)

➤ см. также **ВЫПУСКАТЬ**

ПУ́ТАТЬ нсв _____

я пу́таю, ты пу́таешь... наст. вр.

перепу́тать св

я перепу́таю, ты перепу́таешь... буд. вр.

▪ путать, перепутать = ошибаться, ошибиться

♦ путать, перепутать + что? *(время, адрес)*

> • Кто перепутал + что?
> *Молодой человек перепутал адрес своей новой знакомой и долго не мог отыскать нужный ему дом.*

(не) (пере)пу́тай(те) пов. накл.

«Детям — мороженое, бабе — цветы.
Смотри, не перепутай!..»

(К/ф «Бриллиантовая рука»)

путать, перепутать — ошибаться, ошибиться

ПУТЕШЕ́СТВОВАТЬ нсв _____

я путеше́ствую, ты путеше́ствуешь... наст. вр.

▪ путешествовать = буквально: шествовать (= идти) по пути (= по дороге)

> • Кто путешествует + где?
> *Туристы (= Путешественники) путешест-*
> *вуют по России.*

ПЫТА́ТЬСЯ нсв _____

я пыта́юсь, ты пыта́ешься... наст. вр.

попыта́ться св

я попыта́юсь, ты попыта́ешься... буд. вр.

▪ пытаться, попытаться = делать, сделать; совершать, совершить попытку

♦ пытаться, попытаться + что (с)делать? (*посту-*
пать, поступить в университет)

> • Кто попытался + что сделать?
> *Абитуриент дважды пытался поступить*
> *в университет, и оба раза ему не удалось*
> *успешно сдать вступительные экзамены.*

(не) пыта́йся, (не) пыта́йтесь пов. накл.

> *Не пытайтесь меня обмануть!*

(по)пытаться
сравните: **(по)пробовать, (по)стараться**

ЗАПОМНИТЕ

Попытка не пытка! (Пословица) =
Человек не должен бояться совершать
всё новые попытки в стремлении достичь
нужного результата.

РАБОТАТЬ нсв _____

я рабóтаю, ты рабóтаешь... наст. вр.

▪ работать = совершать какую-либо работу

порабóтать св

я порабóтаю, ты порабóтаешь... буд. вр.

▪ поработать = совершить какую-либо работу в течение ограниченного времени

зарабóтать св

я зарабóтаю, ты зарабóтаешь... буд. вр.

▪ заработать = получить за свою работу определённое денежное вознаграждение

зарабáтывать нсв

я зарабáтываю, ты зарабáтываешь... наст. вр.

▪ зарабатывать = регулярно получать определённую заработную плату

♦ работать + где? *(на заводе, в фирме)* + кем? *(инженером, менеджером)*

♦ поработать + сколько времени? (как долго?) *(два часа, неделю, месяц)*

♦ заработать + какую сумму? *(тысячу рублей)* + за какой период времени? *(за месяц)*

♦ зарабатывать + какую сумму? *(тысячу рублей)* + в какой период времени? *(в месяц)*

> • Кто работает + кем? + где?
>
> *Отец работает инженером на заводе.*
>
> • Кто поработал + кем? + сколько времени?
>
> *Летом студент один месяц поработал гидом в туристической фирме.*
>
> • Кто заработал + какую сумму? + за какой период?
>
> *За месяц студент заработал десять тысяч рублей.*
>
> • Кто зарабатывает + сколько? (какую сумму?)
>
> *Отец зарабатывает пятнадцать тысяч рублей в месяц.*

(по)рабо́тай(те) пов. накл.

> *Поработай летом, заработай деньги и купи себе мотоцикл!..*

━━ ЗАПОМНИТЕ ━━

Кто не работает — тот не ест!

(Пословица)

Где бы ни работать, только бы не работать!

(Жизненный принцип лентяя)

«Посмотри, как мы работаем!..»

(Песня)

➢ см. также **ЗАРАБАТЫВАТЬ**

РА́ДОВАТЬ(СЯ) нсв

> *я ра́дую(сь), ты ра́дуешь(ся)... наст. вр.*

обра́довать(ся) св

> *я обра́дую(сь), ты обра́дуешь(ся)... буд. вр.*

◆ радовать, обрадовать + кого? *(мать, отца, друга)*

◆ радоваться, обрадоваться + чему? (кому?) *(письму, сыну)*

> • Кто радует + кого? + чем?
>
> *Сын радует родителей своими успехами.*
>
> • Что обрадовало + кого?
>
> *Письмо сына обрадовало его родителей.*
>
> • Кто обрадовался + чему?
>
> *Родители обрадовались письму (от) сына.*

обра́дованный (-ая, -ое, -ые) страд. прич.

обра́дован (-а, -о, -ы) кр. ф. страд. прич.

> • Кто (был) обрадован + чем?
>
> *Родители (были) обрадованы письмом (от) сына.*

обра́дуй(те) пов. накл.

(не) ра́дуйся, (не) ра́дуйтесь пов. накл.

> *Ты сегодня получил хорошую оценку на экзамене — иди обрадуй своих родителей!*
>
> *Не радуйтесь раньше времени — впереди ещё очень трудный экзамен!..*

━━━ **ЗАПОМНИТЕ** ━━━

Сердце (душа) радуется! —
так говорят, когда испытывают счастье,
сильное удовлетворение

«Иди домой, обрадуй жинку —
Ты получаешь четвертинку!..»

(Шутка из к/ф «Зигзаг удачи»)

«жинка» — диалектное, правильно: «жена» 📖

РАЗБИВА́ТЬ(СЯ) нсв _____

*я разбива́ю, ты разбива́ешь, он, она, оно разби-
ва́ет(ся)...* наст. вр.

разби́ть(ся) св

я разобью́(сь), ты разобьёшь(ся)... буд. вр.

▪ разбиваться, разбиться = расколоться на несколько
частей в результате удара

◆ разбивать, разбить + что? *(чашку, окно)*

> • Кто разбил + что?
>
> *Ребёнок нечаянно разбил фарфоровую чашку.*
> • Что разбилось (+ в результате чего?)
>
> *Ребёнок нечаянно уронил чашку на пол, и она
> разбилась.*

разби́тый (-ая, -ое, -ые) страд. прич. = им. прилаг.
разби́т (-а, -о, -ы) кр. ф. страд. прич.

> • Что (было) разбито + кем?
>
> *Фарфоровая чашка (была) разбита ребёнком.*

(не) разбе́й(те) пов. накл.

> *Будь осторожен — не разбей чашку!*

━━━ **ЗАПОМНИТЕ** ━━━

Корабль разбился о скалы.

Войска неприятеля были разбиты в сражении.

Все надежды на спасение были разбиты!.. =
Была потеряна последняя надежда на спасение.

Сердце девушки было разбито! =
Девушка влюбилась без надежды
на взаимную любовь.

> «Гранёные стаканчики упали со стола.
> Разбилися стаканчики — разбилась жизнь моя!..»
> (Городской романс)
> «разбилися» — просторечное,
> правильно: «разбились»

➤ см. также **БИТЬ**

РАЗВИВА́ТЬ(СЯ) нсв _____

я развива́ю(сь), ты развива́ешь(ся)... наст. вр.
разви́ть(ся) св

я разовью́(сь), ты разовьёшь(ся)... буд. вр.

▪ развиваться, развиться = совершенствоваться, усовершенствоваться; усложняться, усложниться в своей конструкции; увеличиваться, увеличиться в размерах

▪ развиваться, развиться (о человеке) = повышать, повысить свой умственный или физический потенциал

◆ развивать, развить + что? *(экономику, промышленность, торговлю)*

> • Кто развивает + что?
>
> *Нация развивает свою экономику.*
> *Соседние страны развивают между собой*
> *дружественные отношения.*
> • Что развивается + как?
>
> *В последнее время экономика страны развива-*
> *ется быстрыми темпами.*
> *Между двумя странами развиваются добросо-*
> *седские отношения.*

ра́звитый (-ая, -ое, -ые) страд. прич.
ра́звит (-а, -о, -ы) кр. ф. страд. прич.

> • Что (было) развито + когда?
>
> *В последнее время была развита система*
> *коллективной безопасности.*

развива́ющий (-ая(ся), -ее(ся), -ие(ся)) действ. прич.

━━ **ЗАПОМНИТЕ** ━━
развивающиеся страны =
страны с ещё не достаточно развитой экономикой

РАЗВЛЕКА́ТЬ(СЯ) нсв _____

я развлека́ю(сь), ты развлека́ешь(ся)... наст. вр.
развле́чь(ся) св

я развлеку́(сь), ты развлечёшь(ся)... буд. вр.
▪развлекать = доставлять кому-либо удовольствие
во время отдыха
▪развлекаться = получать удовольствие во время отдыха
♦ развлекать, развлечь + кого? *(гостей, туристов)*
♦ развлекаться, развлечься + где? *(в казино,*
на аттракционах)

> • Кто развлекает + кого?
> *Хозяева развлекают гостей.*
> *Артисты развлекают зрителей.*
> • Кто развлекаются + где?
> *Дети развлекаются на аттракционах.*
> *Богатые развлекаются в казино.*

развлека́й(ся), развлека́йте(сь) пов. накл.; нсв
развлеки́(те)сь пов. накл.; св

> *Развлеки гостей, пока готовится ужин.*
> *Развлекайтесь! Чувствуйте себя как дома!*

РАЗВОДИ́ТЬСЯ нсв _____

я развожу́сь, ты разво́дишься... наст. вр.
развести́сь св

я разведу́сь, ты разведёшься... буд. вр.
▪разводиться, развестись = расходиться, разойтись;
официально расторгать, расторгнуть супружеские
отношения
♦ разводиться, развестись + с кем? *(с мужем, с женой)*

> • Кто развёлся (разошёлся) + с кем?
> *Муж развёлся (= разошёлся) с женой.*
> *Жена развелась (= разошлась) с мужем.*
> *(= Супруги развелись. = Супруги разошлись.)*

━━━ **ЗАПОМНИТЕ** ━━━

подать на развод =
подать заявление о расторжении брака

В Санкт-Петербурге во время белых ночей
разводят мосты на реке Неве.

**разводиться, развестись —
расходиться, разойтись**

РАЗГОВА́РИВАТЬ нсв _____

я разгова́риваю, ты разгова́риваешь... наст. вр.

♦ разговаривать + с кем? *(с другом, с подругой,
с приятелем, с приятельницей)* + о чём? *(о погоде,
об экзамене, о новом фильме)*

♦ разговаривать + как? *(по телефону)*

▪ разговориться = вступить с кем-нибудь в оживлён-
ный разговор

> • Кто разговаривает + с кем? (+ как? + о чём?)
> *Студент разговаривает с девушкой.*
> *Студент разговаривает с девушкой по телефо-
> ну.*
> *Студент разговаривает с девушкой о новом
> фильме.*

> «Разговоры, разговоры...
> Словно нитка тянутся!..
> Разговоры стихнут скоро,
> А любовь останется!..»
>
> (Песня) 📖

 **разговаривать — беседовать —
говорить — рассказывать**

➢ см. также **ГОВОРИТЬ**

РАЗГРУЖА́ТЬ нсв _____

я разгружа́ю, ты разгружа́ешь... наст. вр.

разгрузи́ть св

я разгружу́, ты разгру́зишь... буд. вр.

▪ разгружать, разгрузить = освобождать, освободить
транспортное средство от груза

> • Кто разгрузил + что?
> *Грузчики разгрузили грузовую машину.*

разгружа́й(те) пов. накл.

Р

разгрузи́(те) пов. накл.
> *Разгружайте машину.*

> **разгружать, разгрузить —**
> **грузить, погрузить**

РАЗДЕВА́ТЬ(СЯ) нсв _____
> *я раздева́ю(сь), ты раздева́ешь(ся)...* наст. вр.

разде́ть(ся) св
> *я разде́ну(сь), ты разде́нешь(ся)...* буд. вр.

▪ раздеваться, раздеться = снять одежду с себя
♦ раздевать, раздеть + кого? *(ребёнка)* = снять
одежду + с кого? *(с ребёнка)*

> • Кто раздел + кого?
>
> *Мать раздела ребёнка и уложила его спать.*
> • Кто разделся?
>
> *Ребёнок разделся и лёг спать.*
> *Гости разделись в прихожей и прошли в комнату.*

разде́тый (-ая, -ое, -ые) страд. прич.
разде́т (-а, -о, -ы) кр. ф. страд. прич.

> • Кто (был) раздет + кем?
>
> *Ребёнок (был) раздет матерью и уложен спать.*

раздева́й(ся), раздева́йте(сь) пов. накл.; нсв
разде́нь(ся), разде́ньте(сь) пов. накл.; св

> *Раздень ребёнка и уложи его спать.*
> *Здравствуйте! Раздевайтесь, проходите в комнату!*

> «Одет, раздет и вновь одет...»
>
> (А.С. Пушкин)
>
> «В первый раз раздета не для сна!..»
>
> (К. Симонов) 📖

> **раздевать(ся), раздеть(ся) —**
> **одевать(ся), одеть(ся)**

РАЗДРАЖА́ТЬ(СЯ) нсв _____

я раздража́ю(сь), ты раздража́ешь(ся)... наст. вр.

раздражи́ть(ся) св

я раздражу́(сь), ты раздражи́шь(ся)... буд. вр.

❖ раздражать, раздражить + кого? *(родителей)* + чем? *(шумом)*

❖ раздражаться, раздражиться + из-за чего? *(из-за шума)*

> • Кто раздражил + кого? + чем?
>
> *Ребёнок своим шумом раздражил родителей.*
>
> • Что раздражило + кого?
>
> *Шум раздражил родителей.*
>
> • Кто раздражился + из-за чего?
>
> *Родители раздражились из-за шума.*

раздражённый (-ая, -ое, -ые) страд. прич. = им. прилаг.

раздражён, раздражена́ (-о́, -ы́) кр. ф. страд. прич.

> • Кто (был) раздражён + чем?
>
> *Родители (были) раздражены шумом.*

(не) раздража́й(ся), (не) раздража́йте(сь) пов. накл.

> *Не раздражай меня своим шумом!..*
>
> *Не раздражайтесь, пожалуйста! Держите себя в руках!*

РАЗРЕША́ТЬ нсв _____

я разреша́ю, ты разреша́ешь... наст. вр.

разреши́ть св

я разрешу́, ты разреши́шь... буд. вр.

▪ разрешать, разрешить = давать, дать разрешение, предоставлять, предоставить право на осуществление каких-либо действий

❖ разрешать, разрешить + что делать? *(гулять, купаться)*

❖ разрешать, разрешить + что? *(прогулки, купание)*

> • Кто разрешил (+ кому?) + что делать? (что?)
>
> *Мать разрешила ребёнку гулять.*
>
> *Диспетчер разрешил самолёту взлёт.*
>
> • Кому разрешили + что?
>
> *Самолёту разрешили взлёт.*

разрешённый (-ая, -ое, -ые) страд. прич.

разрешён, разрешена́ (-о́, -ы́) кр. ф. страд. прич.

> • Кому (было) разрешено + что делать? (что?)
> *Ребёнку (было) разрешено гулять.*
> *Самолёту (было) разрешено взлететь. =*
> *Самолёту (было) дано разрешение на взлёт.*

(не) разреша́й(те) пов. накл.; нсв
разреши́(те) пов. накл.; св

> *Не разрешайте детям играть со спичками!*
> *Разреши мне взять твою ручку.*

ЗАПОМНИТЕ

Разрешите пройти?

Разрешите прикурить?

Разрешите пригласить Вас на вальс?

(Вежливая форма обращения
с соответствующей просьбой)

 **разрешать, разрешить —
запрещать, запретить**

РАЗРУША́ТЬ(СЯ) нсв _____

*я разруша́ю, ты разруша́ешь, он, она, оно разруша́-
ет(ся)...* наст. вр.

разру́шить(ся) св

*я разру́шу, ты разру́шишь, он, она, оно разру́-
шит(ся)...* буд. вр.

♦ разрушать, разрушить + что? *(стену, дом, город)*
♦ разрушаться, разрушиться + в результате чего?
(от старости, от взрыва)

> • Кто разрушил + что?
> *Революционный народ разрушил здание
> тюрьмы.*
>
> • Что разрушилось + в результате чего?
> *Старинное здание разрушилось от старости.*
> *Здание разрушилось в результате взрыва.*

разру́шенный (-ая, -ое, -ые) страд. прич.
разру́шен (-а, -о, -ы) кр. ф. страд. прич.

> • Что (было) разрушено + кем?
> *Здание тюрьмы (было) разрушено револю-
> ционным народом.*

РАССКА́ЗЫВАТЬ нсв _____

я расска́зываю, ты расска́зываешь... наст. вр.

рассказа́ть св

я расскажу́, ты расска́жешь... буд. вр.

♦ рассказывать, рассказать + кому? *(родителям)*
+ о чём? *(о путешествии)*

♦ рассказывать, рассказать + кому? *(ребёнку)* + что?
(сказку)

> • Кто рассказал + кому? + о чём?
> *Студент рассказал своим родителям о жизни и учёбе в России.*
>
> • Кто рассказал + кому? + что?
> *Мать рассказала ребёнку интересную сказку.*

(не) расска́зывай(те) пов. накл.; нсв

расскажи́(те) пов. накл.; св

> *Никому никогда не рассказывай об этой истории!..*
> *Расскажи нам о своей жизни в России.*

☞ **рассказывать, рассказать**
сравните: говорить, сказать, разговаривать

ЗАПОМНИТЕ
Не рассказывай мне сказки!.. =
Не пытайся меня обмануть —
я тебе всё равно не поверю!..

РАССТАВА́ТЬСЯ нсв _____

я расстаю́сь, ты расстаёшься... наст. вр.

расста́ться св

я расста́нусь, ты расста́нешься... буд. вр.

♦ расставаться, расстаться + с кем? *(с другом, с подругой, с семьёй, с родителями)*

> • Кто расстался + с кем?
> *Студент расстался со своими родителями и уехал учиться в другую страну.*
> *Муж расстался со своей первой женой и женился на другой женщине.*
> *Солдат расстался со своей семьёй и ушёл на войну.*

Р

(не) расстава́йтесь пов. накл.

> *С любимыми не расставайтесь!..*

> «Не расстанусь с комсомолом,
> Буду вечно молодым!..»
>
> (Н. Добронравов)
>
> «Вы говорили: нам пора расстаться,
> Что вас измучила моя шальная жизнь...»
>
> (С.А. Есенин)

РАССТЁГИВАТЬ(СЯ) нсв _____

я расстёгиваю(сь), ты расстёгиваешь(ся)... наст. вр.
расстегну́ть(ся) св

я расстегну́(сь), ты расстегнёшь(ся)... буд. вр.
♦ расстёгивать, расстегнуть + что? *(пуговицы,
рубашку)*

> • Кто расстегнул + что?
>
> *Мужчина расстегнул пуговицу на рубашке.*
> *Мужчина расстегнул рубашку.*

расстёгнутый (-ая, -ое, -ые) страд. прич.
расстёгнут (-а, -о, -ы) кр. ф. страд. прич.

> • Что (было) расстёгнуто (+ кем?)
>
> *Пуговица на рубашке была расстёгнута.*

расстегни́(сь) пов. накл.
расстегни́те(сь) пов. накл.

> *Расстегнись — здесь очень душно.*

 **расстёгивать, расстегнуть —
застёгивать, застегнуть**

РАССТРА́ИВАТЬ(СЯ) нсв _____

я расстра́иваю(сь), ты расстра́иваешь(ся)... наст. вр.
расстро́ить(ся) св

я расстро́ю(сь), ты расстро́ишь(ся)... буд. вр.
♦ расстраивать, расстроить + кого? *(родителей)* =
портить, испортить настроение + кому? *(родителям)*

▪ расстраиваться, расстроиться = терять, потерять хорошее настроение

♦ расстраиваться, расстроиться + из-за чего? *(из-за плохой оценки на экзамене)*

> • Кто расстроил + кого?
>
> *Ребёнок получил плохую отметку и расстроил этим своих родителей.*
>
> • Кто расстроился + из-за чего?
>
> *Родители расстроились из-за плохой отметки своего сына.*

расстро́енный (-ая, -ое, -ые) страд. прич. = им. прилаг.

расстро́ен (-а, -о, -ы) кр. ф. страд. прич.

> • Кто (был) расстроен + из-за чего?
>
> *Родители (были) расстроены из-за плохой отметки сына.*
>
> • Кто (был) расстроен + чем?
>
> *Родители (были) расстроены поведением сына.*

(не) расстра́ивай(ся), расстра́ивайте(сь) пов. накл.

> *Учись хорошо! Не расстраивай меня!..*
>
> *Не расстраивайтесь — всё будет хорошо!..*

━━━ **ЗАПОМНИТЕ** ━━━
> **Чем ты расстроен? =**
> **Что случилось?**

РАСТИ́ нсв

> *я расту́, ты растёшь...* наст. вр.
>
> *он рос, она росла́, они росли́* прош. вр.

вы́расти св

> *я вы́расту, ты вы́растешь...* буд. вр.
>
> *он вы́рос, она вы́росла, они вы́росли* прош. вр.

выраста́ть нсв

> *я вырастаю, ты вырастаешь..* наст. вр.

▪ расти = развиваться, становиться больше

▪ вырастать, вырасти = достигать, достичь определённого уровня в своём развитии

> • Что растёт?
>
> *Под окном в саду растёт красивое дерево.*

• Кто растёт + как?

Ребёнок растёт очень быстро.

Производство автомобилей в стране растёт быстрыми темпами.

расти́(те) пов. накл.

С днём рождения, сынок! Расти большой и умный!

---ЗАПОМНИТЕ---

Расти большой и умный!

(Пожелание ребёнку)

«И растёт ребёнок там
Не по дням, а по часам...»

(А.С. Пушкин, «Сказка о царе Салтане»)

«Лет до ста расти нам без старости...»

(В.В. Маяковский, «Хорошо!»)

**расти, вырасти, вырастать —
растить, вырастить, выращивать**

РАСТИ́ТЬ нсв _____

я ращу́, ты расти́шь... наст. вр.

вы́растить св

я вы́ращу, ты вы́растишь... буд. вр.

выра́щивать нсв

я выра́щиваю, ты выра́щиваешь... наст. вр.

▪ растить = обеспечивать возможность и условия для развития кого-либо или чего-либо

▪ выращивать, вырастить = добиваться, добиться определённых результатов в развитии кого-либо или чего-либо

• Кто выращивает + что?

Фермеры выращивают на своих полях хлеб (пшеницу и рожь).

• Кто вырастил + кого? (что?)

Фермер вырастил хороший урожай овощей.

вы́ращенный (-ая, -ое, -ые) страд. прич.

вы́ращен (-а, -о, -ы) кр. ф. страд. прич.

> • Что (было) выращено + кем?
> *Хороший урожай овощей и фруктов был выращен фермером.*

———ЗАПОМНИТЕ———
Родители вырастили десять детей.

РАСХОДИ́ТЬСЯ нсв _____

я расхожу́сь, ты расхо́дишься, мы расхо́димся...
наст. вр.

разойти́сь св

я разойду́сь, ты разойдёшься, мы разойдёмся... буд. вр.
он разошёлся, она разошла́сь, они разошли́сь...
прош. вр.

▪ расходиться, разойтись = движение двух и более субъектов в разные стороны

♦ расходиться, разойтись + с кем? *(с другом, с женой, с оппонентом)*

> • Кто разошёлся? (+ с кем?)
> *Боксёры разошлись в разные углы ринга.*
> *Оппоненты разошлись во мнениях.*
> *Муж с женой разошлись после десяти лет совместной жизни.*

(не) расходи́тесь пов. накл.

> *Не расходитесь! После занятий будет собрание студентов.*

———ЗАПОМНИТЕ———
расходиться, разойтись =
прекращать, прекратить супружеские отношения =
разводиться, развестись

> «Мы странно встретились
> и странно разойдёмся...»
> (Б. Тимофеев) 📖

расходиться, разойтись —
разводиться, развестись

Р

➤ см. также **ХОДИТЬ, ИДТИ**

РВАТЬ(СЯ) нсв _____

я рву, ты рвёшь, он, она, оно рвёт(ся)... наст. вр.

порва́ть(ся) св

я порву́, ты порвёшь, он, она, оно порвёт(ся)... буд. вр.

разорва́ть(ся) св

я разорву́, ты разорвёшь, он, она, оно разорвёт(ся)...
буд. вр.

разрыва́ть(ся) нсв

я разрыва́ю(сь), ты разрыва́ешь(ся)... наст. вр.

 • Кто порвал (разорвал) + что?

Девушка очень обиделась и разорвала получен-
ное письмо.

Молодой человек упал и порвал брюки.

Правительства двух стран разорвали дипло-
матические отношения.

 • Что порвалось + из-за чего?

У молодого человека из-за падения порвались
брюки.

по́рванный (-ая, -ое, -ые) страд. прич.

по́рван (-а, -о, -ы) кр. ф. страд. прич.

разо́рванный (-ая, -ое, -ые) страд. прич.

разо́рван (-а, -о, -ы) кр. ф. страд. прич.

 • Что (было) порвано + как?

При падении брюки молодого человека (были)
порваны.

 • Что (было) разорвано + из-за чего? (в результате чего?)

Дипломатические отношения в результате
конфликта (были) разорваны.

(не) порви́(те) пов. накл.

 Будь аккуратен, не порви книгу!..

─────ЗАПОМНИТЕ─────
порвать со своим прошлым =
начать «новую» жизнь

Р

> «Сердце рвётся от тоски,
> А в глазах тревога!..»
> (Цыганский романс)

РЕАЛИЗОВА́ТЬ(СЯ) нсв =св _____

я реализу́ю(сь), ты реализу́ешь(ся)... наст. вр. = буд. вр.

▪ реализовать = осуществить, сделать реальным

◆ реализовать + что? *(план, намерение, возмож-ность)*

> • Кто реализовал + что?
> *Молодой человек реализовал своё намерение поехать учиться за границу.*

реализо́ванный (-ая, -ое, -ые) страд. прич.

реализо́ван (-а, -о, -ы) кр. ф. страд. прич.

> • Что (было) реализовано + кем?
> *Программа модернизации производства (была) реализована новой администрацией завода.*

РЕВНОВА́ТЬ нсв _____

я ревну́ю, ты ревну́ешь... наст. вр.

приревнова́ть св

я приревну́ю, ты приревну́ешь... буд. вр.

◆ ревновать, приревновать + кого? *(жену)* + к кому? *(к другому мужчине)*

> • Кто приревновал + кого? + к кому?
> *Отелло приревновал Дездемону к своему другу.*
> *Алеко приревновал Земфиру к молодому цыгану.*
> *Арбенин приревновал свою жену Нину к молодому офицеру.*

(не) ревну́й(те) пов. накл.

> *Не ревнуй понапрасну!..*

Р

РЕДАКТИ́РОВАТЬ нсв _____

я редакти́рую, ты редакти́руешь... наст. вр.

отредакти́ровать св

я отредакти́рую, ты отредакти́руешь... буд. вр.

▪ редактировать = исправлять текст, осуществлять редакторскую работу

♦ редактировать + что? *(текст, рукопись, книгу)*

> • Кто отредактировал + что?
>
> *Редактор отредактировал рукопись новой книги.*
>
> *Докладчик перед выступлением отредактировал текст своего доклада.*

отредакти́рованный (-ая, -ое, -ые) страд. прич.

отредакти́рован (-а, -о, -ы) кр. ф. страд. прич.

> • Что (было) отредактировано + кем?
>
> *Рукопись новой книги (была) отредактирована редактором.*

отредакти́руй(те) пов. накл.

> *Отредактируйте, пожалуйста, мою статью для журнала.*

РЕ́ЗАТЬ нсв _____

я ре́жу, ты ре́жешь... наст. вр.

поре́зать св

я поре́жу, ты поре́жешь... буд. вр.

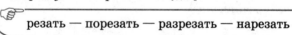

резать — порезать — разрезать — нарезать

▪ резать = делить на части, действуя чем-либо острым

▪ порезать = осуществить действие с помощью ножа или ножниц

▪ разрезать = осуществить действие энергично (обычно — на две части)

▪ нарезать = получить в результате действия множество отдельных частей

♦ резать, порезать, нарезать + что? *(хлеб, бумагу)*

> • Кто нарезал + что?
>
> *Повар нарезал хлеб.*

наре́занный (-ая, -ое, -ые) страд. прич.
наре́зан (-а, -о, -ы) кр. ф. страд. прич.

> • Что (было) нарезано + кем?
>
> *Хлеб (был) нарезан поваром.*

наре́жь(те) пов. накл.

> *Нарежьте, пожалуйста, хлеб(а).*

ЗАПОМНИТЕ

зарезать =
убить с помощью ножа

Ты меня без ножа зарезал! =
Ты меня очень подвёл.

РЕКЛАМИ́РОВАТЬ нсв _____

я реклами́рую, ты реклами́руешь... наст. вр.

разреклами́ровать св

я разреклами́рую, ты разреклами́руешь... буд. вр.

▪ рекламировать = осуществлять рекламу, подчёркивать достоинства чего-либо

♦ рекламировать + что? *(товары, услуги)*

> • Кто рекламирует + что?
>
> *Фирма рекламирует свою продукцию.*

разреклами́рованный (-ая, -ое, -ые) страд. прич.
разреклами́рован (-а, -о, -ы) кр. ф. страд. прич.

> • Что (было) разрекламировано + кем?
>
> *Продукция (была) широко разрекламирована фирмой.*

РЕКОМЕНДОВА́ТЬ нсв _____

я рекоменду́ю, ты рекоменду́ешь... наст. вр.

порекомендова́ть св

я порекоменду́ю, ты порекоменду́ешь... буд. вр.

♦ (по)рекомендовать + кому? *(покупателю)* + что? *(новый товар)*

♦ (по)рекомендовать + кому? *(студенту)* + что (с)делать? *(изучать русский язык)*

> • Кто порекомендовал + кому? + что?
>
> *Врач порекомендовал больному новое лекарство.*

> • Кто порекомендовал + кому? + что (с)делать?
> *Врач порекомендовал больному побольше*
> *бывать на свежем воздухе.*
> *Врач порекомендовал больному поехать на юг.*

рекомендо́ванный (-ая, -ое, -ые) страд. прич.

рекомендо́ван (-а, -о, -ы) кр. ф. страд. прич.

> • Что (было) рекомендовано + кем?
> *Новое лекарство (было) рекомендовано*
> *Минздравом России.*

порекоменду́й(те) пов. накл.

> *Порекомендуйте мне, пожалуйста, какую-ни-*
> *будь интересную книгу по истории России.*

 рекомендовать, порекомендовать —
советовать, посоветовать

РЕМОНТИ́РОВАТЬ нсв _____

я ремонти́рую, ты ремонти́руешь... наст. вр.

отремонти́ровать св

я отремонти́рую, ты отремонти́руешь... буд. вр.

▪ ремонтировать = производить ремонт чего-либо

◆ ремонтировать + что? *(часы, телевизор, автомо-*
биль, квартиру)

> • Кто ремонтирует + что?
> *Рабочие ремонтируют квартиру.*
> • Кто отремонтировал + что?
> *Механик отремонтировал автомобиль.*

отремонти́рованный (-ая, -ое, -ые) страд. прич.

отремонти́рован (-а, -о, -ы) кр. ф. страд. прич.

> • Что (было) отремонтировано + кем?
> *Телевизор (был) отремонтирован мастером.*

отремонти́руй(те) пов. накл.

> *Отремонтируйте, пожалуйста, мои часы —*
> *они остановились.*

 ремонтировать, отремонтировать —
чинить, починить —
ломать, сломать —
портить, испортить

Р

РЕПЕТИ́РОВАТЬ нсв _____

я репети́рую, ты репети́руешь... наст. вр.

отрепети́ровать св

я отрепети́рую, ты отрепети́руешь... буд. вр.

♦ репетировать + что? *(спектакль, концерт)* + с кем? *(с партнёрами, с оркестром)*

> • Кто репетирует + что? + с кем?
> *Музыкант репетирует с оркестром симфонию Чайковского.*

отрепети́рованный (-ая, -ое, -ые) страд. прич.

отрепети́рован (-а, -о, -ы) кр. ф. страд. прич.

> • Что (было) отрепетировано + как?
> *Спектакль (был) хорошо отрепетирован.*

(от)репети́руйте пов. накл.

> *Мне нужно уходить — репетируйте без меня...*
> *Отрепетируйте ещё раз финал спектакля.*

РЕСТАВРИ́РОВАТЬ нсв _____

я реставри́рую, ты реставри́руешь... наст. вр.

отреставри́ровать св

я отреставри́рую, ты отреставри́руешь... буд. вр.

♦ (от)реставрировать + что? *(икону, картину, мебель)*

> • Кто реставрирует + что?
> *Реставратор реставрирует старинные иконы.*
>
> • Кто отреставрировал + что?
> *Реставратор отреставрировал старинную икону.*

отреставри́рованный (-ая, -ое, -ые) страд. прич.

отреставри́рован (-а, -о, -ы) кр. ф. страд. прич.

> • Что (было) отреставрировано + кем?
> *Старинная икона (была) отреставрирована реставратором.*

отреставри́руй(те) пов. накл.

> *Отреставрируйте, пожалуйста, эту старинную картину.*

РЕША́ТЬ(СЯ) нсв _____

я реша́ю(сь), ты реша́ешь(ся)... наст. вр.

реши́ть(ся) св

я решу́(сь), ты реши́шь(ся)... буд. вр.

▪ решать, решить = находить, найти решение; приходить, прийти к решению

◆ решать, решить + что? *(задачу, проблему)*

◆ решать, решить + что делать? *(изучать русский язык)*

▪ решаться, решиться = принимать, принять на себя ответственность за какое-либо решение

◆ решаться, решиться + на что? *(на ответственный шаг)*

◆ решаться, решиться + что сделать? *(прыгнуть с вышки в воду)*

• Кто решил + что?

Ученик решил трудную задачу.

• Кто решил + что сделать?

Студент решил изучать русский язык.

• Кто решился + что сделать?

Мальчик решился прыгнуть с вышки в воду.

━━━ **ЗАПОМНИТЕ** ━━━

решительный человек =
человек, который способен принять какое-либо
решение в трудных обстоятельствах

РИСКОВА́ТЬ нсв _____

я риску́ю, ты риску́ешь... наст. вр.

рискну́ть св

я рискну́, ты рискнёшь... буд. вр.

◆ рисковать + чем? *(деньгами, репутацией, жизнью)*

• Кто рискует + чем?

Солдат рискует своей жизнью.

(не) риску́й(те) пов. накл.; нсв

рискни́(те) пов. накл.; св

Не рискуй понапрасну!

Попробуй рискни, может быть, тебе повезёт!

ЗАПОМНИТЕ

Кто не рискует, тот не пьёт шампанского.

Риск — благородное дело!

(Поговорки)

РОЖДА́ТЬ(СЯ) нсв

я рожда́ю, ты рожда́ешь, она рожда́ет наст. вр.

роди́ть св

я рожу́, ты роди́шь... буд. вр.

рожать = производить на свет ребёнка
я рожаю, ты рожаешь, она рожает... наст. вр.

♦ рождать (рожать), родить + кого? *(ребёнка, сына, дочку)*

- Кто родил + кого?
  Мать родила сына.

рожда́ться нсв

он, она, оно рожда́ется,... они рожда́ются наст. вр.

роди́ться св

я, ты, он роди́лся, она родила́сь, оно роди́ло́сь, они роди́ли́сь прош. вр.

родиться — только в прошедшем времени!

- Кто родился + когда? + где?
  А.С. Пушкин родился 6-го июня 1799 года в Москве.

рождённый (-ая, -ое, -ые) страд. прич.

рождён, рождена́ (-о́, -ы́) кр. ф. страд. прич.

роди́(те) пов. накл.

(не) роди́(сь) пов. накл.

Роди мне сына!

ЗАПОМНИТЕ

У меня родился сын.

У меня родилась идея. =
У меня появилась идея.

Не родись красивой, а родись счастливой!..

(Поговорка)

Р

> «Полковник наш рождён был хватом:
> Слуга царю, отец солдатам...»
>
> (М.Ю. Лермонтов, «Бородино»)
>
> «Рождённый ползать — летать не может!..»
>
> (М. Горький, «Песня о соколе»)
>
> «Мы рождены, чтоб сказку сделать былью...»
>
> (П. Герман, «Марш авиаторов»)
>
> «...И роди богатыря
> Мне к исходу сентября!..»
>
> (А.С. Пушкин, «Сказка о царе Салтане...»)

РУГА́ТЬ(СЯ) нсв

я руга́ю(сь), ты руга́ешь(ся)... наст. вр.

отруга́ть св

я отруга́ю, ты отруга́ешь... буд. вр.

▪ ругать, отругать = высказывать, высказать кому-либо в резкой форме неудовольствие по поводу неправильных действий

♦ ругать, отругать + кого? *(ребёнка, подчинённого)* + за что? *(за ошибку, за плохую работу)*

руга́ться нсв

я руга́юсь, ты руга́ешься... наст. вр.

вы́ругаться св

я вы́ругаюсь, ты вы́ругаешься... буд. вр.

▪ ругаться = бурно высказывать своё недовольство чем-либо или кем-либо; скандалить

▪ ругаться, выругаться = использовать в своей речи неприличные, нецензурные выражения

> • Кто ругает + кого? + за что?
> *Мать ругает ребёнка за плохую оценку.*
> *Начальник ругает подчинённого за плохую работу.*
> • Кто ругается + на кого?
> *Мать ругается на сына.*

(не) руга́й(ся) пов. накл.

(не) руга́йте(сь) пов. накл.

> *Не ругайте меня! Я ни в чём не виноват.*
> *Не ругайтесь! Вы находитесь в обществен-*
> *ном месте.*

РУКОВОДИ́ТЬ нсв _____

я руковожу́, ты руководи́шь... наст. вр.

▪ руководить = осуществлять руководство, управлять чьей-либо деятельностью

◆ руководить + кем? (чем?) (*страной, предприятием, фирмой, оркестром*)

> • Кто руководит + чем?
> *Ректор руководит университетом.*
> *Президент руководит страной.*

—ЗАПОМНИТЕ—
руководитель =
человек, который осуществляет руководство

САДИ́ТЬСЯ нсв _____

я сажу́сь, ты сади́шься... наст. вр.

сесть св

я ся́ду, ты ся́дешь... буд. вр.

он сел, она се́ла, они се́ли прош. вр.

◆ садиться, сесть + куда? (*на стул, на диван, в авто-бус, в поезд*)

> • Кто сел + куда?
> *Гость сел на диван.*
> *Пассажир сел в поезд.*

сади́сь, сади́тесь пов. накл.; нсв

сядь, ся́дьте пов. накл.; св

> *Садитесь, пожалуйста, на свободные места.*
> *Этот стул сломан — сядь на другой.*

 садиться, сесть — сидеть —
сажать, посадить

САЖА́ТЬ нсв _____

я сажа́ю, ты сажа́ешь... наст. вр.

посади́ть св

я посажу́, ты поса́дишь... буд. вр.

♦ сажать, посадить + кого? *(ребёнка)* + куда? *(на стул)*

♦ сажать, посадить + что? *(цветы, капусту, дерево)*

> • Кто посадил + кого? + куда?
>
> *Мать посадила ребёнка на диван.*
>
> • Кто посадил + что?
>
> *Садовник посадил в саду красивые цветы.*

посади́(те) пов. накл.

> *Посадите ребёнка — он очень устал.*

> **сажать, посадить**
> **преступника в тюрьму**

──── **ЗАПОМНИТЕ** ────

Мужчина за свою жизнь должен вырастить сына, построить дом и посадить дерево.

«Внимание! Объявляется посадка на самолёт, следующий рейсом «Москва — Сеул»

(Объявление в аэропорту)

> «Посадил дед репку.
> Выросла репка большая-пребольшая...»
>
> (Русская народная сказка)

СВЕТИ́ТЬ(СЯ) нсв _____

*я свечу́(сь), ты све́тишь(ся), он, она, оно све́-
тит(ся)... наст. вр.*

▪ свети́ть = излучать свет

освети́ть(ся) св

*я освещу́, ты осве́тишь, он, она, оно освети́т(ся)...
буд. вр.*

освеща́ть(ся) нсв

*я освеща́ю, ты освеща́ешь, он, она, оно освеща́-
ет(ся)... наст. вр.*

▪ освещать, осветить = делать, сделать объект хорошо обозримым благодаря направленности на него света

♦ освещать, осветить + что? *(Землю, комнату)*

▪ освещаться, осветиться = подвергаться, подвергнуться освещению (воздействию света от какого-либо источника)

♦ освещаться, осветиться + чем? *(солнцем, лампой)*

- Что светит + где?

На небе ярко светит солнце.

- Что светит + откуда?

С потолка светит лампа.

- Что освещает + что?

Солнце освещает Землю.

Лампа освещает комнату.

- Что освещается + чем?

Земля освещается солнцем.

Комната освещается лампой.

освещённый (-ая, -ое, -ые) страд. прич.

освещён, освещена́ (-о́, -ы́) кр. ф. страд. прич.

- Что (было) освещено + чем?

Земля освещена солнцем.

Комната (была) освещена лампой.

ЗАПОМНИТЕ

свет в конце тоннеля =

надежда на скорый выход из кризисной ситуации

«Светить всегда, светить везде,
до дней последних донца,
светить — и никаких гвоздей!
Вот лозунг мой —
и солнца!..»

(В.В. Маяковский,
«Необычайное приключение...»)

СДАВА́ТЬ нсв _____

я сдаю́, ты сдаёшь... наст. вр.

сдать св

я сдам, ты сдашь... буд. вр.

С

▪ сдавать, сдать = отчитываться, отчитаться по поводу достигнутых результатов в учёбе или работе

▪ сдавать, сдать = предоставлять, предоставить в аренду участок земли или помещение

◆ сдавать, сдать + что? *(экзамен, квартиру)*

> • Кто сдал + что?
>
> *Студент сдал экзамен на «отлично».*
>
> • Кто сдал + что? + кому?
>
> *Хозяева сдали квартиру иностранным студентам.*

сда́нный (-ая, -ое, -ые) страд. прич.

сдан (-а́, -о́, -ы́) кр. ф. страд. прич.

> • Что (было) сдано + кем?
>
> *Экзамен был сдан студентом на «отлично».*
>
> • Что (было) сдано + кому?
>
> *Квартира (была) сдана иностранным студентам.*

──────── **ЗАПОМНИТЕ** ────────

сдавать(ся), сдаться в плен

СЕРДИ́ТЬ(СЯ) нсв _____

я сержу́(сь), ты се́рдишь(ся)... наст. вр.

рассерди́ть(ся) св

я рассержу́(сь), ты рассе́рдишь(ся)... буд. вр.

▪ сердить, рассердить = вызывать, вызвать в ком-либо недовольство, раздражение

◆ сердить, рассердить + кого? *(родителей, подругу)*

▪ сердиться, рассердиться = испытывать, испытать недовольство, раздражение

◆ сердиться, рассердиться + на кого? *(на детей, на подругу)*

> • Кто рассердил + кого?
>
> *Дети рассердили своих родителей.*
>
> • Кто рассердился + на кого?
>
> *Родители рассердились на своих детей.*

серди́тый (-ая, -ое, -ые) им. прилаг.

С

серди́т (-а, -о, -ы) кр. ф. им. прилаг.

> • Кто (был) сердит (рассержен) + на кого?
>
> *Родители (были) сердиты (рассержены) на своих детей.*

(не) серди́сь, (не) серди́тесь пов. накл.

> *Не сердись на меня! Я не хотел тебя обидеть...*

───────ЗАПОМНИТЕ───────

На сердитых воду возят. (Поговорка) =
Когда ты раздражён, это мешает тебе
в достижении положительного результата.

Юпитер, ты сердишься — значит, ты неправ!
(Латинская поговорка)

**сердить(ся), рассердить(ся) —
раздражать(ся), раздражить(ся) —
ругать(ся), отругать**

СИДЕ́ТЬ нсв _____

я сижу́, ты сиди́шь... наст. вр.

посиде́ть св

я посижу́, ты посиди́шь... буд. вр.

▪ сидеть = находиться в сидячем положении

♦ сидеть + на чём? *(на стуле, на диване)*

> • Кто сидит + на чём?
>
> *Студент сидит на стуле.*
>
> *Профессор сидит в удобном кресле.*

сиди́(те) пов. накл.

> *Сидите! Не вставайте.*

───────ЗАПОМНИТЕ───────

сидеть на чемоданах =
готовиться к скорому отъезду

сидеть (в тюрьме) =
быть заключённым в тюрьму

**сидеть — стоять — лежать — висеть;
сидеть — садиться, сесть —
сажать, посадить**

С

СКРЫВА́ТЬ(СЯ) нсв _____

я скрыва́ю(сь), ты скрыва́ешь(ся)... наст. вр.

скры́ть(ся) св

я скро́ю(сь), ты скро́ешь(ся)... буд. вр.

▪ скрывать, скрыть = сохранять, сохранить информацию в тайне

♦ скрывать, скрыть + что? *(своё происхождение, свой возраст)* + от кого? *(от коллег по работе)*

▪ скрываться, скрыться = прятаться, спрятаться

♦ скрываться, скрыться + где? *(за границей)* + от кого? *(от полиции)*

> • Кто скрывает + что? + от кого?
>
> *Женщина скрывает свой возраст от коллег по работе.*
>
> • Кто скрывается + где?
>
> *Эмигрант скрывается за границей.*
>
> • Кто скрывается + от кого?
>
> *Террорист скрывается от полиции.*

ЗАПОМНИТЕ

скрытный человек =
тот, кто не любит рассказывать о себе

СКУЧА́ТЬ нсв _____

я скуча́ю, ты скуча́ешь... наст. вр.

соску́читься св

я соску́чусь, ты соску́чишься... буд. вр.

▪ скучать = грустить

▪ соскучиться = начать грустить

▪ скучать = не испытывать интереса

♦ скучать + по кому? (по чему?) *(по родителям, по родине)*

> • Кто скучает + по кому?
>
> *Студент скучает по своим родителям.*
>
> • Кто скучает + по чему?
>
> *Студент скучает по своей родине.*
>
> • Кто скучал?
>
> *Девушка скучала, потому что она не знала, чем ей заняться. (= Девушке было скучно.)*

(не) скуча́й(те) пов. накл.

> *Не скучай без меня — я скоро вернусь!..*

ЗАПОМНИТЕ

Студенческая жизнь очень интересна — студентам некогда скучать!

СЛЕДИ́ТЬ нсв

я слежу́, ты следи́шь... наст. вр.

проследи́ть св

я прослежу́, ты проследи́шь... буд. вр.

▪ следить = скрытно наблюдать за действиями кого-либо

▪ следить = наблюдать за каким-либо процессом

♦ следить, проследить + за кем, за чем? *(за преступником, за работой студентов)*

> • Кто следит + за кем?
>
> *Полицейский следит за преступником.*
> • Кто следит + за чем?
>
> *Учёный следит за ходом лабораторных испытаний.*

следи́(те) пов. накл.

> *Будьте внимательны — следите за дорогой!*
> *Следите за ходом моих рассуждений!*

СЛЕ́ДОВАТЬ нсв

я сле́дую, ты сле́дуешь... наст. вр.

после́довать св

я после́дую, ты после́дуешь... буд. вр.

▪ следовать, последовать = буквально: идти, пойти следом за кем-либо, за чем-либо

♦ следовать, последовать + за кем? *(за отцом)*

▪ следовать, проследовать = направляться, направиться куда-либо

♦ следовать, проследовать + куда? *(в депо)*

> • Кто последовал + за кем?
>
> *Сын последовал за своим отцом.*
>
> (= Сын пошёл за своим отцом.)

• Что следует (проследует) + куда?

Поезд следует (проследует) в депо — освободите вагоны!

следуй(те) пов. накл.

Следуйте за мной!

---ЗАПОМНИТЕ---

Следующая станция — «Автово».

Сын последовал совету отца. =
Сын поступил так, как посоветовал ему его отец.

Студентам следует много заниматься. =
Студентам нужно много заниматься. =
Студенты должны много заниматься.

«Чин следовал ему; он службу вдруг оставил…»
(А.С. Грибоедов, «Горе от ума»)

СЛЕ́ПНУТЬ нсв _____

я сле́пну, ты сле́пнешь… наст. вр.

осле́пнуть св

я осле́пну, ты осле́пнешь… буд. вр.

☞ прошедшее время от глагола **ослепнуть:**
он осле́п, она осле́пла, они осле́пли

■ слепнуть, ослепнуть = терять, потерять зрение,
способность видеть, становиться, стать слепым

• Кто ослеп?

Старик ослеп.

• Кто потерял зрение?

Старик потерял зрение.

• Кто стал слепым?

Старик стал слепым.

⚖ **слепнуть, ослепнуть —
глохнуть, оглохнуть**

СЛУЖИ́ТЬ нсв _____

я служу́, ты слу́жишь... наст. вр.

послужи́ть св

я послужу́, ты послу́жишь... буд. вр.

▪ служить = выполнять должностные обязанности (обычно: на государственной службе), быть полезным, нужным в употреблении

▪ послужить = то же, но определённый период времени

☞ | служить в армии, в милиции,
в полиции, в министерстве

◆ служить, послужить + кому, чему? *(государству)*
◆ служить + где? *(в армии, в милиции)*

• Кто служит + кому, чему?

Посол служит своему государству.

• Кто служит + где?

Солдаты служат в армии.

(по)служи́(те) пов. накл.

| *Послужите своему отечеству!*

━━━ **ЗАПОМНИТЕ** ━━━
служить примером (+ кому?) =
являться примером (+ для кого?)

«Иди-тка послужи!..
— Служить бы рад — прислуживаться тошно!..»
(А.С. Грибоедов, «Горе от ума»)

📖

СЛУЧА́ТЬСЯ нсв _____

(оно) случа́ется... наст вр.

случи́ться св

(оно) случи́тся... буд. вр.

(оно) случи́лось... прош. вр.

▪ случаться, случиться = происходить, произойти (о случайном событии)

• Что случилось + когда? + где?

Ночью в доме случился (= произошёл) пожар.

ЗАПОМНИТЕ

Что случилось? На вас лица нет!..

Не волнуйтесь!

Ничего страшного не случилось!

Всё так и должно было случиться!..

Случалось, он приходил домой очень поздно.

**Случилось так, что в тот день
неожиданно выпал снег.**

СЛУ́ШАТЬ нсв _____

я слу́шаю, ты слу́шаешь... наст. вр.

послу́шать св

я послу́шаю, ты послу́шаешь... буд. вр.

♦ слушать + что? *(музыку, лекцию, доклад)*

♦ слушать + кого? *(музыканта, лектора, докладчика)*

• Кто слушает + что?

Девушка слушает музыку.

Студенты слушают лекцию.

• Кто слушает + кого?

Студенты слушают профессора.

слу́шай(те) пов. накл.; нсв

послу́шай(те) пов. накл.; св

Слушайте и повторяйте новые слова.

Послушай! Не пойти ли нам погулять?

**слушать, послушать
сравните: слышать, услышать**

**слушать, послушать —
смотреть, посмотреть**

СЛЫ́ШАТЬ нсв _____

я слы́шу, ты слы́шишь... наст. вр.

услы́шать св

я услы́шу, ты услы́шишь... буд.вр.

♦ слышать, услышать + что? *(звонок, новость)*

• Кто услышал + что?

Девушка услышала телефонный звонок.

слышать, услышать
сравните: **слушать, послушать**

ЗАПОМНИТЕ
слушать =
использовать органы слуха

слышать =
воспринимать информацию с помощью органов
слуха

Она слушает, но не слышит.

Он плохо слышит.

Ты слышал новость?
Команда России стала чемпионом мира!..

Слышал звон, да не знает, где он!.. (Поговорка) =
Иметь и передавать неверную информацию.

 слышать, услышать — видеть, увидеть

СМЕШИ́ТЬ нсв _____

я смешу́, ты смеши́шь... наст. вр.

насмеши́ть св

я насмешу́, ты насмеши́шь... буд. вр.

▪ смешить, насмешить = вызывать, вызвать смех

♦ смешить, насмешить + кого? (*подругу, зрителей*)

> • Кто насмешил + кого?
> *Клоун насмешил зрителей.*

(не) смеши́(те) пов. накл.

> *Не смеши меня!* (= Я тебе не верю! — Ты либо
> обманываешь меня, либо ошибаешься...)

ЗАПОМНИТЕ
Поспешишь — людей насмешишь!
(Поговорка)

смешить, насмешить
сравните: **смеяться, засмеяться**

СМЕЯ́ТЬСЯ нсв _____

я смеюсь, ты смеёшься... наст. вр.

засмея́ться св

я засмеюсь, ты засмеёшься... буд. вр.

▪ смеяться = издавать смех

◆ смеяться, засмеяться + над чем? (над кем?) *(над шуткой, над клоуном)*

▪ смеяться, посмеяться = шутить, подшутить над кем-либо, разыгрывать, разыграть кого-либо

◆ смеяться, посмеяться + над кем? *(над другом)*

| • Кто смеётся + над чем?
| *Зрители смеются над шутками клоуна.*

(не) сме́йся, (не) сме́йтесь пов. накл.

| *Не смейся надо мной!*

> «Смейся, паяц, над разбитой любовью!..»
> (Леонкавалло, опера «Паяцы»)
>
> «Обманщица смеялась надо мною!»
> (А.С. Грибоедов, «Горе от ума»)

**смеяться, засмеяться —
улыбаться, улыбнуться**

СМОТРЕ́ТЬ нсв _____

я смотрю, ты смотришь... наст. вр.

посмотре́ть св

я посмотрю, ты посмотришь... буд. вр.

▪ смотреть, посмотреть = устремлять, устремить, направлять, направить взгляд куда-либо; глядеть, поглядеть

◆ смотреть, посмотреть + на что? (на кого?) *(на картину, на девушку)*

◆ смотреть, посмотреть + что? *(кинофильм, спектакль, балет)*

| • Кто смотрит + на что?
| *Экскурсант смотрит на картину.*
| • Кто смотрит + что?
| *Зрители смотрят кинофильм.*

(по)смотри́(те) пов. накл.

Посмотрите направо: перед вами здание Эрмитажа.

смотреть, посмотреть
сравните: **видеть, увидеть**

---ЗАПОМНИТЕ---

Посмотри, какая прекрасная картина!

Смотри в оба! =
Будь предельно внимателен!
(буквально: Смотри в оба глаза!)

Смотри! (Смотри у меня!) =
угроза, предупреждение.

Смотри — не перепутай! =
Ни в коем случае не сделай ошибки!

Посмотрим!.. =
Окончательное решение ещё не принято
или последствия ещё не ясны
(для говорящего).

смотреть, посмотреть —
слушать, послушать

➤ см. также **ОСМАТРИВАТЬ**

СНАБЖА́ТЬ нсв _____
я снабжа́ю, ты снабжа́ешь... наст. вр.
снабди́ть св
я снабжу́, ты снабди́шь... буд. вр.
◆ снабжать, снабдить + кого? *(население, армию)*
+ чем? *(продовольствием)*

┃ • Кто снабжает + кого? + чем?
┃ *Командование снабжает армию вооружением*
┃ *и продовольствием.*

снабжённый (-ая, -ое, -ые) страд. прич.

С

снабжён, снабжена́ (-о́, -ы́) кр. ф. страд. прич.

| • Что снабжено + чем?
| *Винтовка снабжена оптическим прицелом.*

| **снабжать, снабдить —**
| **обеспечивать, обеспечить**

СНИМА́ТЬ нсв _____

я снима́ю, ты снима́ешь... наст. вр.

снять св

я сниму́, ты сни́мешь... буд. вр.

▪ снимать, снять = доставать сверху вниз

♦ **снимать, снять + что?** *(шляпу, картину)* **+ отку-да?** *(с головы, со стены)*

▪ снимать, снять = арендовать помещение на определённый срок

♦ **снимать, снять + что?** *(квартиру, номер в гостинице)*

▪ снимать, снять = фиксировать, зафиксировать изображение на фото- или на киноплёнке

♦ **снимать, снять + что?** *(кинофильм, видеофильм)*

♦ **сниматься, сняться + где? (в чём?)** *(в фильме)*

| • Кто снял + что? + откуда?
| *Мужчина снял с головы свою шляпу.*
| *Женщина сняла с вешалки свою шубу.*
| • Кто снял + что?
| *Иностранный студент снял квартиру в*
| *центре города.*
| • Кто снимает + что?
| *Известный режиссёр снимает новый фильм.*
| • Кто снимается + где? (в чём?)
| *Известная артистка снимается в новом*
| *фильме.*

сня́тый (-ая, -ое, -ые) страд. прич.

снят (-а, -о, -ы) кр. ф. страд. прич.

| • Что (было) снято + кем?
| *Фильм (был) снят известным режиссёром.*

снима́й(те) пов. накл.; нсв

сними́(те) пов. накл.; св

> *Снимайте пальто, проходите в комнату.*
> *Завтра я приезжаю в Москву — сними для*
> *меня недорогой номер в гостинице.*
> *Сними меня, пожалуйста, на фоне Эрмитажа.*

━━━━━━ **ЗАПОМНИТЕ** ━━━━━━
Давай снимемся вдвоём — на память!..

СОБИРА́ТЬ(СЯ) нсв _____

я собира́ю(сь), ты собира́ешь(ся)... наст. вр.

собра́ть(ся) св

я соберу́(сь), ты соберёшь(ся)... буд. вр.

■ собирать, собрать = сосредоточивать, сосредоточить что-либо или кого-либо в одном месте

♦ собирать, собрать + что? (кого?) *(грибы, вещи, гостей)*

■ собираться, собраться = (о группе людей) сосредоточиваться, сосредоточиться в одном месте

♦ собираться, собраться + где? *(в зале)*

■ собираться, собраться = готовиться, приготовиться
куда-то идти или ехать

♦ собираться, собраться + куда? *(в дорогу, в театр,
в гости)*

■ собираться, собраться = намереваться (иметь намерение) что-либо сделать или предпринять

♦ собираться, собраться + что делать? *(поступать в
университет)*

> • Кто собирает + что?
> *Грибник собирает грибы.*
> *Коллекционер собирает марки.*
>
> • Кто собрал + кого? + по какому случаю?
> *Студент собрал своих друзей по случаю своего
> дня рождения.*
>
> • Кто собрался + где? (у кого?)
> *Друзья собрались у студента.*
> *Демонстранты собрались на площади.*

> • Кто собрался + куда?
>
> *Путешественник собрался в дорогу.*
>
> *Друзья собрались на концерт.*
>
> *(= Друзья собрались пойти на концерт.)*
>
> • Кто собрался + что делать?
>
> *Девушка собралась поступать в университет.*

со́бранный (-ая, -ое, -ые) страд. прич.

со́бран (-а, -о, -ы) кр. ф. страд. прич.

> • Что (было) собрано + кем?
>
> *Грибы (были) собраны грибником.*
>
> *Марки (были) собраны коллекционером.*

собира́й(ся), собира́йте(сь) пов. накл.; нсв

собери́(сь), собери́те(сь) пов. накл.; св

> *Собирай вещи — тебе пора в университет.*
>
> *Собирайся — тебе пора выходить.*
>
> *Собери вещи — сейчас придут гости.*

ЗАПОМНИТЕ

> — Куда ты собираешься?
> — Иду с девушкой на концерт.

> «Как-то утром, на рассвете,
> Заглянул в соседний сад.
> Там смуглянка-молдаванка
> Собирала виноград...»
>
> (Песня)

СОБЛЮДА́ТЬ нсв _____

я соблюда́ю, ты соблюда́ешь... наст. вр.

соблюсти́ св — редко

▪ соблюдать = не нарушать чего-либо, действовать в соответствии с чем-либо

◆ соблюдать + что? *(закон, правила, устав)*

> • Кто соблюдает + что?
>
> *Пешеходы и автомобилисты соблюдают правила дорожного движения.*

соблюда́й(те) пов. накл.

> *Граждане! Соблюдайте правила дорожного движения!*

СОВЕРШЀНСТВОВАТЬ(СЯ) нсв _____

я совершѐнствую(сь), ты совершѐнствуешь(ся)...
наст. вр.

усовершѐнствовать св

я усовершѐнствую, ты усовершѐнствуешь... буд. вр.

▪ совершенствовать, усовершенствовать = улучшать,
улучшить, делать, сделать что-либо более совершенным

◆ совершенствовать, усовершенствовать + что?
(механизм, знания)

> • Кто усовершенствовал + что?
> *Изобретатель усовершенствовал конструк-*
> *цию двигателя.*

усовершѐнствованный (-ая, -ое, -ые) страд. прич.
усовершѐнствован (-а, -о, -ы) кр. ф. страд. прич.

> • Что (было) усовершенствовано + кем?
> *Конструкция двигателя (была) усовершен-*
> *ствована изобретателем.*

СОВЀ́ТОВАТЬ(СЯ) нсв _____

я совѐтую(сь), ты совѐтуешь(ся)... наст. вр.

посовѐтовать(ся) св

я посовѐтую(сь), ты посовѐтуешь(ся)... буд. вр.

▪ советовать, посоветовать = давать, дать совет + кому?

◆ советовать, посоветовать + кому? *(другу, детям)*
+ что сделать? *(изучать иностранные языки)*

▪ советоваться, посоветоваться = консультироваться,
проконсультироваться

◆ советоваться, посоветоваться + с кем? *(с другом,*
с родителями)

> • Кто посоветовал + кому? + что сделать?
> *Родители посоветовали детям изучать*
> *иностранные языки.*
> *Врач посоветовал больному побольше гулять.*
> • Кто советуется + с кем?
> *Дети часто советуются со своими родителями.*

посовѐтуй(те) пов. накл.

> *Посоветуй мне, пожалуйста, какую книгу*
> *мне почитать.*

---ЗАПОМНИТЕ---
Мне надо посоветоваться с шефом...

(К/ф «Бриллиантовая рука»)

СОГЛАША́ТЬСЯ нсв _____

я соглаша́юсь, ты соглаша́ешься... наст. вр.

согласи́ться св

я соглашу́сь, ты согласи́шься... буд. вр.

▪ соглашаться, согласиться = давать, дать согласие

♦ соглашаться, согласиться + с кем? (с чем?)
(с другом (с мнением друга))

♦ соглашаться, согласиться + что сделать? *(встретиться)*

♦ соглашаться, согласиться + на что? *(на встречу, на обмен, на ничью)*

> • Кто согласился + с кем? (с чем?)
> *Дети согласились со своими родителями.*
> *Дети согласились с мнением своих родителей.*
> • Кто согласился + что сделать?
> *Девушка согласилась встретиться с молодым человеком.*
> • Кто согласился + на что?
> *Девушка согласилась на встречу с молодым человеком.*
> *Шахматисты согласились на ничью.*

соглаша́йся, соглаша́йтесь пов. накл.; нсв
согласи́сь, согласи́тесь пов. накл.; св

> *У тебя нет шансов выиграть — соглашайся на ничью!..*
> *Согласитесь, вы были неправы...*

---ЗАПОМНИТЕ---
Я с вами совершенно согласен.

Нет, я с вами абсолютно не согласен!

«Соглашайся хотя бы на рай в шалаше,
Если терем с дворцом кто-то занял...»

(В.С. Высоцкий)

С

СОЕДИНЯ́ТЬ(СЯ) нсв _____

я соединя́ю, ты соединя́ешь, он, она, оно соеди-
ня́ет(ся)... наст. вр.

соедини́ть(ся) св

я соединю́, ты соедини́шь, он, она, оно соеди-
ни́т(ся)... буд. вр.

▪ соединять, соединить = образовывать, образовать
единое целое

♦ соединять, соединить + что? *(концы электричес-*
ких проводов)

♦ соединять, соединить + что? *(один конец провода)*
+ с чем? *(с другим концом провода)*

♦ соединяться, соединиться + с чем? *(с другим концом*
провода)

> • Кто соединил + что? (+ с чем?)
> *Электрик соединил концы проводов.*
> *Электрик соединил один конец провода с другим*
> *концом провода.*
> • Что соединилось? (+ с чем?)
> *Концы проводов соединились.*
> *Один конец провода соединился с другим концом*
> *провода.*

соединённый (-ая, -ое, -ые) страд. прич.

соединён, соединена́ (-ó, -ы́) кр. ф. страд. прич.

> • Что (было) соединено? (+ с чем? + кем?)
> *Концы проводов (были) соединены (друг с*
> *другом).*
> *Один конец провода (был) соединён с другим*
> *концом провода.*
> *Концы проводов (были) соединены электриком.*

(не) соединя́й(те) пов. накл.

соедини́(те) пов. накл.

> *Не соединяй концы проводов — может про-*
> *изойти короткое замыкание!*
> *Соедини концы проводов, и лампочка загорится.*

┌─────────── **ЗАПОМНИТЕ** ───────────┐
│   **США =**   │
│   **Соединённые штаты Америки**   │
└──────────────────────────────────────┘

> «Пролетарии всех стран, соединяйтесь!»
>
> (Советский лозунг) 📖

СОЗДАВА́ТЬ(СЯ) нсв _____

я создаю́, ты создаёшь, он, она, оно создаёт(ся)...
наст. вр.

созда́ть(ся) св

я созда́м, ты созда́шь, он, она, оно созда́ст(ся)...
буд. вр.

◆ создавать, создать + что? *(произведение искусства, теорию)*

> • Кто создал + что?
>
> *Художник создал произведение искусства.*

со́зданный (-ая, -ое, -ые) страд. прич.

со́здан (-а, -о, -ы) кр. ф. страд. прич.

> • Что (было) создано + кем?
>
> *Теория вероятности (была) создана великим*
> *учёным Эйнштейном.*

ЗАПОМНИТЕ

Создаётся впечатление, что...

Может создаться впечатление, что...

Создатель = Бог

СОКРАЩА́ТЬ(СЯ) нсв _____

я сокраща́ю, ты сокраща́ешь, он, она, оно сокра-
ща́ет(ся)... наст. вр.

сократи́ть(ся) св

я сокращу́, ты сократи́шь, он, она, оно сокра-
ти́т(ся)... буд. вр.

▪ сокращать, сократить = делать, сделать что-либо
более коротким

◆ сокращать, сократить + что? *(текст, расстояние)*

> • Кто сократил + что?
>
> *Редактор сократил текст статьи.*
> *Дежурный по станции сократил время*
> *стоянки поезда.*

сокращённый (-ая, -ое, -ые) страд. прич.

сокращён, сокращена́ (-о́, -ы́) кр. ф. страд. прич.

> • Что (было) сокращено + кем?
>
> *Текст статьи (был) сокращён редактором.*
>
> *Время стоянки поезда (было) сокращено дежурным по станции.*

(не) сокраща́й(те) пов. накл.; нсв

сократи́(те) пов. накл.; св

> *Не сокращайте текст(а) вашего доклада — он очень интересный.*
>
> *Сократи текст своего доклада — он очень длинный.*

───── **ЗАПОМНИТЕ** ─────

> «И сокращаются большие расстоянья,
> Когда поёт хороший друг...»
>
> (Я. Хелемский, «Когда поёт далёкий друг»)

СОМНЕВА́ТЬСЯ нсв _____

> *я сомнева́юсь, ты сомнева́ешься...* наст. вр.

усомни́ться св

> *он усомни́тся, она усомни́тся...* буд. вр.
>
> *он усомни́лся, она усомни́лась...* прош. вр.

▪ сомневаться = испытывать или выражать сомнения по поводу чего-либо

▪ сомневаться, усомниться = ощущать, ощутить неуверенность, сомнение

♦ сомневаться, усомниться + в чём? (в ком?)
(в достоверности факта)

> • Кто сомневается + в чём?
>
> *Учёный сомневается в правильности выводов.*

(не) сомнева́йся, (не) сомнева́йтесь пов. накл.

> *Не сомневайтесь! Вы приняли абсолютно правильное решение.*

───── **ЗАПОМНИТЕ** ─────

> **Сомнения прочь!** =
> Следует действовать решительно,
> без колебаний.

СООБЩА́ТЬ нсв _____

я сообща́ю, ты сообща́ешь... наст. вр.

сообщи́ть св

я сообщу́, ты сообщи́шь... буд. вр.

▪ сообщать, сообщить = информировать, проинформировать кого-либо о чём-либо

♦ сообщать, сообщить + кому? *(другу, родителям)* + о чём? *(об экскурсии, об экзамене, о приезде)*

> • Кто сообщил + кому? + о чём?
> *Преподаватель сообщил студентам о предстоящем экзамене.*
> *Студент сообщил родителям о своём приезде.*

сообщи́(те) пов. накл.

> *Сообщи мне, пожалуйста, когда будет экзамен.*
> *Сообщите, когда вы приезжаете — мы вас обязательно встретим.*

ЗАПОМНИТЕ
Прослушайте важное правительственное сообщение.

сообщать, сообщить — информировать, проинформировать

СОСРЕДОТО́ЧИВАТЬ(СЯ) нсв _____

я сосредото́чиваю(сь), ты сосредото́чиваешь(ся)... наст. вр.

сосредото́чить(ся) св

я сосредото́чу(сь), ты сосредото́чишь(ся)... буд. вр.

▪ сосредоточивать(ся), сосредоточить(ся) = концентрировать(ся), сконцентрировать(ся) (на чём-либо)

♦ сосредоточивать, сосредоточить + что? *(внимание, силы)* + на чём? *(на подготовке к экзамену, на решении проблемы)*

♦ сосредоточиваться, сосредоточиться + на чём? *(на решении проблемы)*

> • Кто сосредоточил + что? + на чём?
> *Студент сосредоточил свои силы на подготовке к экзамену.*

• Кто сосредоточился + на чём?

Студент сосредоточился на подготовке к экзамену.

сосредото́ченный (-ая, -ое, -ые) страд. прич.

сосредото́чен (-а, -о, -ы) кр. ф. страд. прич.

• Кто (был) сосредоточен + на чём?

Студент (был) сосредоточен на подготовке к экзамену.

сосредото́чься, сосредото́чьтесь пов. накл.

Сосредоточьтесь! От вашего ответа зависит ваша оценка на экзамене.

СОСТАВЛЯ́ТЬ нсв _____

он, она, оно составля́ет, они составля́ют... наст. вр.

соста́вить св

он, она, оно соста́вит, они соста́вят... буд. вр.

■ составлять, составить = входить, войти в состав чего-либо

♦ составлять, составить + что? *(группу)*

• Кто составил + что? + из кого?

Преподаватель составил новую группу из пяти студентов.

• Кто составляет + что?

Пять студентов составляют (составили) новую группу.

• Кто входит в состав + чего?

Пять студентов входят в состав новой группы.

В состав новой группы входит пять студентов.

соста́вленный (-ая, -ое, -ые) страд. прич.

соста́влен (-а, -о, -ы) кр. ф. страд. прич.

• Что (было) составлено + из кого?

Новая группа (была) составлена из пяти студентов.

☞
> составлять + что?
> сравните:
> входить в состав + чего?
> состоять + из чего?

С

СОСТОЯ́ТЬ нсв _____

я состою, ты состоишь... наст. вр.

♦ состоять + из чего? (из кого?) *(из 10 томов, из пяти студентов)*

> • Что состоит + из кого?
> *Новая группа состоит из пяти студентов.*
> • Что состоит + из чего?
> *Собрание сочинений писателя состоит из 10 томов.*

СОСТОЯ́ТЬСЯ св _____

он, она, оно состоится, они состоя́тся... буд. вр.

▪ состояться = произойти, иметь место (быть)

♦ состояться + когда? *(в субботу, в прошлом году)* + где? *(в концертном зале)*

> • Что состоялось + когда? + где?
> *В субботу в зале имени Глазунова состоялся концерт.*

СОТРУ́ДНИЧАТЬ нсв _____

я сотру́дничаю, ты сотру́дничаешь... наст. вр.

▪ сотрудничать = работать вместе с кем-либо, добиваясь общей цели

♦ сотрудничать + с кем? *(с зарубежными фирмами)* + в чём? *(в освоении космоса)*

> • Кто сотрудничает + с кем? + в чём?
> *Российские компании сотрудничают с зарубежными фирмами в освоении космоса.*

> **ЗАПОМНИТЕ**
> **сотрудники =**
> **люди, работающие в одном учреждении =**
> **коллеги**

СОХРАНЯ́ТЬ нсв _____

я сохраня́ю, ты сохраня́ешь... наст. вр.

сохрани́ть св

я сохраню́, ты сохрани́шь... буд. вр.

▪сохранять, сохранить = не давать, не дать погибнуть или потеряться

♦ сохранять, сохранить + что? *(природу, память, спокойствие)*

> • Кто сохраняет + кого?
> *Люди сохраняют редких животных.*
>
> • Кто сохраняет + что?
> *Участники дискуссии сохраняют спокойствие.*

сохранённый (-ая, -ое, -ые) страд. прич.

сохранён, сохранена́ (-о́, -ы́) кр. ф. страд. прич.

> • Что (было) сохранено + где?
> *В национальном парке (была) сохранена дикая природа.*

сохраня́й(те) пов. накл.; нсв

сохрани́(те) пов. накл.; св

> *Сохрани на память письма отца с фронта.*

---ЗАПОМНИТЕ---
Сохраняйте спокойствие! =
Не допускайте паники!

➢ см. также **ХРАНИТЬ**

СОЧИНЯ́ТЬ нсв _____
я сочиня́ю, ты сочиня́ешь... наст. вр.

сочини́ть св
я сочиню́, ты сочини́шь... буд. вр.

♦ сочинять, сочинить + что? *(стихи, музыку)*

> • Кто сочиняет + что?
> *Поэт сочиняет стихи.*
>
> • Кто сочинил + что?
> *Композитор сочинил музыку.*

сочинённый (-ая, -ое, -ые) страд. прич.

сочинён, сочинена́ (-о́, -ы́) кр. ф. страд. прич.

> • Что (было) сочинено + кем?
> *Музыка (была) сочинена молодым композитором.*

---ЗАПОМНИТЕ---
Не сочиняй!.. =
Не придумывай!.. Не говори неправду!..

СПАСА́ТЬ(СЯ) нсв _____

   я спаса́ю(сь), ты спаса́ешь(ся)... наст. вр.

спасти́(сь) св

   я спасу́(сь), ты спасёшь(ся)... буд. вр.

◆ спасать, спасти + кого? *(утопающего)*

> • Кто спас + кого? + от чего?
>
> *Охотники спасли Красную Шапочку от злого волка.*
>
> *Врач спас больного от смерти.*

спасённый (-ая, -ое, -ые) страд. прич.

спасён, спасена́ (-о́, -ы́) кр. ф. страд. прич.

> • Кто (был) спасён + кем?
>
> *Красная Шапочка (была) спасена охотниками.*

спаса́й(ся), спаса́йтесь пов. накл.

спаси́(те) пов. накл.

> *Спасите!.. Помогите!.. Я тону!..*

> **—— ЗАПОМНИТЕ ——**
>
> **Спасайся, кто может!..**
>
> (Панический крик)
>
> **Спасение утопающих —
> дело рук самих утопающих.**
>
> (Шутливый совет) =
> всегда надеяться только на собственные силы.
>
> **Господи! Спаси и сохрани!..**
>
> (Молитва)

> «Дядя Стёпа в этот раз
> Утопающего спас...»
>
> (С.В. Михалков, «Дядя Стёпа»)

СПАТЬ нсв _____

   я сплю, ты спишь... наст. вр.

▪ спать = находиться в состоянии сна

засыпа́ть нсв

   я засыпа́ю, ты засыпа́ешь... наст. вр.

засну́ть св

   я засну́, ты заснёшь... буд. вр.

спать — засыпать, заснуть, уснуть —
просыпаться, проснуться —
высыпаться, выспаться

▪ заснуть = уснуть

▪ засыпать, заснуть, уснуть = впадать, впасть в состояние сна

просыпа́ться нсв

я просыпа́юсь, ты просыпа́ешься... наст. вр.

просну́ться св

я просну́сь, ты проснёшься... буд. вр.

▪ просыпаться, проснуться = выходить, выйти из состояния сна

> • Кто спит + как?
>
> *Ребёнок спит крепким сном.*
>
> • Кто заснул + когда?
>
> *Мать заснула очень поздно.*
>
> • Кто проснулся + когда?
>
> *Мать проснулась очень рано.*

спи́(те) пов. накл.

засыпа́й(те) пов. накл.

засни́(те) пов. накл.

просыпа́йся, просыпа́йтесь пов. накл.

просни́сь, просни́тесь пов. накл.

> *Не волнуйся!.. Спи спокойно...*
>
> *Засыпай скорее — уже очень поздно.*
>
> *Просыпайтесь! На дворе уже утро!..*

───── **ЗАПОМНИТЕ** ─────

Спи спокойно, дорогой товарищ!

(Прощальное обращение к усопшему)

«Спи, моя радость, усни!
В доме погасли огни,
Птички затихли в саду,
Рыбки уснули в пруду...»

(Колыбельная песня)

📖

> «Спят усталые игрушки,
> Книжки спят.
> Одеяла и подушки
> Ждут ребят...»
>
> (Колыбельная песня)
>
> «Проснись и пой, проснись и пой!
> Попробуй в жизни хоть раз
> Не выпускать улыбку из открытых глаз...»
>
> (Песня)

➤ см. также **ВЫСЫПАТЬСЯ**

СПЕШИ́ТЬ нсв

я спешу́, ты спеши́шь... наст. вр.

поспеши́ть св

я поспешу́, ты поспеши́шь... буд. вр.

▪ спешить = торопиться, стараться не опоздать

◆ спешить, поспешить + куда? *(домой, на работу, в театр)*

> • Кто спешит + куда?
>
> *Студент спешит в университет.*
> *Пассажир спешит на поезд.*
> *Девушка спешит на свидание.*

(не) спеши́(те) пов. накл.

> *Не спешите — у нас ещё много времени.*
> *Не спеши — старайся делать всё аккуратнее.*

ЗАПОМНИТЕ

часы спешат =

часы бегут =

часы показывают неправильное время, большее, чем это есть на самом деле

Поспешишь — людей насмешишь!

(Поговорка)

Спешка нужна только при ловле блох!

(Народная мудрость)

> «Не спеши, когда спешить нельзя!..»
>
> (Песня)
>
> «Кондуктор не спешит — кондуктор понимает,
> Что с девушкою я прощаюсь навсегда...»
>
> (Городской романс)

СПÓРИТЬ нсв

я спóрю, ты спóришь... наст. вр.

поспóрить св

я поспóрю, ты поспóришь... буд. вр.

◆ спорить, поспорить + с кем? *(с товарищем)*

> • Кто поспорил + с кем? + о чём?
>
> *Студент поспорил с товарищем о том, какая команда победит.*

(не) спóрь(те) пов. накл.

> *Не спорь со мной — это бесполезно: ты всё равно мне ничего не докажешь!..*
>
> *Не спорьте! Каждый из вас по-своему прав.*

══ЗАПОМНИТЕ══

В споре рождается истина!

(Народная мудрость)

СПРÁШИВАТЬ нсв

я спрáшиваю, ты спрáшиваешь... наст. вр.

спроси́ть св

я спрошу́, ты спрóсишь... буд. вр.

▪ спрашивать, спросить = задавать, задать вопрос кому-либо

◆ спрашивать, спросить + кого? *(друга, преподавателя)*

◆ спрашивать, спросить + у кого? *(у друга, у преподавателя)*

> • Кто спросил + кого? + о чём?
>
> *Экзаменатор спросил студента о том, когда он начал изучать русский язык.*
>
> *(= Экзаменатор задал вопрос студенту, когда он начал изучать русский язык.)*

спра́шивай(те) пов. накл.; нсв

спроси́(те) пов. накл.; св

> *Спрашивайте — я готов ответить на все ваши вопросы.*
>
> *Не спрашивай меня ни о чём! Я не знаю, что случилось...*
>
> *Если вы не знаете, какой здесь нужен падеж, спросите у преподавателя.*

☞ **спрашивать, спросить**
сравните: **просить, попросить**

ЗАПОМНИТЕ
Спроси меня что-нибудь полегче!.. =
Я не знаю ответа на поставленный вопрос.

«Я спросил у ясеня, где моя любимая...»
(В. Киршон)
(ясень — порода дерева)

СПУСКА́ТЬ(СЯ) нсв

я спуска́ю(сь), ты спуска́ешь(ся)... наст. вр.

спусти́ть(ся) св

я спущу́(сь), ты спу́стишь(ся)... буд. вр.

♦ спускать, спустить + что? *(вещи)* + откуда?
(с последнего этажа) + куда? *(на первый этаж)*

♦ спускаться, спуститься + откуда? *(с крыши, с неба)*
+ куда? *(на землю, в шахту)*

> • Кто спустил + что? + откуда? + куда?
>
> *Грузчики спустили мебель с последнего этажа на первый этаж.*
> • Кто спустился + откуда? + куда?
>
> *Альпинисты спустились с горы в долину.*

спуска́й(ся), спуска́йтесь пов. накл.; нсв

спусти́(сь), спусти́те(сь) пов. накл.; св

> *Спускайтесь вниз! Мы ждём вас внизу...*

«И спускаемся мы с покорённых вершин...»
(В.С. Высоцкий)

 **спускать(ся), спустить(ся) —
поднимать(ся), поднять(ся)**

СРА́ВНИВАТЬ нсв

я сра́вниваю, ты сра́вниваешь... наст. вр.

сравни́ть св

я сравню́, ты сравни́шь... буд. вр.

■ сравнивать, сравнить = сопоставлять, сопоставить два однородных предмета или явления с целью определения преимуществ каждого из них

◆ сравнивать, сравнить + что? *(два фильма)*

◆ сравнивать, сравнить + что с чем? *(один фильм с другим фильмом)*

> • Кто сравнивает + что? (+ с чем?)
> *Зрители сравнивают два фильма.*
> *Зрители сравнивают один фильм с другим (фильмом).*

(не) сра́внивай(те) пов. накл.; нсв

сравни́(те) пов. накл.; св

> *Не сравнивай эти фильмы — они такие разные...*
> *Сравните эти два треугольника.*

ЗАПОМНИТЕ
**Не сравнить! =
Это не идёт ни в какое сравнение!.. =**
Преимущества чего-либо
настолько очевидны, что не могут быть
подвергнуты никакому сомнению.

«Кто может сравниться с Матильдой моей...»
(М.И. Чайковский, «Иоланта»)

ССОРИТЬСЯ нсв _____

я ссо́рюсь, ты ссо́ришься... наст. вр.

поссо́риться св

я поссо́рюсь, ты поссо́ришься... буд. вр.

◆ ссориться, поссориться + с кем? *(с приятелем)*
+ из-за кого? (из-за чего?) *(из-за девушки)*

> • Кто поссорился + с кем? + из-за кого?
>
> *Молодой человек поссорился с приятелем из-за девушки.*
>
> • Кто поссорился + с кем? + из-за чего?
>
> *Дети поссорились друг с другом из-за любимой игрушки.*

(не) ссо́рьтесь пов. накл.

> *Не ссорьтесь из-за пустяков!*

> «Из-за вас, моя черешня,
> Ссорюсь я с приятелем!»
>
> (Песня)
>
> черешня — сорт сладкой ягоды;
> в данном случае так молодой человек называет
> свою любимую девушку

СТА́ВИТЬ нсв _____

я ста́влю, ты ста́вишь... наст. вр.

поста́вить св

я поста́влю, ты поста́вишь... буд. вр.

▪ ставить, поставить = располагать, расположить что-либо в вертикальном положении

◆ ставить, поставить + что? *(книгу, бутылку)*
+ куда? *(на полку, на стол)*

▪ ставить, поставить = устанавливать, установить, сооружать, соорудить

◆ ставить, поставить + что? *(памятник)*

▪ ставить, поставить = осуществить постановку спектакля или фильма

• Кто поставил + что? + куда? (где?)

Читатель поставил книгу на книжную
полку.

Официант поставил бутылку шампанского
на стол.

Администрация города поставила на цент-
ральной площади памятник его основателю.

Режиссёр-постановщик поставил на сцене
Мариинского театра новый балет.

поста́вленный (-ая, -ое, -ые) страд. прич.

поста́влен (-а, -о, -ы) кр. ф. страд. прич.

• Что (было) поставлено + куда? (где?) + кем?

Книга (была) поставлена читателем на
полку.

Администрацией города на площади (был)
поставлен памятник его основателю.

На сцене Мариинского театра режиссёром-
постановщиком (была) поставлена новая
опера.

(не) ста́вь(те) пов. накл.; нсв

поста́вь(те) пов. накл.; св

Не ставьте грязные тарелки на стол!
Поставьте цветы в вазу.

---ЗАПОМНИТЕ---

Ставлю на красное!..

(Восклицание в казино)

ставить, поставить — стоять —
вставать, встать;
ставить, поставить — класть, положить —
вешать, повесить — сажать, посадить

СТАНОВИ́ТЬСЯ нсв _____

я становлю́сь, ты стано́вишься... наст. вр.

стать св

я ста́ну, ты ста́нешь... буд. вр.

▪ становиться, стать = приобретать, приобрести
новое состояние, новый статус

♦ становиться, стать + кем? *(инженером, чемпионом, отцом)*

♦ становиться, стать + каким? *(больным, здоровым,
весёлым, грустным)*

> • Кто стал + кем?
>
> *После окончания университета студент
> стал инженером.*
>
> • Кто стал + каким?
>
> *После курса лечения больной стал здоровым.*

ста́нь(те) пов. накл.

> «Стань таким, как я хочу...»
> (Песня)
>
> «Стану я спортсменом...»
> (Песня) 📖

СТАРА́ТЬСЯ нсв _____

> *я стара́юсь, ты стара́ешься...* наст. вр.

постара́ться св

> *я постара́юсь, ты постара́ешься...* наст. вр.

▪ стараться, постараться = прикладывать, приложить
максимум усилий при достижении поставленной цели

♦ стараться, постараться + что сделать? *(получить
отличную оценку на экзамене)*

> • Кто старается + что сделать?
>
> *Студент старается получить отличную
> оценку на экзамене.*
>
> *Спортсмен старается прыгнуть как можно
> дальше.*

(по)стара́йся, (по)стара́йтесь пов. накл.

> *Постарайся сделать свою работу как можно
> лучше.*
>
> *Постарайся добиться самых высоких резуль-
> татов.*

ЗАПОМНИТЕ

**Как ни старайся, всё равно у тебя
ничего не получится. —**
выражение неверия в чьи-либо силы

«Закаляйся,
Если хочешь быть здоров,
Постарайся
Позабыть про докторов...»

(В.И. Лебедев-Кумач, «Закаляйся»)

> старАться, постарАться — пытАться,
> попытАться — прОбовать, попрОбовать

СТИРÁТЬ[1] нсв _____

я стирáю, ты стирáешь... наст. вр.

стерéть св

я сотрý, ты сотрёшь... буд. вр.

▪ стирать, стереть = удалять, удалить пыль, мел или карандашный рисунок с какой-либо поверхности

ЗАПОМНИТЕ
Я тебя сотру в порошок! —
очень сильная угроза

СТИРÁТЬ[2] нсв _____

вы́стирать св

я вы́стираю, ты вы́стираешь... буд. вр.

▪ выстирать = постирать

▪ стирать, выстирать = мыть, вымыть в воде вещи, сделанные из ткани

♦ стирать, выстирать + что? *(бельё, рубашку, платье)* + в чём? *(в воде, в реке, в тазу, в стиральной машине)*

> • Кто выстирал + что? + в чём?
> *Жена выстирала рубашку мужа в стиральной машине.*

вы́стиранный (-ая, -ое, -ые) страд. прич.
вы́стиран (-а, -о, -ы) кр. ф. страд. прич.

> • Что (было) выстирано + кем?
> *Рубашка мужа (была) выстирана его женой.*

постирáй(те) пов. накл.

> *Постирай, пожалуйста, мою рубашку.*

С

┌─────────── **ЗАПОМНИТЕ** ───────────┐
стиральный порошок
стиральная машина
└─────────────────────────────────────┘

СТÓИТЬ нсв _____

он, она, оно стóит, они стóят... наст. вр.

▪ стоить = иметь определённую стоимость или ценность

♦ стоить + сколько (денег) *(рублей)*

> • Что стóит + сколько (денег)?
> *Пальто стоит тысячу рублей.*
> *Автомобиль стоит десять тысяч долларов.*

┌─────────── **ЗАПОМНИТЕ** ───────────┐
Об этом стоит подумать! =
Это заслуживает внимания.

Не стоит беспокоиться! =
Нет причин для волнений.

Этот фильм смотреть не стоит —
он совсем неинтересный...

Стоит только захотеть — и у вас обязательно
всё получится! =
Достаточно одного вашего желания
для достижения цели.
└─────────────────────────────────────┘

Сравните: Автомобиль дорого **стóит.**
Человек крепко **стои́т** на ногах.

СТОЯ́ТЬ нсв _____

я стою́, ты стои́шь, он, она, оно стои́т, они стоя́т... наст. вр.

♦ стоять + где? *(на площади, на полу, на столе, на плите)*

постоя́ть св

я постою́, ты постои́шь... буд. вр.

▪ постоять = обычно: стоять непродолжительное время

• Что (кто) стоит + где?

На площади стоит памятник.

Около памятника стоят экскурсанты.

На полу стоит стол.

На столе стоит ваза.

В вазе стоят цветы.

сто́й(те) пов. накл.; нсв

посто́й(те) пов. накл.; св

Стой! Кто идёт?! (оклик часового на посту)

Стойте!.. (призыв не двигаться)

Постой! (призыв подождать)

ЗАПОМНИТЕ

часы стоят =
часы не действуют

работа стоит =
работа не продвигается вперёд

постоять за себя =
суметь отстоять свою честь

стоять на своём =
упорствовать в своём мнении

крепко стоять на ногах =
чувствовать себя уверенно;
занимать важное общественное положение

«А нынче нам нужна одна победа,
Одна на всех — мы за ценой не постоим...»
(Б.Ш. Окуджава, песня из к/ф «Белорусский вокзал»)

стоять — лежать, висеть, сидеть;
стоять — ставить, поставить —
вставать, встать

С

СТРАДА́ТЬ нсв

я страда́ю, ты страда́ешь... наст. вр.

пострада́ть св

я пострада́ю, ты пострада́ешь... буд. вр.

страдать = испытывать страдания, мучения
пострадать = понести ущерб, урон,
испытать мучения (страдания)

✦ страдать + из-за чего? *(из-за боли, из-за любви)*
✦ пострадать + в результате чего? *(в результате наводнения)*

> • Кто страдает + из-за чего?
> *Девушка страдает из-за неразделённой любви.*
>
> • Кто (что) пострадал + в результате чего?
> *Население города пострадало в результате наводнения.*
> *Город пострадал в результате наводнения.*

страдать, пострадать —
мучить(ся), измучить(ся)

СТРЕЛЯ́ТЬ нсв

я стреля́ю, ты стреля́ешь... наст. вр.

вы́стрелить св

я вы́стрелю, ты вы́стрелишь... буд. вр.

▪ стрелять = производить выстрелы
▪ выстрелить = произвести одиночный выстрел

✦ стрелять, выстрелить + в кого? (во что?) *(в утку, в солдата противника, в цель)*

✦ стрелять, выстрелить + из чего? (из какого оружия?) *(из лука, из ружья, из пушки)*

> • Кто выстрелил + в кого? (во что?)
> *Охотник выстрелил в утку из охотничьего ружья.*
> *Солдат выстрелил в противника из автомата.*
> *Спортсмен выстрелил в цель из лука.*

(не) стреля́й(те) пов. накл.

| *«Не стреляйте в белых лебедей!..»* (Название книги)

━━━━━ **ЗАПОМНИТЕ** ━━━━━

Раз в жизни ружьё стреляет само.
(Народное наблюдение)

стрелять глазками =
бросать на кого-либо быстрые
любовные взгляды

стреляться =
участвовать в дуэли на пистолетах

«Всё это значило, друзья:
С приятелем стреляюсь я...»
(А.С. Пушкин, «Евгений Онегин»)

СТРЕМИ́ТЬСЯ обычно: нсв _____

я стремлю́сь, ты стреми́шься... наст вр.

▪ **стремиться** = очень хотеть и стараться достичь какой-либо цели

♦ **стремиться** + к чему? (к какой цели?) *(к знаниям, к успеху)*

| • Кто стремится + к чему?
| *Студенты стремятся к знаниям.*
| *Артист стремится к успеху.*

стреми́сь, стреми́тесь пов. накл.

| *Студенты, стремитесь к знаниям!*

━━━━━ **ЗАПОМНИТЕ** ━━━━━

стремиться к цели

СТРО́ИТЬ(СЯ) нсв _____

я стро́ю, ты стро́ишь, он, она, оно стро́ит(ся)... наст. вр.

постро́ить св

я постро́ю, ты постро́ишь... буд. вр.

▪ **строить, построить** = созидать; создавать, создать; придавать, придать чему-либо стройный, организованный вид

◆ **строить, построить** + что? *(дом, фразу, семью, планы)*

> • Кто строит + что?
> *Строители строят дом.*
> • Что строится + кем?
> *Дом строится строителями.*
> • Кто построил + что?
> *Строители построили дом.*

постро́енный (-ая, -ое, -ые) пов. накл.

постро́ен (-а, -о, -ы) кр. ф. страд. прич.

> • Что (было) построено + кем?
> *Дом (был) построен строителями.*

(по)стро́й(те) пов. накл.

> *Постройте мне дачу в два этажа.*

---ЗАПОМНИТЕ---

Мужчина за свою жизнь должен вырастить сына, построить дом и посадить дерево.

(Жизненное правило)

«Что нам стоит дом построить!..»
(Детский стишок)

«Он в три шеренги вас построит,
А пикнете, так мигом успокоит...»
(А.С. Грибоедов) 📖

СТУ́КНУТЬ св _____

я сту́кну, ты сту́кнешь... буд. вр.

▪ стукнуть = произвести шум (= стук) посредством одного удара о что-нибудь твёрдое

стуча́ть(ся) нсв

я стучу́(сь), ты стучи́шь(ся)... наст. вр.

▪ стучать = производить шум посредством ударов о что-либо твёрдое

постуча́ть(ся) св

я постучу́(сь), ты постучи́шь(ся)... буд. вр.

▪ постучать = произвести шум посредством серии ударов о что-либо твёрдое

С

▪ **стучаться, постучаться** = посредством ударов в дверь или окно выражать, выразить просьбу впустить внутрь помещения

◆ **стукнуть, стучать, постучать** + во что? *(в дверь, в окно)*

◆ **стукнуть, стучать, постучать** + по чему? *(по стеклу, по столу)*

◆ **стукнуть, стучать, постучать** + чем? *(пальцами, кулаком, палкой)*

◆ **стучаться, постучаться** + во что? *(в дверь, в стекло)*

> • Кто стучит (постучал) + во что? + чем?
>
> *Путешественник стучит (постучал) в дверь кулаком.*
>
> • Что стучит + по чему?
>
> *Дождь стучит по крыше.*
>
> • Кто постучался + куда (во что)?
>
> *Путешественник постучался в дверь деревенской гостиницы.*

(по)стучи́(те) пов. накл.

> *Постучите — вам откроют...*

─────ЗАПОМНИТЕ─────

**стукнуть кулаком по столу =
решительно потребовать чего-либо**

«Кто стучится в дверь ко мне
С толстой сумкой на ремне...»
(С.Я.Маршак, «Почта»)

«Счастье вдруг в тишине
Постучалось в двери...»
(Л. Дербенёв, «Разговор со счастьем»,
песня из к/ф «Иван Васильевич меняет профессию»)

СТУЧА́ТЬ(СЯ) — см. **СТУКНУТЬ**

СУЩЕСТВОВА́ТЬ нсв _____

я существу́ю, ты существу́ешь... наст. вр.

▪ **существовать** = быть, иметь место в реальной действительности

С

просуществова́ть св

я просуществу́ю, ты просуществу́ешь... буд. вр.

▪ просуществовать = существовать определённый период времени

♦ существовать + где? *(на земле)* + когда? *(в древности)*

> • Кто существовал + где? + когда?
> *Динозавры существовали на земле много миллионов лет назад.*

СЧИТА́ТЬ нсв _____

я счита́ю, ты счита́ешь... наст. вр.

посчита́ть св

я посчита́ю, ты посчита́ешь... буд. вр.

▪ считать = думать, полагать, иметь определённое мнение

▪ считать, посчитать = производить, произвести расчёты, определять, определить количество, сумму чего-либо

♦ считать, посчитать + что? *(деньги)*

▪ считаться + с кем? (с чем?) = разделять чьё-либо мнение

> • Кто считает + что?
> *Кассир считает деньги.*
> • Кто считает + как? = Кто считает, что...?
> *Студент считает, что ему нужно изучать русский язык.* (= Студент думает, что ему нужно изучать русский язык.)

---ЗАПОМНИТЕ---

Официант, посчитайте, пожалуйста, сколько с нас за обед.

Считайте, что вам повезло!..

Я так не считаю... =
Я так не думаю, у меня другое мнение по данному поводу.

Он совершенно не считается со мной (с моим мнением). =
Он делает всё по-своему, не слушает моих советов.

Т

ТАНЦЕВА́ТЬ нсв _____

я танцу́ю, ты танцу́ешь... наст. вр.

потанцева́ть св

я потанцу́ю, ты потанцу́ешь... буд. вр.

станцева́ть св

я станцу́ю, ты станцу́ешь... буд. вр.

▪ танцевать, станцевать = исполнять, исполнить танец

▪ потанцевать = поучаствовать в танцах какое-то ограниченное время

◆ танцевать + что? *(танго, рок-н-рол)* + с кем? *(с девушкой)*

> • Кто танцует + что? + с кем?
>
> *Молодой человек танцует танго с любимой девушкой.*

(по)танцу́й(те) пов. накл.

> *Потанцуй со мной!..*

— ЗАПОМНИТЕ —

Пойдём потанцуем!.. —
фамильярная форма приглашения на танец,
которой соответствует вежливая форма:
«Разрешите пригласить Вас на танец!»

Танцуют все!.. —
приглашение принять участие во всеобщем
танце и всеобщем веселье

«Я пригласить хочу на танец
Вас, и только Вас!..»

(Песня)

ТАСКА́ТЬ нсв _____

я таска́ю, ты таска́ешь... наст. вр.

тащи́ть нсв

я тащу́, ты та́щишь... наст. вр.

потащи́ть св

я потащу́, ты пота́щишь... буд. вр.

■ **таскать** = перемещать что-либо за собой в разных направлениях, не приподнимая от поверхности, то есть волоком

■ **тащить** = перемещать что-либо вслед за собой в одном направлении, не приподнимая от поверхности, то есть волоком

■ **потащить** = начать соответствующее перемещение

• Кто тащит + что?

Рыбаки тащат за собой по берегу лодку.

тащи́(те) пов. накл

┌─── **ЗАПОМНИТЕ** ───

Поезд тащится как черепаха!.. =
Поезд идёт очень медленно.

Пассажир еле тащит свой чемодан. =
Пассажир с трудом несёт свой чемодан,
так как он очень тяжёлый.

На прошлой неделе у меня стащили кошелёк. =
На прошлой неделе у меня украли кошелёк.

Без труда не вытащишь и рыбку из пруда.
(Народная поговорка)

Я от тебя тащусь! (молодёжный сленг) =
Я получаю удовольствие от общения с тобой.

«— Я медведя поймал!
— Так тащи его сюда!..
— Не могу!
— Почему?
— Да он меня не пускает!..»
(Анекдот)

ТА́ЯТЬ нсв _____

он, она, оно та́ет, они та́ют... наст. вр.

раста́ять св

он, она, оно раста́ет, они раста́ют... буд. вр.

■ **таять, растаять** = переходить, перейти из твёрдого состояния в жидкое под воздействием тепла (обычно: о снеге, о льде, о мороженом)

• Что тает (растаяло)?

Тает снег, лёд, мороженое...

Пришла весна, стало тепло — и снег растаял.

Отключили электричество, и в холодильнике растаяло мороженое.

---ЗАПОМНИТЕ---

Сердце тает!.. =
Сердце становится более чувствительным,
готовым к любви и нежности.

«Любовь растаяла в тумане льдинкою,
А мне оставила седую грусть...»
(С. Льясов, «Осенний свет»)

ТВОРИ́ТЬ нсв

я творю́, ты твори́шь... наст. вр.

сотвори́ть св — редко

я сотворю́, ты сотвори́шь... буд. вр.

▪ творить = создавать произведение искусства, находиться в состоянии творчества, творческого процесса

• Кто творит + в какой обстановке?

Художник творит, только находясь в полном одиночестве.

(со)твори́(те) пов. накл.

---ЗАПОМНИТЕ---

Не сотвори себе кумира! (Поговорка) =
Избегайте создавать для себя ложные авторитеты.

Творите добро!

И сотворил Бог человека...

ТЕРЕ́ТЬ нсв

я тру, ты трёшь... наст. вр.

▪ тереть = водить чем-либо взад и вперёд по какой-нибудь поверхности

потере́ть св

я потру́, ты потрёшь... буд. вр.

▪ потереть = тереть непродолжительное время

> ☞ тереть, потереть — натирать, натереть —
> стирать, стереть

натере́ть св

я натру́, ты натрёшь... буд. вр.

▪ натереть = водя чем-либо взад и вперёд, добиться идеального распределения чего-либо по поверхности (например, добиться блеска поверхности)

натира́ть нсв для «натереть»

стере́ть св

я сотру́, ты сотрёшь... буд. вр.

▪ стереть = устранить указанным способом что-либо с поверхности

стира́ть нсв для «стереть»

◆ тереть, потереть + что? *(ушибленное место на теле)*

◆ натирать, натереть + что? *(паркетный пол)*

◆ стирать, стереть + что? *(пыль, мел)* + откуда? *(со стола, с доски)*

(по-, на-, со-)три(те) пов. накл.

> *Потри мне мочалкой спину, пожалуйста...*
> *Урок окончен — сотрите с доски.*

> ☞ стирать, стереть
> сравните: **стирать, постирать**

> **ЗАПОМНИТЕ**
> **утереть кому-либо нос =**
> оказаться более ловким, чем соперник
>
> **тёртый калач =**
> ловкий, опытный человек

ТЕРПЕ́ТЬ нсв _____

я терплю́, ты те́рпишь... наст. вр.

потерпе́ть св

я потерплю́, ты поте́рпишь... буд. вр.

▪ терпеть = без жалоб превозмогать боль, переносить какие-либо лишения или неудобства

♦ терпеть + что? *(боль, неудобства)*

> • Кто терпит + что?
>
> *Больной терпит зубную боль.*

(по)терпи́(те) пов. накл.

> *Потерпите немножко — сейчас вам станет легче!..*

━━━ **ЗАПОМНИТЕ** ━━━

Самолёт терпит бедствие. =
Самолёт попал в аварийную ситуацию.

Самолёт потерпел аварию. =
Самолёт попал в аварию и, возможно, разбился.

Из-за задержки рейса авиапассажиры
терпят большие неудобства.

Терпи, казак! — Атаманом будешь!..
(Народная поговорка) =
Необходимо стойко переносить все испытания,
и тогда непременно добьёшься многого
(= хороших результатов).

Терпенье и труд всё перетрут! (Поговорка) =
Для достижения любой цели, любых
результатов необходимо преодолевать
все испытания и упорно трудиться.

Христос терпел, и нам велел!
(Народная поговорка)

ТЕРЯ́ТЬ(СЯ) нсв _____

> *я теря́ю(сь), ты теря́ешь(ся), он, она, оно теря́ет(ся)...* наст. вр.

потеря́ть(ся) св

> *я потеря́ю(сь), ты потеря́ешь(ся), он, она, оно потеря́ет(ся)...* буд. вр.

♦ терять, потерять + что? (кого?) *(деньги, номер телефона, друга)*

> • Кто потерял + что?
>
> *Студент потерял деньги.*
>
> *Из-за травмы больной потерял память.*

поте́рянный (-ая, -ое, -ые) страд. прич.
поте́рян (-а, -о, -ы) кр. ф. страд. прич.

> • Что (было) потеряно + кем?
>
> *Деньги (были) потеряны студентом.*

(не) теря́й(те) пов. накл.; нсв
(не) потеря́й(те) пов. накл.; св

> *Не теряй самообладания!*
> *Будь внимателен — не потеряй ключи.*

---ЗАПОМНИТЕ---

теряться на экзамене =
от волнения не сразу
находить правильные ответы

растеряться =
потерять решительность, не знать, что делать
(от волнения, от страха)

потерять из виду =
перестать видеть кого-либо

Человек потерял стыд и совесть. =
Человек стал бесстыдным и бессовестным.

«Так уж бывает, так уж выходит:
Кто-то теряет,
А кто-то находит...»
(М. Танич, И. Шаферан,
песня из к/ф «Неисправимый лгун»)

«Что имеем — не храним,
Потерявши — плачем!»
(Поговорка)

«потерявши» — устаревшее = потеряв =
когда потеряем

📖

ТЕЧЬ нсв _____

он, она, оно течёт, они теку́т... наст. вр.
поте́чь св

он, она, оно потечёт, они потеку́т... буд. вр.

течь = о характере движения жидкости

☞ течь, потечь — протекать, протечь — вытекать, вытечь

проте́чь св

он, она, оно протечёт, они протеку́т... буд. вр.

протечь = о движении жидкости сквозь какой-либо материал

вы́течь св

он, она, оно вы́течет, они вы́текут... буд. вр.

вытечь = о движении жидкости из какого-либо источника

протека́ть нсв для «протечь»

протекать = о движении реки по какой-либо местности

вытека́ть нсв для «вытечь»

вытекать = о движении реки из какого-либо водоёма

- Что течёт + откуда? + куда?

Вода течёт из крана в раковину.

Река течёт с севера на юг.

- Что протекает? (+ где?)

Потолок протекает. = Вода протекает сквозь потолок.

Река Дунай протекает по территории нескольких европейских государств.

- Что вытекает + откуда?

Вода вытекает из крана.

Река Нева вытекает из Ладожского озера.

ЗАПОМНИТЕ

Течёт время...

Течёт жизнь...

из этого вытекает... = из этого следует...

Всё течёт, всё изменяется.

(Философская истина)

Т

> «Издалека долго
> Течёт река Волга...»
>
> (Л. Ошанин, «Течёт Волга»)

 течь, потечь — лить(ся), полить(ся)

ТОНУ́ТЬ нсв _____

я тону́, ты то́нешь... наст. вр.

утону́ть св

я утону́, ты уто́нешь... буд. вр.

> • Кто утонул + где?
>
> *Человек не умел плавать и утонул в реке.*

> «Что случилось? Что за крик?
> — Это тонет ученик!
> Он упал с обрыва в реку!
> Помогите человеку!..»
>
> (С.В. Михалков, «Дядя Стёпа»)

ТОПИ́ТЬ[1] нсв _____

я топлю́, ты то́пишь... наст. вр.

утопи́ть св

я утоплю́, ты уто́пишь... буд. вр.

▪ топить, утопить = заставлять, заставить утонуть

♦ топить, утопить (= затопить) + кого? (что?) *(вра-жеский корабль)*

> • Кто затопил + что?
>
> *Моряки затопили вражеский корабль.*

> **ЗАПОМНИТЕ**
> **утопленик =**
> человек, который утонул

ТОПИ́ТЬ[2] нсв _____

▪ топить = поддерживать огонь в печи или камине

▪ затопить = развести огонь в печи или камине

■ протопить = разогреть печь или камин, разведя огонь

  • Кто затопил + что?

  Охотник вернулся с охоты и затопил печку.

> «Протопи ты мне баньку по-белому...
> Я от белого света отвык!..»
>
> (В.С. Высоцкий) 📖

ТОРГОВА́ТЬ(СЯ) нсв _____

я торгу́ю(сь), ты торгу́ешь(ся)... наст. вр.

наторгова́ть св

я наторгу́ю, ты наторгу́ешь... буд. вр.

■ торговать = осуществлять торговые операции, продавать и покупать что-либо

♦ торговать + чем? *(товарами)* + с кем? *(с зарубежными странами)*

торгова́ться нсв

я торгу́юсь, ты торгу́ешься... наст. вр.

поторгова́ть(ся) св

я поторгу́юсь, ты поторгу́ешь(ся)... буд. вр.

■ торговаться = спорить с продавцом о снижении цены на товар; спорить с покупателем о поддержании более высокой цены на товар

♦ торговаться + с кем? *(с продавцом, с покупателем)*

  • Кто торгует + чем? + с кем?

  Россия торгует нефтью с зарубежными странами.

  • Кто торгуется + с кем?

  Покупатель на рынке торгуется с продавцом.

торгу́й(ся), торгу́йте(сь) пов. накл.; нсв
поторгу́й(ся), поторгу́йте(сь) пов. накл.; св

  На рынке все торгуются — и вы поторгуйтесь!..

> «Они, конечно, предложат большую цену.
> А я ещё поторгуюсь!..»
>
> (К/ф «Бриллиантовая рука») 📖

Т

> «Цены сам платил немалые,
> Не торгуйся, не скупись:
> Подставляй-ка губы алые,
> Ближе к молодцу садись...»
>
> **(А.Н. Некрасов, «Коробейники»)**

ТОРМОЗИ́ТЬ _{нсв}

я торможу́, ты тормози́шь... наст. вр.

затормози́ть св

я заторможу́, ты затормози́шь... буд. вр.

▪ тормозить, затормозить = замедлять движение, останавливаться, остановиться с помощью тормоза при передвижении на каком-либо механическом средстве

◆ тормозить, затормозить + что? *(автомобиль)*
- • Кто затормозил + что? + где?

   Водитель затормозил свой автомобиль перед светофором.

(не) тормози́(те) пов. накл.

   Тормози, тормози! Впереди крутой поворот!..

> «Мужа жди по себе, упрямого,
> Чтоб на спусках не тормозил...»
>
> **(М.Л. Анчаров)**

ТОРОПИ́ТЬ(СЯ) _{нсв}

я тороплю́(сь), ты торо́пишь(ся)... наст. вр.

поторопи́ть(ся) св

я потороплю́(сь), ты поторо́пишь(ся)... буд. вр.

▪ торопить, поторопить = заставлять, заставить или просить, попросить кого-либо действовать быстрее

▪ торопиться, поторопиться = близкое по значению к «спешить, поспешить», стараться делать, сделать что-либо быстрее

◆ торопить, поторопить + кого? *(ребёнка)*

◆ торопиться, поторопиться + куда? *(на вокзал, на работу, в университет)*

потора́пливаться нсв для «поторопиться»

▪ потарапливаться = разговорная форма, менее категоричная по сравнению с «торопиться»; используется в повелительном наклонении при выражении соответствующей просьбы

> • Кто торопит + кого?
>
> *Мать торопит ребёнка в школу.*
>
> • Кто торопится + куда?
>
> *Студенты торопятся на занятия в университет.*

(не) торопи́(сь), (не) торопи́те(сь) пов. накл.

> *Не торопитесь — до отправления поезда у нас ещё много времени.*
>
> *Поторопитесь! Мы можем опоздать на поезд.*
>
> *Поторапливайся! Мне уже пора на работу…*

ЗАПОМНИТЕ

**Извини, мне некогда —
я очень тороплюсь!..**

«И жить торопится, и чувствовать спешит!»

(А.С. Пушкин)

ТОСКОВА́ТЬ нсв _____

я тоску́ю, ты тоску́ешь… наст. вр.

затоскова́ть св

я затоску́ю, ты затоску́ешь… буд. вр.

▪ тосковать = испытывать тоску — чувство, более сильное, чем грусть

♦ тосковать + по кому? (по чему?) *(по семье, по Родине)*

> • Кто тоскует + по кому? (по чему?)
>
> *Студент тоскует по родителям (по своему дому).*

«Я тоскую, как Блок…»

(Т/ф «Покровские ворота»)

**«Я тоскую по соседству
И на расстоянии!..»**

(Шуточная песня)

Т

**тосковать, затосковать — грустить,
загрустить — скучать, заскучать**

ТРАНСЛИ́РОВАТЬ(СЯ) нсв _____

обычно: в неопределённо-личных конструкциях —
они трансли́руют наст. вр.

трансли́роваться нсв

обычно: в пассивных конструкциях — *оно трансли́-
руется*

▪ транслировать(ся) = (об информации) передавать(ся)
с места события с помощью средств массовой информации

◆ транслировать(ся) + по чему? *(по радио, по теле-
видению)*

> • Что транслируют + по чему?
>
> *Футбольный матч транслируют по телеви-
> дению.*
> • Что транслируется + по чему?
>
> *Футбольный матч транслируется по телеви-
> дению.*

ЗАПОМНИТЕ

**прямая трансляция =
прямой эфир**

 транслировать — передавать

ТРА́ТИТЬ нсв _____

я тра́чу, ты тра́тишь... наст. вр.

потра́тить св

я потра́чу, ты потра́тишь... буд. вр.

истра́тить св

я истра́чу, ты истра́тишь... буд. вр.

▪ потратить = истратить (чуть более сильное)

◆ тратить, истратить + что? *(деньги)* + на что?
(на книги)

> • Кто потратил (истратил) + что? + на что?
> *Студент все деньги истратил на книги.*

истра́ченный (-ая, -ое, -ые) страд. прич.

истра́чен (-а, -о, -ы) кр. ф. страд. прич.

> • Что (было) истрачено + на что?
>
> *Все деньги (были) истрачены на книги.*

(не) трать(те) пов. накл.

> *Не тратьте зря время! До экзамена осталось всего три дня.*

━━━ **ЗАПОМНИТЕ** ━━━

**Это пустая трата времени. =
Дело не имеет перспективы
и не стоит усилий.**

«Кто людям помогает,
Лишь тратит время зря.
Хорошими делами
Прославиться нельзя!..»
(Шуточная песенка
из м/ф «Чебурашка»)

ТРЕ́БОВАТЬ(СЯ) нсв _____

> *я тре́бую(сь), ты тре́буешь(ся), он, она, оно тре́бует(ся)...* наст. вр.

потре́бовать(ся) св

> *я потре́бую(сь), ты потре́буешь(ся), он, она, оно потре́бует(ся)...* буд. вр.

▪ требовать, потребовать = просить, попросить о чём-либо, но в категоричной форме, не предполагающей отказа

▪ требоваться, потребоваться = находиться, оказаться в состоянии настоятельной необходимости

♦ требовать, потребовать + что? *(жалобную книгу, отдельную квартиру)*

♦ требовать, потребовать + чего? *(внимания, объяснений, отставки правительства)*

> • Кто потребовал + что?
>
> *Турист потребовал себе номер со всеми удобствами и с видом на море.*

Т

• Кто потребовал + чего?

Профессор потребовал от студентов
тишины.
• Кто (что) требует + чего? (какого отношения?)

Дети требуют к себе заботы и внимания.
Новое оборудование требует к себе бережного
отношения.
• Кто требуется + кому? (куда?)

Предприятию требуются квалифицированные
рабочие.

(по)тре́буй(те) пов. накл.

Если вы недовольны обслуживанием, требуй-
те жалобную книгу.

> «Успокойся, смертный, и не требуй
> Правды той, что не нужна тебе…»
>
> (С.А. Есенин)

ТРЕВО́ЖИТЬ(СЯ) нсв _____

я трево́жу(сь), ты трево́жишь(ся)... наст. вр.
потрево́жить св
я потрево́жу, ты потрево́жишь... буд. вр.
растрево́жить св
я растрево́жу, ты растрево́жишь... буд. вр.
встрево́житься св для «тревожиться»
я встрево́жусь, ты встрево́жишься... буд. вр.
▪ тревожить, потревожить = близкое к «беспокоить, побеспокоить», вносить, внести дискомфорт
◆ тревожить, потревожить + кого? *(соседей)*
▪ тревожить, растревожить = вносить, внести трево-
гу, сильное беспокойство
◆ тревожить, растревожить + кого? *(родителей)*
▪ тревожиться, встревожиться = близкое к
«беспокоиться, забеспокоиться»; «нервничать,
занервничать»
◆ тревожиться, встревожиться + о ком? (о чём?)
(о детях)

> • Кто потревожил + кого?
> *Пьяный сосед своим шумом потревожил*
> *соседей.*
> • Кто тревожится + о ком? (за кого?)
> *Родители тревожатся о своих детях (= за*
> *своих детей).*

встрево́женный (-ая, -ое, -ые) страд. прич.
встрево́жен (-а, -о, -ы) кр. ф. страд. прич.

> • Кто (был) встревожен + чем?
> *Родители (были) встревожены поведением*
> *своих детей.*

> «Что так сердце, что так сердце
> растревожило?..»
> (М.Л. Матусовский,
> песня из к/ф «Верные друзья»)

тревожить(ся), потревожить(ся) —
беспокоить(ся), побеспокоить(ся)

ТРЕНИРОВА́ТЬ(СЯ) нсв _____

я трениру́ю(сь), ты трениру́ешь(ся)... наст. вр.
▪ тренировать = проводить тренировку, руководить
тренировкой
▪ тренироваться = участвовать в тренировке
потренирова́ть(ся) св

я потрениру́ю(сь), ты потрениру́ешь(ся)... буд. вр.
▪ потренировать = немного позаниматься со спортсме-
ном
▪ потренироваться = уделить некоторое время
занятиям спортом
◆ (по)тренировать + кого? *(молодых спортсменов)*
◆ (по)тренироваться + у кого? *(у известного трене-*
ра) + где? *(на стадионе)*
▪ натренироваться = достичь в спорте высоких
показателей благодаря интенсивным тренировкам

> • Кто тренирует + кого?
> *Тренер тренирует молодых спортсменов.*

> • Кто тренируется + у кого?
>
> *Молодые спортсмены тренируются у известного тренера.*

натрениро́ванный (-ая, -ое, -ые) страд. прич.

натрениро́ван (-а, -о, -ы) кр. ф. страд.прич.

> • Кто (был) натренирован + как?
>
> *Спортсмен (был) хорошо натренирован.*

(по)трениру́й(ся), (по)трениру́йте(сь) пов. накл.

> *Молодые спортсмены! Тренируйтесь как можно больше!*

«Тренируйся, бабка! Тренируйся, Любка!
Тренируйся, милая сизая голубка!..»

(Шуточная туристская песня)

«бабка» — просторечное, правильно: «бабушка»

«Во всём нужна сноровка,
Закалка, тренировка...»
(В.И. Лебедев-Кумач,
из к/ф «Первая перчатка»)

ТРО́ГАТЬ нсв

я тро́гаю, ты тро́гаешь... наст. вр.

тро́нуть св

я тро́ну, ты тро́нешь... буд. вр.

потро́гать св

я потро́гаю, ты потро́гаешь... буд. вр.

▪ потрогать = несколько раз или непродолжительное время

▪ трогать, тронуть = касаться, коснуться

♦ трогать, тронуть, потрогать + что? *(вещи, лоб)*

▪ трогать, тронуть = производить, произвести определённое впечатление; волновать, взволновать; вызывать, вызвать сочувствие

♦ трогать, тронуть + что? = дотрагиваться, дотронуться + до чего?

▪ трогаться, тронуться = начинать, начать движение; отправляться, отправиться в путь

> • Кто трогает + что?
> *Ребёнок трогает цветы в вазе.*

(не) тро́гай(те) пов. накл.; нсв

потро́гай(те) пов. накл.; св

> *Не трогай чужие вещи!..*
> *Потрогай у ребёнка лоб — по-моему, у него*
> *температура.*

───**ЗАПОМНИТЕ**───

Я очень тронут вашим вниманием!.. =
Я очень взволнован вашим вниманием.

тронуться (умом) =
сойти с ума

«Словно ветром тронуло струну...»
(М.Л. Матусовский,
песня из к/ф «Верные друзья»)

«Давай, космонавт, потихонечку трогай...
И песню в пути не забудь...»
(В. Дыховичный, М. Слободской,
«Перед дальней дорогой)
здесь: «трогай» = начинай движение своего
космического корабля, отправляйся в путь

📖

➢ см. также **ДОТРАГИВАТЬСЯ**

ТРУДИ́ТЬСЯ нсв _____

я тружу́сь, ты тру́дишься... наст. вр.

потруди́ться св

я потружу́сь, ты потру́дишься... буд. вр.

▪ трудиться = работать, заниматься каким-либо трудом

◆ трудиться + где? *(на заводе)*

◆ трудиться + над чем? *(над диссертацией)*

> • Кто трудится + где?
> *Инженер трудится на заводе.*
> • Кто трудится + над чем?
> *Аспирант трудится над кандидатской*
> *диссертацией.*

Т

ТРЯСТИ́(СЬ) нсв _____

я трясу́(сь), ты трясёшь(ся)... наст. вр.
потрясти́ св

я потрясу́, ты потрясёшь... буд. вр.

▪ трясти = резкими, быстрыми, короткими движениями колебать что-либо из стороны в сторону

▪ потрясти = трясти непродолжительное время

▪ потрясти = произвести сильное, неизгладимое впечатление

• Кто трясёт + что?

Обезьяна трясёт ветку дерева.

• Кто трясётся + от чего?

Девочка трясётся от холода (от страха).

• Кого трясёт + от чего?

Девочку трясёт от холода (от страха).

• Что потрясло + кого?

Спектакль по пьесе Шекспира потряс зрителей.

потрясённый (-ая, -ое, -ые) страд. прич.
потрясён, потрясена́ (-о́, -ы́) кр. ф. страд. прич.

• Кто (был) потрясён + чем?

Зрители (были) потрясены спектаклем.

тряси́(те) пов. накл.; нсв
потряси́(те) пов. накл.; св

Не тряси стол — ты мне мешаешь писать.
Чтобы достать яблоко, потряси яблоню.

Т

ТУШИ́ТЬ нсв _____

я тушу́, ты ту́шишь... наст. вр.

потуши́ть св

я потушу́, ты поту́шишь... буд. вр.

▪ тушить, потушить = гасить, погасить

♦ тушить, потушить + что? *(огонь, пожар, свет)*

> • Кто потушил + что?
> *Пожарные потушили пожар.*

поту́шенный (-ая, -ое, -ые) страд. прич.

поту́шен (-а, -о, -ы) кр. ф. страд. прич.

> • Что (было) потушено + кем?
> *Пожар (был) потушен пожарными.*

(по)туши́(те) пов. накл.

> *Потушите, пожалуйста, свет — я хочу спать!..*

──── **ЗАПОМНИТЕ** ────
потухший взор (= взгляд) =
взгляд отчаявшегося человека

тушить, потушить —
зажигать, зажечь —
гасить, погасить

ТЯНУ́ТЬ(СЯ) нсв _____

я тяну́, ты тя́нешь, он, она, оно тя́нет(ся)... наст. вр.

потяну́ть(ся) св

я потяну́, ты потя́нешь, он, она, оно потя́-нет(ся)... буд. вр.

♦ тянуть, потянуть + что? *(нитку, дверь)*

затяну́ть св

я затяну́, ты затя́нешь... буд. вр.

затя́гивать нсв

я затя́гиваю, ты затя́гиваешь... наст. вр.

▪ затягивать, затянуть = с усилием завязывать, завязать узел

♦ затягивать, затянуть + что? *(пояс, ремень, верёвку)*

• Кто тянет (потянул) + что?

Портной тянет нитку.

Мальчик тянет за собой собаку.

Посетитель взялся за ручку двери и потянул её на себя.

─────── ЗАПОМНИТЕ ───────

тянуть, затягивать время =
делать всё, чтобы ситуация не менялась до определённого, выгодного для субъекта момента

тянуть резину =
сленг: тянуть время

Ох, как тянется время!.. =
Как медленно идёт время!

затянуть потуже пояс(а) =
ввести режим жёсткой экономии

тянуть одеяло на себя =
стараться делать всё только
для своей пользы, для своей выгоды

«Тянут-потянут...
Вытянули репку!...»

(Русская народная сказка)

«Он опять поспал немножко
И опять взглянул в окошко,
Увидал большой вокзал,
Потянулся и сказал...»

(С.Я. Маршак, «Вот какой рассеянный»)

Т

УБЕЖДА́ТЬ(СЯ) нсв _____

я убежда́ю(сь), ты убежда́ешь(ся)... наст. вр.

убеди́ть(ся) св

ты убеди́шь(ся), он, она, оно убеди́т(ся)... буд. вр.

▪ убеждать, убедить = заставлять, заставить поверить в правильность своего мнения

♦ убеждать, убедить + кого? *(друга)* + в чём? *(в своей правоте)*

> • Кто убедил + кого? + в чём?
> *Студент убедил своего друга в своей правоте.*
> • Кто убедился + в чём?
> *Друг убедился в правоте студента.*

убеждённый (-ая, -ое, -ые) страд. прич.

убеждён, убеждена́ (-о́, -ы́) кр. ф. страд. прич.

> • Кто (был) убеждён + в чём?
> *Студентка (была) убеждена в своей правоте.*

(не) убежда́й(те) пов. накл.; нсв

убеди́(те) пов. накл.; св

> *Не убеждайте меня — я всё равно вам не поверю!*
> *Он очень плохо выглядит — убедите его пойти к врачу!..*

---ЗАПОМНИТЕ---
> **Сначала я думал, что это неправда, но потом он убедил меня в своей правоте.**
>
> **Я убедился в том, что это действительно так!..**

УБИВА́ТЬ нсв _____

я убива́ю, ты убива́ешь... наст. вр.

уби́ть св

я убью, ты убьёшь... буд. вр.

▪ убивать, убить = лишать, лишить кого-либо жизни

♦ убивать, убить + кого? *(врага, зверя)*

> • Кто убил + кого?
>
> *Солдат убил врага.*
>
> *Охотник убил зверя.*
>
> *Онегин убил на дуэли Ленского.*

уби́тый (-ая, -ое, -ые) страд. прич.

уби́т (-а, -о, -ы) кр. ф. страд. прич.

> • Кто (был) убит + кем?
>
> *Враг (был) убит солдатом.*
>
> *Зверь (был) убит охотником.*
>
> *Ленский (был) убит на дуэли Онегиным.*

> «Один, как прежде... и убит!
> Убит!.. К чему теперь рыданья...»
>
> (М.Ю. Лермонтов, «Смерть поэта»)

ЗАПОМНИТЕ

убивать, убить время =
тратить, потратить время понапрасну

УБИРА́ТЬ(СЯ) нсв

я убира́ю(сь), ты убира́ешь(ся)... наст. вр.

убра́ть(ся) св

я уберу́(сь), ты уберёшь(ся)... буд. вр.

♦ убирать, убрать + что? *(комнату, посуду)* +
откуда? *(со стола)*

♦ убираться, убраться + где? *(в комнате, в квартире)*

> • Кто убрал + что? + откуда?
>
> *Уборщица убрала класс.*
>
> • Кто убрался + где?
>
> *Уборщица убралась в классе.*

у́бранный (-ая, -ое, -ые) страд. прич.

у́бран (-а, -о, -ы) кр. ф. страд. прич.

> • Что (было) убрано + кем?
>
> *Класс (был) убран уборщицей.*

(не) убира́й(те) пов. накл.; нсв

убери́(те) пов. накл.; св

> *Уберите за собой посуду со стола!*
>
> *Не убирайте ручки и тетради — мы сейчас*
> *будем писать диктант.*

---**ЗАПОМНИТЕ**---
Убирайся прочь! —
резкое выражение требования
покинуть помещение,
нежелания видеть перед собой
какого-либо человека

УВАЖА́ТЬ нсв _____

я уважа́ю, ты уважа́ешь... наст. вр.
♦ уважать + кого? *(родителей, учителя)* + за что?
(за глубокие знания)

> • Кто уважает + кого? + за что?
> *Ученики уважают своего учителя за глубокие знания.*

---**ЗАПОМНИТЕ**---
Уважаемый господин ... ! —
форма обращения к адресату
в официальном письме
(сравните с неофициальной формой:
«Дорогой ... !»)

«Мой дядя самых честных правил,
Когда не в шутку занемог,
Он уважать себя заставил
И лучше выдумать не мог...»

(А.С. Пушкин, «Евгений Онегин»)

«уважать себя заставил» =
здесь: потребовал проявления по отношению
к себе знаков внимания и уважения

УВЕЛИ́ЧИВАТЬ(СЯ) нсв _____

*я увели́чиваю, ты увели́чиваешь, он, она, оно
увели́чивает(ся)... наст. вр.*
увели́чить(ся) св

*я увели́чу, ты увели́чишь, он, она, оно увели́-
чит(ся)... буд. вр.*

▪ увеличивать(ся), увеличить(ся) = делать(ся),
сделать(ся) больше в размерах или в количестве

♦ увеличивать, увеличить + что? *(производство
автомобилей)* + на сколько? (+ во сколько раз?)
(на 50 %, в полтора раза)

> • Кто увеличил + что? + на сколько? (во
> сколько раз?)
> *Коллектив завода увеличил производство
> автомобилей на пятьдесят процентов.*
> *Коллектив завода увеличил выпуск (= произ-
> водство) автомобилей в полтора раза.*
> • Что увеличилось + на сколько? (во сколько
> раз?)
> *Производство автомобилей увеличилось на
> 50 % (в полтора раза).*

увели́ченный (-ая, -ое, -ые) страд. прич.

увели́чен (-а, -о, -ы) кр. ф. страд. прич.

> • Что (было) увеличено + на сколько? (во сколь-
> ко раз?)
> *Производство автомобилей (было) увеличено
> на 50 % (в полтора раза).*

➢ см. также **ПРЕУВЕЛИЧИВАТЬ**

УВЛЕКА́ТЬ(СЯ) нсв _____

я увлека́ю(сь), ты увлека́ешь(ся)... наст. вр.

увле́чь(ся) св

я увлеку́(сь), ты увлечёшь(ся)... буд. вр.

▪ увлекать, увлечь = интересовать, заинтересовать
кого-либо чем-либо

♦ увлекать, увлечь + кого? *(художника, поэта)*
+ чем? *(красотой природы)*

▪ увлекаться, увлечься = любить, полюбить что-либо
(обычно — какое-либо занятие), отдавать любимому
делу всё своё время; любить, полюбить кого-либо

♦ увлекаться, увлечься + чем? *(музыкой, спортом)*
+ кем? *(девушкой)*

• Что увлекает + кого?

Девушку увлекает музыка.

Молодого человека увлекает спорт.

• Кто увлекается + чем?

Девушка увлекается музыкой.

Молодой человек увлекается спортом.

увлечённый (-ая, -ое, -ые) страд. прич.

увлечён, увлечена́ (-о́, -ы́) кр. ф. страд. прич.

• Кто (был) увлечён + чем?

Девушка (была) увлечена музыкой.

Молодой человек (был) увлечён спортом.

(не) увлека́йся пов. накл.

Не увлекайся конфетами — от сладкого портятся зубы!

> «Граф Сен Жермен, тогда ещё красавец,
> Увлёкся ею…»
> (Опера П.И. Чайковского по повести
> А.С. Пушкина «Пиковая дама»)

УГОЩА́ТЬ нсв

я угоща́ю, ты угоща́ешь… наст. вр.

угости́ть св

я угощу́, ты угости́шь… буд. вр.

▪ угощать, угостить = предлагать гостю вкусные блюда и напитки

♦ угощать, угостить + кого? *(гостя, ребёнка)* + чем? *(обедом, конфетами)*

• Кто угостил + кого? + чем?

Хозяева угостили гостя пирогом с капустой.

угоща́й(те) пов. накл.; нсв

угости́(те) пов. накл.; св

Угостите меня чаем! =

Не угостите (ли) меня чаем?

ЗАПОМНИТЕ

**Пожалуйста, угощайтесь —
пирог очень вкусный!**

> «Забил снаряд я в пушку туго
> И думал: угощу я друга!..»
> (М.Ю. Лермонтов, «Бородино»)

УДАВА́ТЬСЯ нсв

он, она, оно удаётся, они удаю́тся... наст. вр.

уда́ться св

он, она, оно уда́стся, они удаду́тся... буд. вр.

▪ удаваться, удаться = достигать, достичь положительного результата в трудной ситуации, когда этот результат зависит не только от усилий и стараний самого человека, но и от внешних обстоятельств

♦ удаваться, удаться + кому? *(абитуриенту, зрителю)* + что сделать? *(поступить в университет, достать билеты на популярный спектакль)*

• Кому (не) удалось + что сделать?
Зрителю (не) удалось достать билет(а) на популярный спектакль.

═ЗАПОМНИТЕ═
Вам не удастся обмануть меня!

**удаваться, удаться —
везти, повезти**

УДАРЯ́ТЬ(СЯ) нсв

я ударя́ю(сь), ты ударя́ешь(ся)... наст. вр.

уда́рить(ся) св

я уда́рю(сь), ты уда́ришь(ся)... буд. вр.

▪ ударять, ударить = наносить, нанести удар

♦ ударять, ударить + кого? *(противника, ребёнка)* + по чему? *(по столу, по голове)* + чем? *(кулаком, палкой)*

▪ ударяться, удариться = получать, получить удар при столкновении с каким-либо твёрдым предметом

♦ ударяться, удариться + обо что? *(о камень, о стену, о столб)*

• Кто ударил + кого? + по чему? + чем?

Боксёр ударил противника по лицу «откры-
той» перчаткой.

• Кто ударился + обо что? + чем?

Ребёнок ударился головой о спинку кровати.

(не) уда́рь(ся) пов. накл.

Будь осторожен — не ударься о шкаф!..

ЗАПОМНИТЕ

ударил гром =
прогремел гром

ударили морозы =
неожиданно начались сильные морозы

вино уда́рило в голову =
человек опьянел от вина

в голову ударенный =
глупый, ненормальный человек

«Я ударил её, птицу белую,
Закипела горячая кровь...»

(Городской романс)

«Ударим автопробегом по разгильдяйству
и бюрократизму!»

(И. Ильф, Е. Петров)

«ударить» = вступить в активную борьбу
с каким-либо негативным явлением жизни

УДЕЛЯ́ТЬ нсв _____

я уделя́ю, ты уделя́ешь... наст. вр.

удели́ть св

я уделю́, ты удели́шь... буд. вр.

♦ уделять, уделить (только в сочетании с
существительным) + что? *(время, внимание)* +
кому? (чему?) *(другу, детям, учёбе)*

• Кто уделяет + что? + кому?

Родители уделяют много внимания и времени
своим детям.

• Кто уделил + что? + чему?
Докладчик в своём докладе уделил много внимания международным проблемам.

уделённый (-ая, -ое, -ые) страд. прич.

уделён, уделена́ (-о́, -ы́) кр. ф. страд. прич.

• Что (было) уделено + чему? + кем?
Большое внимание (докладчиком) в (его) докладе (было) уделено международным проблемам.

удели́(те) пов. накл.

Уделите мне, пожалуйста, немного времени!

УДИВЛЯ́ТЬ(СЯ) нсв

я удивля́ю(сь), ты удивля́ешь(ся)... наст. вр.

удиви́ть(ся) св

я удивлю́(сь), ты удиви́шь(ся)... буд. вр.

▪ удивлять, удивить = заставлять, заставить кого-нибудь испытывать, испытать чувство удивления

♦ удивлять, удивить + кого? *(родителей)* + чем? *(результатами экзамена)*

▪ удивляться, удивиться = испытывать, испытать чувство удивления

♦ удивляться, удивиться + чему? *(неожиданному известию)*

• Кто удивил + кого? + чем?
Сын удивил своих родителей результатами экзаменов.

• Кто удивился + чему?
Родители удивились результатам экзаменов своего сына.

удивлённый (-ая, -ое, -ые) страд. прич.

удивлён, удивлена́ (-о́, -ы́) кр. ф. страд. прич.

• Кто (был) удивлён + чем?
Родители (были) удивлены результатами экзаменов своего сына.

(не) удивля́й(ся), (не) удивля́йте(сь) пов. накл.

Не удивляйтесь: мы решили пожениться!..

> «Вожатый удивился —
> Трамвай остановился...»
>
> (С.Я. Маршак,
> «Вот какой рассеянный»)

УЕЗЖА́ТЬ нсв _____

я уезжа́ю, ты узжа́ешь... наст. вр.

уе́хать св

я уе́ду, ты уе́дешь... буд. вр.

▪ уезжать, уехать = покидать, покинуть какое-либо место, отправляться, отправиться куда-либо на транспорте

♦ уезжать, уехать + откуда? *(из Петербурга)* + куда? *(в Москву)*

> • Кто уехал + откуда? + куда?
> *Туристы уехали из Петербурга в Москву.*

(не) уезжа́й(те) пов. накл.

> «Не уезжай ты, мой голубчик,
> Печальна жизнь мне без тебя!..»
>
> (Цыганский романс)

  уезжать, уехать — ездить, ехать — приезжать, приехать — уходить, уйти

У́ЖИНАТЬ нсв _____

я у́жинаю, ты у́жинаешь... наст. вр.

поу́жинать св

я поу́жинаю, ты поу́жинаешь... буд. вр.

▪ ужинать, поужинать = принимать, принять пищу вечером; есть, съесть ужин

♦ ужинать, поужинать + где? *(дома, в ресторане)* + чем? *(ветчиной, курицей)*

> • Кто ужинает + где?
> *Студент обычно ужинает дома.*
> • Кто поужинал + чем?
> *Путешественник поужинал холодной курицей.*

(по)ýжинай(те) пов. накл.

Я сегодня вернусь поздно — поужинайте без меня.

━━━━━ **ЗАПОМНИТЕ** ━━━━━
Давай поужинаем вместе!..

«Мы пригласили тишину
На наш прощальный ужин...»
(Романс)

УЗНАВÁТЬ¹ нсв _____

я узнаю́, ты узнаёшь... наст. вр.

узнáть св

я узнáю, ты узнáешь... буд. вр.

▪ узнавать, узнать = получать, получить новую информацию

♦ узнавать, узнать + что? *(новость, судьбу)*

• Кто узнал + что? (+ от кого?)

(От своего приятеля) студент узнал дату следующего экзамена. =
Студент узнал, что экзамен будет в следующую среду.

узнáй(те) пов. накл.

Узнайте, пожалуйста, когда будет следующий поезд на Москву.

«И никто не узнает,
Где могилка моя...»
(Песня)

УЗНАВÁТЬ² нсв _____

▪ узнавать, узнать = вспомнить человека при повторной встрече

♦ узнавать, узнать + кого? *(старого школьного приятеля)*

• Кто (не) узнал + кого?

При встрече человек не сразу узнал своего старого школьного приятеля, с которым не виделся несколько лет.

ЗАПОМНИТЕ
— **Вы меня не узнаёте?..**
— **Ну, что вы! Я вас сразу узнал.**

➢ см. также **ЗНАТЬ**

УКРАШÁТЬ нсв _____

я украшáю, ты украшáешь... наст. вр.

укрáсить св

я укрáшу, ты украсишь... буд. вр.

▪ украшать, украсить = делать, сделать что-либо более красивым

♦ украшать, украсить + что? *(комнату)* + чем? *(цветами)*

• Кто украсил + что? + чем?

К празднику студенты украсили зал цветами.

украшенный (-ая, -ое, -ые) страд. прич.

украшен (-а, -о, -ы) кр. ф. страд. прич.

• Что (было) украшено + чем?

К празднику зал (был) украшен цветами.

УКРЕПЛЯ́ТЬ нсв _____

я укрепля́ю, ты укрепля́ешь... наст. вр.

укрепи́ть св

я укреплю́, ты укрепи́шь... буд. вр.

▪ укреплять, укрепить = делать, сделать что-либо более крепким, надёжным

♦ укреплять, укрепить + что? *(стену, оборону, дружбу)* + что? *(флаг)* + где? *(на крыше)*

• Кто укрепил + что? (+ где?)

Строители укрепили стену дома.
Демонстранты укрепили на крыше дома флаг.

укреплённый (-ая, -ое, -ые) страд. прич.

укреплён, укреплена́ (-о́, -ы́) кр. ф. страд. прич.

> • Что (было) укреплено + кем?

> *Стена дома была укреплена строителями.*
>
> *На крыше дома демонстрантами был укреплён флаг.*

укрепля́й(те) пов. накл.

> *Укрепляйте своё здоровье!*
>
> *Укрепляйте дружбу между народами!*

> **укреплять, укрепить —
> ослаблять, ослабить**

УЛЕТАТЬ — см. **ЛЕТАТЬ**

УЛЫБА́ТЬСЯ нсв _____

> *я улыба́юсь, ты улыба́ешься...* наст. вр.

улыбну́ться св

> *я улыбну́сь, ты улыбнёшься...* буд. вр.

♦ улыбаться, улыбнуться + кому? *(ребёнку, другу, любимой девушке)*

> • Кто улыбается + кому?

> *Мать улыбается ребёнку.*

> • Кто улыбнулся + кому?

> *Девушка улыбнулась молодому человеку.*

улыба́йся, улыба́йтесь пов. накл.; нсв
улыбни́сь, улыбни́тесь пов. накл.; св

> *Улыбайтесь почаще!*
>
> *Улыбнитесь! Снимаю!.. (= Фотографирую!..)*

> **улыбаться, улыбнуться**
> сравните: **смеяться, засмеяться**

> «Боюсь, что не выдержишь ты и заплачешь...
> И я улыбаюсь тебе!..»
>
> (Песня)
>
> «Капитан, капитан, улыбнитесь,
> Ведь улыбка — это флаг корабля...
> (В.И. Лебедев-Кумач, «Песенка о капитане»)

ЗАПОМНИТЕ

**Судьба (счастье) мне
улыбнулась (улыбнулось)!.. =
Мне очень повезло!..**

УМЕНЬША́ТЬ нсв _____

я уменьша́ю, ты уменьша́ешь... наст. вр.

уме́ньшить св

я уме́ньшу, ты уме́ньшишь... буд. вр.

▪ уменьшать, уменьшить = делать, сделать что-либо меньше, менее интенсивным; снижать, снизить

♦ уменьшать, уменьшить + что? *(звук, скорость)*

> • Кто уменьшил + что?
> *Телезритель уменьшил силу звука своего телевизора.*

➢ см. также **ПРЕУМЕНЬШАТЬ**

УМЕ́ТЬ нсв _____

я уме́ю, ты уме́ешь... наст. вр.

суме́ть св

я суме́ю, ты суме́ешь... буд. вр.

▪ уметь = быть способным выполнять определённые действия, работу благодаря предварительной подготовке, обучению, тренировке

▪ суметь = оказаться в состоянии (обычно — благодаря предварительной подготовке) выполнить какие-либо действия, операции

♦ уметь, суметь + что делать (сделать)? *(плавать, читать, играть на музыкальном инструменте)*

> • Кто умеет + что делать?
> *Маленький ребёнок умеет ходить.*
> *Спортсмен умеет хорошо плавать.*
> *Музыкант умеет играть на нескольких музыкальных инструментах.*

«Умейте выжидать, умейте нападать!
При каждой неудаче давать умейте сдачи!
Иначе вам удачи не видать!..»

(Шуточная песня)

УМИРА́ТЬ нсв _____

я умира́ю, ты умира́ешь... наст. вр.

умере́ть св

я умру́, ты умрёшь... буд. вр.

♦ умирать, умереть + когда? *(в 1942 году)* + где? *(в Ленинграде)*

> • Кто умер + когда? + где?
> *В 1942 году в блокадном Ленинграде много людей умерло от голода.*

> «А умирать нам рановато —
> Есть у нас ещё дома дела!..»
>
> (Песня) 📖

 умирать, умереть — скончаться

УНИЧТОЖА́ТЬ нсв _____

я уничтожа́ю, ты уничтожа́ешь... наст. вр.

уничто́жить св

я уничто́жу, ты уничто́жишь... буд. вр.

▪ уничтожать, уничтожить = убивать, убить кого-либо; разрушать, разрушить что-либо до основания

♦ уничтожать, уничтожить + что? (кого?) *(город, противника)*

> • Кто уничтожил + что? (кого?)
> *Артиллеристы уничтожили батарею противника.*
> *Артиллеристы уничтожили солдат противника.*

уничто́женный (-ая, -ое, -ые) страд. прич.

уничто́жен (-а, -о, -ы) кр. ф. страд. прич.

> • Кто (что) был(о) уничтожен(о) + кем?
> *Солдаты противника (были) уничтожены артиллеристами.*
> *Батарея противника (была) уничтожена артиллеристами.*

УПОТРЕБЛЯ́ТЬ(СЯ) нсв _____

я употребля́ю, ты употребля́ешь, он, она, оно
употребля́ет(ся)... наст. вр.

употреби́ть св

я употреблю́, ты употреби́шь... буд. вр.

▪ употреблять(ся), употребить = использовать(ся)

♦ употреблять, употребить + что? *(соль, граммати-*
ческую форму)

> • Кто употребляет + что?
> *Южные народы употребляют в пищу различ-*
> *ные специи.*
> • Что употребляется + при каких обстоятель-
> ствах?
> *При приготовлении пищи употребляются*
> *различные специи.*

употреблённый (-ая, -ое, -ые) страд. прич.

употреблён, употреблена́ (-о́, -ы́) кр. ф. страд. прич.

> • Что (было) употреблено + при каких обстоя-
> тельствах?
> *При приготовлении пищи (были) употребле-*
> *ны различные специи.*

(не) употребля́й(те) пов. накл.; нсв

употреби́(те) пов. накл.; св

> *Не употребляйте в своей речи грубых слов!*
> *Употребите глаголы в правильной форме.*

употреблять, употребить —
использовать — применять, применить

УСИ́ЛИВАТЬ(СЯ) нсв _____

я уси́ливаю, ты уси́ливаешь, он, она, оно уси́ли-
вает(ся)... наст. вр.

уси́лить(ся) св

я уси́лю, ты уси́лишь, он, она, оно уси́лит(ся)ся...
буд. вр.

▪ усиливать(ся), усилить(ся) = делать(ся), сделать(ся)
более сильным, более мощным, более интенсивным

♦ усиливать, усилить + что? *(мощность тока, звук,*
спортивную команду)

• Кто усилил + что?

Электрик усилил мощность тока.

Тренер усилил команду опытными спортсме-нами.

• Что усилилось + за счёт чего?

Команда усилилась за счёт опытных спорт-сменов.

уси́ленный (-ая, -ое, -ые) страд. прич.

уси́лен (-а, -о, -ы) кр. ф. страд. прич.

• Что (было) усилено + кем?

Команда (была) усилена опытными спорт-сменами.

―――――ЗАПОМНИТЕ―――――
**Ветер усилился. =
Ветер стал сильнее.**

 усиливать(ся), усилить(ся) — ослаблять, ослабить — ослабеть, ослабнуть

УСПЕВА́ТЬ нсв _____

я успева́ю, ты успева́ешь... наст. вр.

успе́ть св

я успе́ю, ты успе́ешь... буд. вр.

▪ успевать, успеть = оказываться, оказаться в состоянии выполнить что-либо в срок; оказываться, оказаться вовремя где-либо; не опаздывать, не опоздать куда-либо

♦ успевать, успеть + куда? *(на занятия, на поезд)*

♦ успевать, успеть + что сделать? *(подготовиться к экзамену)*

• Кто (не) успел + куда?

Студент (не) успел на занятия.

• Кто (не) успел + что сделать?

Студентка (не) успела хорошо подготовить-ся к экзамену.

―――――ЗАПОМНИТЕ―――――
**Я не успеваю на работу. =
Я опаздываю на работу.**

УСПОКА́ИВАТЬ(СЯ) нсв

я успока́иваю(сь), ты успока́иваешь(ся)... наст. вр.

успоко́ить(ся) св

я успоко́ю(сь), ты успоко́ишь(ся)... буд. вр.

▪ успокаивать, успокоить = делать, сделать кого-либо спокойным

▪ успокаиваться, успокоиться = становиться, стать спокойным; приобретать, приобрести покой; переставать, перестать волноваться

♦ успокаивать, успокоить + кого? *(ребёнка, родителей, собаку)*

> • Кто успокоил + кого?
> *Мать успокоила ребёнка.*
> • Кто успокоился?
> *Ребёнку дали соску, и он успокоился.*

споко́йный (-ая, -ое, -ые) им. прилаг.

споко́ен, споко́йна (-о, -ы) кр. ф. им. прилаг.

> *Студент спокоен.* = *Он спокойный человек.*

(не) успока́ивай(те) пов. накл.

успоко́й(ся), успоко́йте(сь) пов. накл.

> *Не успокаивайте меня! Я чувствую, что что-то случилось!..*
> *Успокойтесь!.. Всё будет хорошо!..*

ЗАПОМНИТЕ

Человек успокоился. =
Человек перестал волноваться.

Море успокоилось. =
Море утихло.

Ветер успокоился. =
Ветер стих.

«Успокойся, смертный, и не требуй
Правды той, что не нужна тебе...»

(С.А. Есенин)

«... а самое страшное видели —
лицо моё, когда я абсолютно спокоен?»

(В.В. Маяковский)

**успокаивать(ся), успокоить(ся) —
волновать(ся), разволновать(ся)**

УСТАВА́ТЬ нсв _____

я устаю́, ты устаёшь... наст. вр.

уста́ть св

я уста́ну, ты уста́нешь... буд. вр.

▪ уставать, устать = приходить, прийти в состояние усталости

♦ уставать, устать + от чего? *(от работы, от занятий, от шума)*

> • Кто устал + от чего?
> *Рабочие устали от тяжёлой работы.*

━ЗАПОМНИТЕ━

Не беги так быстро — скоро устанешь!..

**Он не устаёт повторять... =
Он часто повторяет...**

«Мы очень устали... И стали мы стары
И для этого вальса, и для этой гитары...»
(Романс) 📖

    **уставать, устать —
отдыхать, отдохнуть**

УСТАНА́ВЛИВАТЬ(СЯ) нсв _____

я устана́вливаю, ты уста́навливаешь, он, она, оно устана́вливает(ся)... наст. вр.

установи́ть(ся) св

я установлю́, ты устано́вишь, он, она, оно устано́вит(ся)... буд. вр.

▪ устанавливать(ся), установить(ся) = приводить, привести что-либо (приходить, прийти) в устойчивое (стабильное) состояние

♦ устанавливать, установить + что? *(памятник, палатку, двигатель, отношения)*

• Кто установил + что? + где?

Администрация города установила на центральной площади памятник его основателю.

Туристы остановились на ночлег и установили под деревом палатку.

Механики установили на автомобиле новый двигатель.

• Что установилось + в результате чего?

В результате влияния циклона на всей территории страны установилась дождливая погода.

устано́вленный (-ая, -ое, -ые) страд. прич.

устано́влен (-а, -о, -ы) кр. ф. страд. прич.

• Что (было) установлено + где?

На центральной площади города (был) установлен памятник его основателю.

На автомобиле (был) установлен новый двигатель.

установи́(те) пов. накл.

Установите необходимые программы на ваш компьютер и начинайте работу.

УСТРА́ИВАТЬ(СЯ) нсв

я устра́иваю(сь), ты устра́иваешь(ся)... наст. вр.

устро́ить(ся) св

я устро́ю(сь), ты устро́ишь(ся)... буд. вр.

▪ устраивать, устроить = организовывать, организовать какое-либо действие (акцию), мероприятие

♦ устраивать, устроить + что? *(демонстрацию, концерт)*

♦ устраивать, устроить + кого? *(сына, друга)* + куда? *(в университет, на работу)*

♦ устраиваться, устроиться + куда? *(на работу)* + кем? *(администратором)*

> • Кто устроил + что?
> *Участники художественной самодеятельности устроили концерт.*
> *Студенты устроили демонстрацию протеста.*
> • Кто устроил + кого? + куда?
> *Родители устроили своего сына на работу на завод.*
> • Кто устроился + куда? + кем?
> *Сын устроился рабочим на завод.*

устро́енный (-ая, -ое, -ые) страд. прич.
устро́ен (-а, -о, -ы) кр. ф. страд. прич.

> • Кто (был) устроен + куда? + кем?
> *Сын (был) устроен рабочим на завод.*

устра́ивай(ся), устра́ивайте(сь) пов. накл.; нсв
устро́й(ся), устро́йте(сь) пов. накл.; св

> *Устраивайтесь на ночлег. (= Устраивайте всё так, чтобы вам удобно было здесь переночевать.)*
> *Слушай, устрой мне встречу с вашим шефом...*

──ЗАПОМНИТЕ──

Слушай!.. Ты хорошо устроился!.. =
Ты сумел создать себе комфортабельные условия.

Не волнуйся! Всё как-нибудь устроится!.. =
Не волнуйся! Всё в конце концов будет хорошо!..

УТВЕРЖДА́ТЬ нсв _____

я утвержда́ю, ты утвержда́ешь... наст. вр.
▪ утверждать = говорить о чём-либо с большой убеждённостью в своей правоте
♦ утверждать + что? (что...) — в этом значении употребляется только в составе сложного предложения

утверди́ть св

я утвержу́, ты утверди́шь... буд. вр.
▪ утвердить = заверить правомочность какого-либо решения или документа
♦ утвердить + что? *(отчёт о выполнении плана)*

• Кто утверждает + что?

Учёные утверждают, что на Марсе была вода.

• Кто утвердил + что?

Ректор утвердил план научной работы университета.

утверждённый (-ая, -ое, -ые) страд. прич.

утверждён, утверждена́ (-о́, -ы́) кр. ф. страд. прич.

• Что (было) утверждено + кем?

План научной работы (был) утверждён ректором.

УТОЧНЯ́ТЬ нсв _____

я уточня́ю, ты уточня́ешь... наст. вр.

уточни́ть св

я уточню́, ты уточни́шь... буд. вр.

▪ уточнять, уточнить = делать, сделать информацию более точной, более достоверной, более соответствующей действительности

♦ уточнять, уточнить + что? *(информацию, время, дату)*

• Кто уточнил + что?

Студент уточнил в деканате дату экзамена.

уточни́(те) пов. накл.

Уточните время отправления поезда.
Уточните состав новой группы студентов.

УХА́ЖИВАТЬ нсв _____

я уха́живаю, ты уха́живаешь... наст. вр.

▪ ухаживать = создавать наиболее благоприятные условия для кого-либо или чего-либо

♦ ухаживать + за кем? (за чем?) *(за больным, за цветами)*

• Кто ухаживает + за кем? (за чем?)

Медсестра ухаживает за больными.
Садовник ухаживает за цветами.

─────────ЗАПОМНИТЕ─────────
ухаживать за девушкой =
проявлять по отношению к девушке
всевозможные знаки внимания с целью
добиться её расположения

УХОДИ́ТЬ нсв _____

я ухожу́, ты ухо́дишь... наст. вр.
уйти́ св

я уйду́, ты уйдёшь... буд. вр.

■ уходить, уйти = пешком покидать, покинуть какое-либо место

♦ уходить, уйти + откуда? *(из дома)* + куда? *(в университет)*

    • Кто ушёл + откуда? + куда?
    Студент ушёл из общежития в университет.

■ уходить, уйти = покидать, покинуть кого-либо

    • Кто ушёл + от кого?
    Жена ушла от мужа.

(не) уходи́(те) пов. накл.; нсв
уйди́(те) пов. накл.; св

    Не уходите, он сейчас придёт...
    Уйдите! Вы мне мешаете...

☞
    он ушёл = его здесь нет
он уходил = он ушёл, какое-то время отсутствовал,
потом вернулся и теперь снова здесь

─────────ЗАПОМНИТЕ─────────
Муж ушёл от жены. =
Муж расстался с женой.

Уходя, уходи! =
Если ты принял решение расстаться
с кем-нибудь, следует не колебаться,
а действовать решительно.

Часы ушли вперёд. =
Часы показывают неправильное время (спешат).

> «Не уходи, побудь со мною,
> Я так давно тебя люблю…»
>
> (Романс)
>
> «Уйди! Совсем уйди! Я не хочу свиданий —
> Свиданий без любви и ласковых речей…»
>
> (Цыганский романс)

**уходить, уйти — приходить, прийти —
уезжать, уехать**

➢ см. также **ХОДИТЬ, ИДТИ**

УЧА́СТВОВАТЬ нсв _____

я уча́ствую, ты уча́ствуешь… наст. вр.

▪ участвовать = принимать участие

участвовать, принимать участие нсв —
принять участие св

♦ участвовать + в чём? *(в концерте, в самодеятель-
ности, в конкурсе)*

> • Кто участвует + в чём?
> *Студенты пятого курса участвуют в концерте.*
> • Кто принимает участие + в чём?
> *Студенты принимают участие в концерте.*

ЗАПОМНИТЕ
участник =
тот, кто участвует в каком-либо мероприятии

> «— Вы в самодеятельности участвуете?
> — Участвую!..
> Зачем я соврал? Я же не участвую…»
>
> (К/ф «Бриллиантовая рука»)

УЧИ́ТЬ(СЯ) нсв _____

я учу́(сь), ты у́чишь(ся)… наст. вр.

вы́учить(ся) св

я вы́учу(сь), ты вы́учишь(ся)… буд. вр.

научи́ть(ся) св

я научу́(сь), ты нау́чишь(ся)... буд. вр.

> 👉 учить, выучить — учить, научить —
> учиться, выучиться — учиться, научиться

▪ учить, выучить = запоминать, запомнить наизусть, усваивать, усвоить информацию путём повторения
◆ учить, выучить + что? *(стихотворение, правило)*
▪ учить, выучить = передавать, передать знания ученикам, преподавать, достичь результата преподавания
◆ учить, выучить + кого? *(учеников)*
▪ учиться, выучиться = овладевать, овладеть системой теоретических знаний
◆ учиться + где? *(в школе, в университете)* + у кого? *(у учителя, у мастера)*
◆ учиться, выучиться + чему? *(математике, русскому языку)* = изучать, изучить + что? *(математику, русский язык)*
▪ учиться, научиться = овладевать, овладеть какими-либо практическими навыками
◆ учиться, научиться + что делать? *(плавать, танцевать, говорить по-русски)*
◆ учиться, научиться + чему? *(плаванию, танцам)*

• Кто учит + что?
Ученик учит правило.

• Кто учит + кого?
Учитель учит учеников.

• Кто учится + где?
Школьники учатся в школе.
Студенты учатся в университете.

• Кто учится + что делать?
Дети учатся плавать.
Иностранные студенты учатся говорить по-русски.

учи́(те), учи́сь, учи́тесь пов. накл.

Дети, учите правило!
Дети, учитесь плавать!

ЗАПОМНИТЕ

На ошибках люди учатся!

(Пословица)

Учиться — всегда пригодится!

(Пословица)

Век живи — век учись!

(Пословица)

Повторенье — мать ученья!

(Пословица)

Ученье — свет, а неученье — тьма!

(Пословица)

«Мы все учились понемногу
Чему-нибудь и как-нибудь...»

(А.С. Пушкин, «Евгений Онегин»)

«Учитесь властвовать собою;
Не всякий вас, как я поймёт;
К беде неопытность ведёт...»

(А.С. Пушкин, «Евгений Онегин»)

 учить + кого? (что?) — учиться + где? —
изучать + что?

 Ф

ФИНАНСИ́РОВАТЬ нсв _____

я финанси́рую, ты финанси́руешь... наст. вр.

профинанси́ровать св

я профинанси́рую, ты профинанси́руешь... буд. вр.

▪ финансировать = обеспечивать какое-либо предприятие денежными средствами

♦ финансировать, профинансировать + что? (*строительство здания*)

• Кто финансирует (профинансировал) + что?
Акционерное общество финансирует (профинансировало) строительство нового участка железной дороги.

 Ф

профинанси́рованный (-ая, -ое, -ые) страд. прич.
профинанси́рован (-а, -о, -ы) кр. ф. страд. прич.

> • Что (было) профинансировано + кем?
> *Строительство нового участка железной доро-*
> *ги (было) профинансировано акционерным об-*
> *ществом.*

ЗАПОМНИТЕ
финансист =
специалист по финансам

ФИНИШИ́РОВАТЬ нсв = св _____

я финиши́рую, ты финиши́руешь... наст. вр. = буд. вр.
▪ финишировать = достигать, достичь финиша,
заканчивать, закончить участие в соревновании
♦ финишировать + как? *(первым, вторым, одновре-*
менно)

> • Кто финишировал + как? (каким?)
> *Спортсмены финишировали одновременно.*
> *Спортсмен финишировал первым.*

ФОРМИРОВА́ТЬ(СЯ) нсв _____

я формиру́ю, ты формиру́ешь, он, она, оно форми-
ру́ет(ся)... наст. вр.
сформирова́ть(ся) св

я сформиру́ю, ты сформиру́ешь, он, она, оно сфор-
миру́ет(ся)... буд. вр.
▪ формировать, сформировать = придавать, придать
чему-либо стройный, организованный вид
♦ формировать, сформировать + что? *(характер*
человека, политическую партию)

> • Что формирует (сформировало) + что?
> *Жизненные испытания формируют (сформи-*
> *ровали) характер человека.*
> *Кабинет министров формирует внешнюю и*
> *внутреннюю политику государства.*

• Что формируется + кем?
Внешняя и внутренняя политика государства формируется кабинетом министров.

сформиро́ванный (-ая, -ое, -ые) страд. прич.
сформиро́ван (-а, -о, -ы) кр. ф. страд. прич.

• Что (было) сформировано + под воздействием чего?
Характер человека (был) сформирован под воздействием жизненных испытаний.

 формировать, сформировать — образовывать, образовать

ФОРМУЛИ́РОВАТЬ(СЯ) нсв _____
я формули́рую, ты формули́руешь, он, она, оно формули́рует(ся)... наст. вр.
сформули́ровать(ся) св
я сформули́рую, ты сформули́руешь, он, она, оно сформули́рует(ся)... буд. вр.
▪ формулировать, сформулировать = вербально (словесно) оформлять, оформить какую-либо мысль, идею, теорию
♦ формулировать, сформулировать + что? *(мысль, тезис, теорию)*

• Кто сформулировал + что?
Учёный сформулировал новый закон.

сформули́рованный (-ая, -ое, -ые) страд. прич.
сформули́рован (-а) кр. ф. страд. прич.

• Что (было) сформулировано + кем?
Новый закон (был) сформулирован учёным.

ФОТОГРАФИ́РОВАТЬ(СЯ) нсв _____
я фотографи́рую(сь), ты фотографи́руешь(ся)... наст. вр.
сфотографи́ровать(ся) св
я сфотографи́рую(сь), ты сфотографи́руешь(ся)... буд. вр.

▪ фотографировать, сфотографировать = запечатлевать, запечатлеть что-либо или кого-либо на фотографии, с помощью фотоаппарата; производить, произвести фотосъёмку

▪ фотографировать(ся), сфотографировать(ся) = снимать(ся), снять(ся)

♦ фотографировать, сфотографировать + что? (кого?) *(памятник, ребёнка)*

♦ фотографироваться, сфотографироваться + где? *(на фоне памятника, на берегу моря, на вершине горы)* + когда? *(в прошлом году, во время экскурсии)*

> • Кто сфотографировал + что? (кого?)
> *Туристы сфотографировали памятник основателю города.*
> *Фотограф сфотографировал туристов на фоне памятника.*
> • Кто сфотографировался + где? + когда?
> *Во время экскурсии туристы сфотографировались на фоне памятника основателю города.*

сфотографи́рованный (-ая, -ое, -ые) страд. прич.
сфотографи́рован (-а, -о, -ы) кр. ф. страд. прич.

> • Что (было) сфотографировано + кем?
> *Туристами (был) сфотографирован памятник основателю города.*
> • Кто (был) сфотографирован + где?
> *Туристы (были) сфотографированы на фоне памятника.*

(с)фотографи́руй(те) пов. накл.

> *Сфотографируйте меня, пожалуйста, на фоне собора.*

ЗАПОМНИТЕ

> **Давайте сфотографируемся на память!..**

ФУНКЦИОНИ́РОВАТЬ нсв _____

он, она, оно функциони́рует, они функциони́руют
наст. вр.

▪ **функционировать** = осуществлять свою функцию, то есть действия, обусловленные механическим устройством либо предусмотренные правилами

♦ **функционировать** + как? *(нормально, в нормальном режиме)*

> • Что функционирует + как?
>
> *Аппаратура космического корабля функционирует в нормальном режиме.*

ХАРАКТЕРИЗОВА́ТЬ(СЯ) нсв _____

я характеризу́ю, ты характеризу́ешь, он, она, оно характеризу́ет(ся)... наст. вр.

охарактеризова́ть св

я охарактеризу́ю, ты охарактеризу́ешь... буд. вр.

▪ **характеризовать, охарактеризовать** = давать, дать характеристику чему-либо или кому-либо

♦ **характеризовать, охарактеризовать** + кого? (что?) *(человека, действия)* + как? *(положительно, отрицательно)*

> • Кто охарактеризовал + кого? (что?) + как?
>
> *Сотрудники охарактеризовали своего коллегу только с положительной стороны (как хорошего работника).*

охарактеризо́ванный (-ая, -ое, -ые) страд. прич.
охарактеризо́ван (-а, -о, -ы) кр. ф. страд. прич.

> • Кто (был) охарактеризован + как?
>
> *Сотрудник (был) охарактеризован коллегами как хороший работник.*
>
> • Что (было) охарактеризовано + как?
>
> *Поведение студента (было) охарактеризовано товарищами по группе как хорошее.*

──── **ЗАПОМНИТЕ** ────

> **Это характеризует его с наилучшей (не с лучшей) стороны.**

ХВАЛИ́ТЬ нсв _____

я хвалю́, ты хва́лишь... наст. вр.

похвали́ть св

я похвалю́, ты похва́лишь... буд. вр.

▪ хвалить, похвалить = высказывать, высказать похвалу, одобрение; давать, дать высокую оценку кому-либо (чьим-либо действиям)

♦ хвалить, похвалить + кого? *(ребёнка, ученика)* + за что? *(за хорошее поведение, за успехи в учёбе)*

┃ • Кто похвалил + кого? + за что?
┃ *Учитель похвалил ученика за успехи в учёбе.*

╭──────── **ЗАПОМНИТЕ** ────────╮
│ **Не хвались сам — жди,** │
│ **когда тебя другие похвалят.** │
│ (Жизненный принцип) │
╰────────────────────────────╯

 ╭──────────────────────────────╮
│ хвалиться = хвастаться │
╰──────────────────────────────╯

ХВА́СТАТЬ(СЯ) нсв _____

я хва́стаю(сь), ты хва́стаешь(ся)... наст. вр.

похва́стать(ся) св

я похва́стаю(сь), ты похва́стаешь(ся)... буд. вр.

▪ хвастать, похвастать = хвастаться, похвастаться = хвалиться, похвалиться, то есть хвалить, похвалить самого себя; нескромно рассказывать, рассказать о своих успехах с целью вызвать зависть у окружающих

♦ хвастать(ся), похвастать(ся) + перед кем? *(перед товарищами)* + чем? *(своими успехами)*

┃ • Кто хвастает(ся) + перед кем? + чем?
┃ *Мальчик хвастает(ся) перед товарищами*
┃ *своей победой на соревновании.*
┃ *Девочка хвастает(ся) перед подругами*
┃ *своими новыми нарядами.*

(не) хва́стай(ся), (не) хва́стайтесь пов. накл.

┃ *Не хвастайся — это некрасиво!*

---**ЗАПОМНИТЕ**---

Похвастайся своим новым автомобилем! =
Покажи свой новый автомобиль.
(Здесь: «похвастайся» — в переносном смысле)

ХОДИ́ТЬ нсв

я хожу́, ты хо́дишь... наст. вр.

▪ ходить = передвигаться пешком в разных направлениях (часто, обычно)

сходи́ть св

я схожу́, ты схо́дишь... буд. вр.

▪ сходить = осуществить намерение побывать в определённом месте и вернуться в исходную точку

идти́ нсв

я иду́, ты идёшь... наст. вр.

я шёл, ты шёл (шла), он шёл, она шла, оно шло, они шли прош. вр.

▪ идти = передвигаться пешком в одном, определённом направлении (в данный момент)

пойти́ св

я пойду́, ты пойдёшь... буд. вр.

▪ пойти = отправиться в определённом направлении

♦ ходить, идти, пойти + куда? (*в школу, в магазин, в театр*)

⎸ • Кто идёт + куда?
⎸ *Студент идёт в университет.*
⎸ • Кто ходит + куда? + как часто?
⎸ *Студент ходит в университет каждый день.*

(не) ходи́(те) пов. накл.; нсв
иди́(те) пов. накл.; св

⎸ *Не ходи ночью по улицам — это опасно!..*
⎸ *Идите сюда — у нас тут есть свободное место.*

☞ **ходить** + куда? = бывать, быть + где?
Я часто хожу в театр. =
Я часто бываю в театре.
Вчера я ходил в театр. =
Вчера я был в театре.

ходить + куда? = бывать + где?
сходить + куда? = побывать + где?
Я часто хожу в Мариинский театр. =
Я часто бываю в Мариинском театре.
Вчера я ходил на оперу «Пиковая дама». =
Вчера я побывал на опере «Пиковая дама».
Вчера я наконец сходил
на оперу «Пиковая дама». =
Вчера я наконец побывал
на опере «Пиковая дама.»

ЗАПОМНИТЕ

— Привет! Куда ты идёшь?
— Я иду в университет... Пойдём вместе!..

— Вы часто ходите в бассейн?
— Я хожу в бассейн два раза в неделю,
а мой брат ходит туда каждый день.

— Ты часто бываешь на концертах
в Филармонии?
— Да, я хожу на концерты в Филармонию
регулярно.

— Что ты будешь делать завтра вечером?
— Завтра вечером я пойду в театр.

— А где твой сосед по комнате?
— Его нет — он пошёл в театр.

— Я встретил твоего соседа по комнате,
когда сейчас шёл к тебе в гости.

— Когда у меня будут каникулы, я буду ходить
в Филармонию каждый день.

«Ходит парень возле дома моего...»
(Песня)

«возле» = «около»

➢ см. также **ПЕРЕХОДИТЬ, ПРИХОДИТЬ,
РАСХОДИТЬСЯ, УХОДИТЬ**

ХОРОНИ́ТЬ нсв _____

я хороню́, ты хоро́нишь... наст. вр.

похорони́ть св

я похороню́, ты похоро́нишь... буд. вр.

■ хоронить, похоронить = предавать, предать тело (прах) умершего (покойника) земле

♦ хоронить, похоронить + кого? *(родственника)*
+ где? *(на кладбище)* + когда? *(в прошлом году)*

> • Кто похоронил + кого? + где? + когда?
> *На прошлой неделе на городском кладбище семья похоронила одного из своих родственников.*
> • Кого похоронили + когда? + где?
> *Композитора М.И. Глинку похоронили в 1857-ом году на кладбище Александро-Невской лавры в Петербурге.*

похоро́ненный (-ая, -ое, -ые) страд. прич.
похоро́нен (-а, -о, -ы) кр. ф. страд. прич.

> • Кто (был) похоронен + когда? + где?
> *Композитор М.И. Глинка (был) похоронен в 1857-ом году на кладбище Александро-Невской лавры в Петербурге.*

ХОТЕ́ТЬ(СЯ) нсв _____

я хочу́, ты хо́чешь, он, она, оно хо́чет, мы хоти́м, вы хоти́те, они хотя́т наст. вр.

захоте́ть(ся) св

я захочу́, ты захо́чешь, он, она, оно захо́чет, мы захоти́м, вы захоти́те, они захотя́т буд. вр.

■ хотеть, захотеть = испытывать, испытать желание

♦ хотеть, захотеть + что сделать? *(пить, есть, спать, поступить в университет)*

♦ хотеть, захотеть + чего? *(молока)*

♦ хотеть, захотеть + что (с)делать? *(выпить молока)*

> • Кто хочет + что (с)делать?
> *Студент хочет пить.*
> • Кто хочет + чего?
> *Студент хочет пива.*

• Кому хочется + что (с)делать?
Студенту хочется пить.
Студенту хочется выпить пива.
• Кому хочется + чего?
Студенту хочется пива.

> **хотеться, захотеться —**
> только в безличных конструкциях

> «Всегда хочу смотреть в глаза людские,
> И пить вино, и женщин целовать…»
> (А.А. Блок, «О смерти»)
>
> «Сердце, тебе не хочется покоя…»
> (В.И. Лебедев-Кумач,
> «Как много девушек хороших»)

ХОХОТА́ТЬ нсв

я хохочу́, ты хохо́чешь… наст. вр.

захохота́ть св

я захохочу́, ты захохо́чешь… буд. вр.

▪ расхохотаться = захохотать = разразиться смехом (хохотом)

▪ хохотать, захохотать = очень сильно и громко смеяться, засмеяться

♦ хохотать, захохотать + над чем? (над кем?) *(над анекдотом)*

• Кто хохочет + над чем?
Молодые люди хохочут над анекдотом.

> **ЗАПОМНИТЕ**
> **хохотать до слёз =**
> очень сильно смеяться —
> так, чтобы на глазах появились слёзы
> (самая сильная форма смеха)

> **хохотать, захохотать —**
> **смеяться, засмеяться —**
> **улыбаться, улыбнуться**

Х

ХРАНИ́ТЬ(СЯ) нсв _____

я храню́, ты храни́шь, он, она, оно храни́т(ся)... наст. вр.

сохрани́ть(ся) св

я сохраню́, ты сохрани́шь, он, она, оно сохрани́т(ся)... буд. вр.

▪ хранить, сохранить = беречь, сберечь от уничтожения, от утраты

♦ хранить, сохранить + что? *(деньги, документы, память, верность)* + где? *(в сейфе, в памяти)*

> • Кто хранит + что? + где?
> *Предприниматель (= бизнесмен) хранит деньги и документы в своём сейфе.*
> *Ветеран хранит в своей памяти воспоминания о прожитой жизни.*

сохранённый (-ая, -ое, -ые) страд. прич.
сохранён, сохранена́ (-о́, -ы́) кр. ф. страд. прич.

> • Что (будет, было) сохранено + где? + как?
> *В банке деньги (будут, были) надёжно сохранены.*

(со)храни́(те) пов. накл.

> *Храните деньги в сберегательном банке!*
> *Сохрани этот цветок на память о нашей встрече.*

> «Судьба Онегина хранила...»
> (А.С.Пушкин, «Евгений Онегин»)

➢ см. также **СОХРАНЯТЬ**

Ц

ЦВЕСТИ́ нсв _____

он, она, оно цветёт, они цвету́т наст. вр.

▪ цвести = покрываться цветами, находиться в состоянии цветения, расцвета

▪ зацвести = начать покрываться цветами, вступить в пору цветения

▪ зацветать = вступать в пору цветения

расцвести́ св

он, она, оно расцветёт, они расцвету́т буд. вр.

▪ расцвести = покрыться цветами, вступить в выс-
шую стадию цветения, расцвета

расцвета́ть нсв

он, она, оно расцвета́ет, они расцвета́ют наст. вр.

▪ расцветать = вступать в пору цветения, начинать
покрываться цветами

отцвести́ св

он, она, оно отцветёт, они отцвету́т буд. вр.

▪ отцвести = окончательно потерять цветы, выйти из
стадии цветения

отцвета́ть нсв

он, она, оно отцвета́ет, они отцвета́ют наст. вр.

▪ отцветать = вступить в пору увядания, начинать
терять цветы, постепенно выходить из состояния
цветения

• Что цветёт (расцветает, отцветает) + когда?
*Яблони и вишни цветут (расцветают) в мае,
а в июне они уже отцветают.*

ЗАПОМНИТЕ

находиться в расцвете сил =
переживать период наивысшего подъёма сил
и способностей

«Отцвели уж давно
Хризантемы в саду...»
(В.Д. Шумский,
«Отцвели хризантемы»)

«Расцветали яблони и груши,
Поплыли туманы над рекой;
Выходила на берег Катюша,
На высокий берег, на крутой...»
(М.В. Исаковский, «Катюша»)

Ц

ЦЕЛОВА́ТЬ(СЯ) нсв _____

я целу́ю(сь), ты целу́ешь(ся)... наст. вр.
поцелова́ть(ся) св

я поцелу́ю(сь), ты поцелу́ешь(ся)... буд. вр.
▪ целовать, поцеловать = касаться, прикоснуться губами в знак любви или нежной дружбы
♦ целовать, поцеловать + кого? *(ребёнка, любимую девушку)* + куда? *(в щёку, в губы)*
♦ целоваться, поцеловаться + с кем? *(с любимой девушкой)*

> • Кто поцеловал + кого? + куда?
> *Мать поцеловала ребёнка в щёку.*
> *Молодой человек поцеловал девушку в губы.*
> • Кто поцеловался + с кем?
> *Молодой человек поцеловался с девушкой.*
> *Молодой человек и девушка поцеловались (друг с другом).*

(по)целу́й(ся), (по)целу́йте(сь) пов. накл.

> «Подойди ко мне — ты мне нравишься!..
> Поцелуй меня — не отравишься!..»
> (Романс «Очи чёрные»)
>
> «И целуются в уста
> Возле каждого куста...»
> (Песня)

ЦЕНИ́ТЬ(СЯ) нсв _____

я ценю́, ты це́нишь, он, она, оно це́нит(ся)... наст. вр.
оцени́ть(ся) св

я оценю́, ты оце́нишь, он, она, оно оце́нит(ся)... буд. вр.
оце́нивать(ся) нсв

я оце́ниваю, ты оце́ниваешь, он, она, оно оце́нивает(ся)... наст. вр.
▪ ценить = давать высокую моральную оценку кому-либо или чьим-либо действиям
▪ оценить = дать высокую моральную оценку; определить стоимость чего-либо в денежном выражении

▪ оценивать = определять стоимость чего-либо в денежном выражении; выставлять оценку за ответ на экзамене

- Кто ценит + что? (+ как?)

Сын ценит заботу и помощь родителей.

- Кто оценил + что? + как?

Профессор высоко оценил научную работу аспиранта.

- Кто оценил + что? + в какую сумму?

Оценщик в комиссионном магазине оценил антикварную вещь в тысячу рублей.

- Кто оценивает что? + как?

Экзаменаторы оценивают ответы студентов по десятибалльной системе.

- Что ценится + как?

Антикварные вещи ценятся очень высоко. Выше всего на свете ценится человеческая дружба.

оценённый (-ая, -ое, -ые) страд. прич.

оценён, оценена́ (-о́, -ы́) кр. ф. страд. прич.

- Что было оценено + как?

Антикварные вещи были оценены очень высоко.

(о)цени́(те) пов. накл.

Превыше всего цените дружбу!

━━━ **ЗАПОМНИТЕ** ━━━
**Ты меня совсем не ценишь!.. =
Ты неадекватно воспринимаешь
меня и мои способности.**

«Хоботов! Я всё оценила!..»
(К/ф «Покровские ворота»)

ЦИТИ́РОВАТЬ нсв _____

я цити́рую, ты цити́руешь... наст. вр.

процити́ровать сов. в.

я процити́рую, ты процити́руешь... буд. вр.

▪ (про)цитировать = приводить (привести) цитату (= точную выдержку) из какого-либо произведения или документа

• Кто цитирует + что? (кого?)

Аспирант в своей диссертации цитирует работу известного учёного.

Авторы словаря часто цитируют Пушкина.

(про)цити́руй(те) пов. накл.

Процитируйте Пушкина. (= Приведите цитату из произведения Пушкина.)

ЧЕРТИ́ТЬ нсв _____

я черчу́, ты че́ртишь... наст. вр.

начерти́ть св

я начерчу́, ты наче́ртишь... буд. вр.

▪ чертить, начертить = проводить, провести линию, составлять, составить чертёж чего-либо

♦ чертить, начертить + что? *(линию, геометрическую фигуру, чертёж)*

• Кто начертил + что?

Чертёжник начертил чертёж (проект) будущего здания.

(на)черти́(те) пов. накл.

Начертите прямоугольник.

─── **ЗАПОМНИТЕ** ───

**Четыре чёрненьких чумазеньких чертёнка
чертили чёрными чернилами чертёж...**

(Скороговорка)

➢ см. также **ПОДЧЁРКИВАТЬ**

ЧИНИ́ТЬ нсв _____

я чиню́, ты чи́нишь... наст. вр.

почини́ть св

я починю́, ты почи́нишь... буд. вр.

▪ чинить, починить = исправлять, исправить сломанную вещь или механизм

♦ чинить, починить + что? *(часы, телевизор, мебель)*

• Кто починил + что?
Часовщик починил часы.
Мастер починил телевизор.

чинить, починить
сравните: **ремонтировать, отремонтировать**

⚖️ **чинить, починить —**
ломать, сломать

ЧИСТИ́ТЬ нсв _____

я чи́щу, ты чи́стишь... наст. вр.
почи́стить св
я почи́щу, ты почи́стишь... буд. вр.
начи́стить св
я начи́щу, ты начи́стишь... буд. вр.
начища́ть нс
я начища́ю, ты начища́ешь... наст. вр.

▪ чистить, почистить = делать, сделать что-либо чистым; удалять, удалить грязь, пыль с чего-либо

♦ чистить, почистить + что? *(одежду, обувь, мебель; картошку)*

▪ начистить, начищать = то же, что «почистить, чистить», но более сильное, более экспрессивное значение

• Кто почистил (начистил) + что?
Студент почистил костюм и начистил до блеска ботинки.
Девушка начистила целую кастрюлю картошки.

начи́щенный (-ая, -ое, -ые) страд. прич.
начи́щен (-а, -о, -ы) кр. ф. страд. прич.

• Что (было) начищено + как?
Пуговицы (были) начищены до блеска.

(по)чи́сти(те) пов. накл.

Почисти, пожалуйста, картошку.

⚖️ **чистить, почистить — убирать, убрать —**
стирать, постирать

ЧИТА́ТЬ нсв _____

я чита́ю, ты чита́ешь... наст. вр.

прочита́ть св

я прочита́ю, ты прочита́ешь... буд. вр.

♦ читать, прочитать + что? *(книгу, статью, стихи)*

> • Кто читает (прочитал) + что?
>
> *Читатели библиотеки читают разные книги.*
>
> *Аспирант прочитал статью в научном журнале.*
>
> *Ученик прочитал стихотворение Пушкина, выученное наизусть.*

прочи́танный (-ая, -ое, -ые) страд. прич.

прочи́тан (-а, -о, -ы) кр. ф. страд. прич.

> • Что (было) прочитано + кем?
>
> *Статья в научном журнале (была) прочитана аспирантом.*

(про)чита́й(те) пов. накл.

> *Читайте вслух новые слова.*
>
> *Обязательно прочитайте эту статью — она очень интересная.*

ЧУ́ВСТВОВАТЬ нсв _____

я чу́вствую, ты чу́вствуешь... наст. вр.

почу́вствовать св

я почу́вствую, ты почу́вствуешь... буд. вр.

▪ (по)чувствовать = испытывать (испытать) какое-либо чувство или ощущение

♦ чувствовать, почувствовать + что? *(радость, любовь, голод, боль)*

> • Кто (по)чувствовал + что?
>
> *Путешественник с утра ничего не ел и теперь чувствовал голод.*
>
> *Студент получил на экзамене хорошую оценку и почувствовал радость.*
>
> *Больной почувствовал боль в руке.*

Ч

---**ЗАПОМНИТЕ**---

— Как вы себя чувствуете, больной?
— Спасибо, хорошо, доктор!..

— Что вы сейчас чувствуете?
— Я ничего не чувствую...

Чувствую, что мне пора отдохнуть!..

ШАГА́ТЬ нсв _____

я шага́ю, ты шага́ешь... наст. вр.

шагну́ть св

я шагну́, ты шагнёшь... буд. вр.

прошага́ть св

я прошага́ю, ты прошага́ешь... буд. вр.

▪ шагать = идти, совершать шаги

▪ шагнуть = сделать (совершить) один шаг

▪ прошагать = пройти определённое (обычно — большое) расстояние

> • Кто шагает + куда?
> *Отряд школьников шагает на стадион.*

«Кто шагает дружно в ряд? —
Пионерский наш отряд...»

(Пионерская речовка)

«Трое суток шагать, трое суток не спать —
Ради нескольких строчек в газете...»

(Гимн журналистов)

ШЕПТА́ТЬ(СЯ) нсв _____

я шепчу́(сь), ты ше́пчешь(ся)... наст. вр.

шепну́ть св

я шепну́, ты шепнёшь... буд. вр.

прошепта́ть св

я прошепчу́, проше́пчешь... буд. вр.

▪ шептать = говорить шёпотом, произносить звуки очень тихо, одними губами, почти совсем без звука

▪ шепнуть = однократно сказать что-либо шёпотом

▪ прошептать = передать информацию шёпотом

♦ шептать, шепнуть, прошептать + что? *(слова любви)* + кому? *(любимому человеку)*

> • Кто шепчет + что?
>
> *Старушка шепчет (про себя) молитву.*
> • Кто прошептал + что? + кому?
>
> *Мать прошептала что-то на ухо ребёнку.*
> • Кто шепчется + с кем?
>
> *Девочка шепчется со своей подругой.*
> *Подруги шепчутся друг с другом (= между собой).*

«Там, где над речкой чуть шепчет камыш...»
(И. Дронов, «Жду я тебя»)

ШИТЬ нсв

я шью, ты шьёшь... наст. вр.

> **шить** = соединять куски ткани посредством
> иголки с ниткой;
> **сшить** (платье) = закончить шитьё;
> **зашить** (дырку) = починить одежду;
> **пришить** (пуговицу) = присоединить часть
> к целому

сшить св

я сошью, ты сошьёшь... буд. вр.

♦ шить, сшить + что? *(платье, костюм)* + кому?
(заказчику)

сшива́ть нсв

я сшива́ю, ты сшива́ешь... наст. вр.

заши́ть св

зашива́ть нсв

приши́ть св

пришива́ть нсв

III

• Кто сшил + что?

Портной сшил мужчине костюм, а женщине —
платье.

сши́тый (-ая, -ое, -ые) страд. прич.

сшит (-а, -о, -ы) кр. ф. страд. прич.

• Что (было) сшито + кем?

Костюм и платье (были) сшиты портным.

(с)ше́й(те) пов. накл.

Сшейте мне, пожалуйста, модное платье.

┌─────── **ЗАПОМНИТЕ** ───────┐

Всё шито-крыто! =
Всё сделано втайне и никто об этом не знает.

Шито белыми нитками. =
Подоплёка (причины и сущность) какого-либо
предприятия настолько очевидна для всех,
что её невозможно скрыть от окружающих.

«Не шей ты мне, матушка, красный сарафан!..»
(Русская народная песня) 📖

ШОКИ́РОВАТЬ нсв = св _____

я шоки́рую, ты шоки́руешь... наст. вр. = буд. вр.

♦ шокировать + кого? *(окружающих)* + чем? *(своим*
поведением)

• Кто шокировал + кого? + чем?

Дети своим поведением шокировали своих
родителей.

шоки́рованный (-ая, -ое, -ые) страд. прич.

шоки́рован (-а, -о, -ы) кр. ф. страд. прич.

• Кто (был) шокирован + чем?

Родители (были) шокированы поведением
своих детей.

┌─────── **ЗАПОМНИТЕ** ───────┐

Я в шоке! =
Я шокирован(а).

III

ШТРАФОВА́ТЬ нсв _____

я штрафу́ю, ты штрафу́ешь... наст. вр.

оштрафова́ть св

я оштрафу́ю, ты оштрафу́ешь... буд. вр.

▪ (о)штрафовать = брать (взять) денежный штраф за какое-либо нарушение правил

♦ штрафовать, оштрафовать + кого? *(пешехода, водителя)* + за что? *(за нарушение правил дорожного движения)*

> • Кто оштрафовал + кого? + за что?
> *Сотрудник милиции оштрафовал пешехода за переход улицы в неположенном месте.*
> *Сотрудник милиции оштрафовал водителя за превышение скорости.*

оштрафо́ванный (-ая, -ое, -ые) страд. прич.

оштрафо́ван (-а, -о, -ы) кр. ф. страд. прич.

> • Кто (был) оштрафован + кем? + за что?
> *Водитель (был) оштрафован сотрудником милиции за нарушение правил дорожного движения.*

┌─────── **ЗАПОМНИТЕ** ───────┐
С вас штраф! =
Вы должны заплатить штраф.
└────────────────────────────┘

ШУМЕ́ТЬ нсв _____

я шумлю́, ты шуми́шь... наст. вр.

▪ шуметь = производить шум

зашуме́ть св

я зашумлю́, ты зашуми́шь... буд. вр.

▪ зашуметь = начать производить шум

> • Что (кто) шумит?
> *За окном шумит дождь.*
> *В соседней комнате шумят дети.*

(не) шуми́(те) пов. накл.

> *Дети, не шумите! У мамы болит голова.*

> «Не шуми ты, рожь,
> Спелым колосом...»
>
> (А.В. Кольцов)
>
> «Выпил рюмку, выпил две —
> Зашумело в голове...»
>
> (Шуточная песенка)

ШУТИ́ТЬ нсв _____

я шучу́, ты шу́тишь... наст. вр.

пошути́ть св

я пошучу́, ты пошу́тишь... буд. вр.

▪ шутить, пошутить = говорить, сказать шутку, чтобы людям стало весело

> • Кто пошутил?
> *Преподаватель пошутил, и студенты рассмеялись.*

(не) шути́(те) пов. накл.

> *Не шутите с огнём!*

ЗАПОМНИТЕ

Такими вещами не шутят! =
Ситуация настолько сложная, что любая несерьёзность здесь неуместна.

Шутки в сторону! =
Дело слишком серьёзное!

Спортсмен шутя взял высоту. =
Спортсмен легко преодолел высоту.

> «Вы пошутили — я тоже посмеялся...»
> (Х/ф «Место встречи изменить нельзя»)

III

ЩАДИ́ТЬ нсв _____

я щажу́, ты щади́шь... наст. вр.

пощади́ть св

я пощажу́, ты пощади́шь... буд. вр.

▪ щадить, пощадить = из жалости, из сострадания оставлять, оставить жизнь побеждённому врагу; относиться, отнестись к кому-либо или чему-либо бережно, с осторожностью

♦ щадить, пощадить + кого? *(противника)*

• Кто пощадил + кого?

Солдат пощадил взятого в плен противника.

(по)щади́(те) пов. накл.

Пощадите моё время! Я очень занят!..

━━━━━ **ЗАПОМНИТЕ** ━━━━━
щадящий режим =
существование без особых нагрузок

ЭВАКУИ́РОВАТЬ нсв = св _____

я эвакуи́рую, ты эвакуи́руешь... наст. вр. = буд. вр.

▪ эвакуировать = организованно вывозить людей и материальные ценности из мест, где возникла опасность их гибели и уничтожения

♦ эвакуировать + кого? (что?) *(жителей, художественные ценности, заводское оборудование)*

• Кто эвакуировал + кого? (что?)

Руководство города эвакуировало из блокадного Ленинграда пожилых жителей, детей, а также материальные ценности.

эвакуи́рованный (-ая, -ое, -ые) страд. прич.

эвакуи́рован (-а, -о, -ы) кр. ф. страд.прич.

• Кто (что) (было) эвакуирован(о) + кем?

Из блокадного Ленинграда руководством города (были) эвакуированы пожилые люди, дети, а также материальные ценности.

Э

ЭКОНÓМИТЬ нсв _____

я эконóмлю, ты эконóмишь... наст. вр.

сэкономить св

я сэконóмлю, ты сэконóмишь... буд. вр.

▪ экономить, сэкономить = не допускать, не допустить неоправданных трат; беречь, сберечь ресурсы

♦ экономить, сэкономить + что? *(деньги, топливо, время, силы)*

> • Кто сэкономил + что?
> *Механик сэкономил топливо.*

сэконóмленный (-ая, -ое, -ые) страд. прич.

сэконóмлен (-а, -о, -ы) кр. ф. страд. прич.

> • Что (было) сэкономлено + кем?
> *Топливо (было) сэкономлено механиком.*

ЭКРАНИЗИ́РОВАТЬ(СЯ) нсв = св _____

он, она, оно экранизи́рует(ся), они экранизи́руют(ся)... наст. вр. = буд. вр.

▪ экранизировать = создавать, создать фильм по литературному произведению

♦ экранизировать + что? *(роман, повесть)*

> • Кто экранизирует (экранизировал) + что?
> *Известный кинорежиссёр экранизирует (экранизировал) известный роман известного писателя.*
> • Что экранизируется + кем?
> *Известный роман известного писателя экранизируется известным кинорежиссёром.*

экранизи́рованный (-ая, -ое, -ые) страд. прич.

экранизи́рован (-а, -о, -ы) кр. ф. страд. прич.

> • Что (было) экранизировано + кем?
> *Известный роман известного писателя (был) экранизирован известным кинорежиссёром.*

ЭКСПОРТИ́РОВАТЬ(СЯ) нсв = св _____

он, она, оно экспорти́рует(ся), они экспорти́руют(ся)... наст. вр.

▪ экспортировать = вывозить (продавать) что-либо за границу

♦ экспортировать + что? *(нефть, газ)*

> • Кто экспортирует + что? + куда?
> *Россия экспортирует нефть и газ в Западную Европу.*
>
> • Что экспортируется + откуда? + куда?
> *Нефть и газ экспортируются из России в Западную Европу.*

—ЗАПОМНИТЕ—
Продукция идёт на экспорт. =
Продукция предназначена для вывоза за границу.

ЭМИГРИ́РОВАТЬ нсв = св _____

я эмигри́рую, ты эмигри́руешь... наст. вр. = буд. вр.

▪ эмигрировать = переезжать, переехать на постоянное жительство из своего отечества в другую страну

♦ эмигрировать + откуда? + куда? *(из России во Францию)*

> • Кто эмигрировал + откуда? + куда?
> *Эмигранты «первой волны» эмигрировали из России во Францию.*

 эмигрировать — иммигрировать

 Я

ЯВЛЯ́ТЬСЯ нсв _____

я явля́юсь, ты явля́ешься... наст. вр.

яви́ться св

я явлю́сь, ты я́вишься... буд. вр.

▪ являться = служебный глагол (близкий по значению к глаголу «есть») — имеет значение и употребляется только в сочетании с существительным в творительном падеже

▪ явиться = прийти куда-либо или к кому-либо по официальному делу или официальному приглашению

♦ **являться + кем? (чем?)** *(студентом, культурным центром)*

♦ **явиться + куда? (к кому?)** *(в деканат, к ректору)*

> • Кто (что) является + кем? (чем?)
>
> *Молодой человек является студентом Московского университета. (= Молодой человек — студент Московского университета.)*
>
> *Москва является столицей России. (= Москва — столица России.)*
>
> *Петербург является культурным центром России. (= Петербург — культурный центр России.)*
>
> • Кто явился + куда? (к кому?)
>
> *Студент явился в деканат.*
>
> *Студент явился на приём к декану.*
>
> *Студент явился к декану.*

─────── **ЗАПОМНИТЕ** ───────

Я являюсь студентом университета. =
Я студент университета.

Я

УКАЗАТЕЛЬ ГЛАГОЛОВ, ВСТРЕЧАЮЩИХСЯ В СЛОВАРЕ

А
анализи́ровать
арендова́ть
арестова́ть → **аресто́вывать**
аресто́вывать
атакова́ть

Б
бастова́ть
бе́гать
бежа́ть → **бе́гать**
бере́чь
бере́чься
бесе́довать
беспоко́ить → **беспоко́ить(ся)**
беспоко́иться → **беспоко́ить(ся)**
бить
благодари́ть
бледне́ть
блесте́ть
боле́ть
боро́ться
боя́ться
брать
брить → **брить(ся)**
бри́ться → **брить(ся)**
броса́ть
бро́сить → **броса́ть**
бро́ситься → **броса́ть**
буди́ть
быва́ть → **(быть)**
быть

В
вари́ть
везти́ → **(вози́ть)**
ве́рить
верну́ть → **возвраща́ть(ся)**
верну́ться → **возвраща́ть(ся)**
вести́ → **(води́ть)**
ве́шать
вгляде́ться → **вгля́дываться**
вгля́дываться
взгля́дывать
взгляну́ть → **взгля́дывать**
взве́сить → **взве́шивать**
взве́шивать
взорва́ть → **взрыва́ть(ся)**
взорва́ться → **взрыва́ть(ся)**
взрыва́ть → **взрыва́ть(ся)**
взрыва́ться → **взрыва́ть(ся)**

взять → **брать**
ви́деть
ви́деться → **ви́деть**
вини́ть
висе́ть
вкла́дывать
включа́ть → **включа́ть(ся)**
включа́ться → **включа́ть(ся)**
включи́ть → **включа́ть(ся)**
включи́ться → **включа́ть(ся)**
владе́ть
влия́ть
вложи́ть → **вкла́дывать**
влюби́ться → **влюбля́ться, люби́ть**
влюбля́ться → **(люби́ть)**
води́ть
воева́ть
вози́ть
возврати́ть → **возвраща́ть(ся)**
возврати́ться → **возвраща́ть(ся)**
возвраща́ть → **возвраща́ть(ся)**
возвраща́ться → **возвраща́ть(ся)**
возгла́вить → **возглавля́ть**
возглавля́ть
возненави́деть → **ненави́деть**
возника́ть
возни́кнуть → **возника́ть**
возобнови́ть → **возобновля́ть**
возобнови́ться → **возобновля́ть**
возобновля́ть
возобновля́ться → **возобновля́ть**
возража́ть
возрази́ть → **возража́ть**
волнова́ть → **волнова́ть(ся)**
волнова́ться → **волнова́ть(ся)**
взволнова́ть → **волнова́ть(ся)**
возненави́деть → **ненави́деть**
войти́ → **входи́ть**
вообража́ть
вообрази́ть → **вообража́ть**
воплоти́ть → **воплоща́ть(ся)**
воплоти́ться → **воплоща́ть(ся)**
воплоща́ть → **воплоща́ть(ся)**
воплоща́ться → **воплоща́ть(ся)**
ворова́ть
воспита́ть → **воспи́тывать(ся)**
воспи́тывать → **воспи́тывать(ся)**
воспи́тываться → **воспи́тывать(ся)**
воспо́льзоваться → **по́льзоваться**
воспрепя́тствовать → **препя́тствовать**
восстава́ть

восста́ть → восстава́ть
восстана́вливать → восстана́вли-
  вать(ся)
восстана́вливаться → восстана́вли-
  вать(ся)
восстанови́ть → восстана́вливать(ся)
восстанови́ться → восстана́вливать(ся)
враждова́ть
врать
вреди́ть
вруча́ть
вручи́ть → вруча́ть
вскипе́ть → кипе́ть
вскипяти́ть → кипяти́ть
всма́триваться
всмотре́ться → всма́триваться
вспомина́ть
вспо́мнить → вспомина́ть, по́мнить
встава́ть
встать → встава́ть
встрево́житься → трево́жить(ся)
встре́тить → встреча́ть(ся)
встре́титься → встреча́ть(ся)
встреча́ть → встреча́ть(ся)
встреча́ться → встреча́ть(ся)
входи́ть
выбира́ть
выбра́сывать
вы́брать → выбира́ть
вы́бросить → выбра́сывать
вы́глядеть
вы́гнать → выгоня́ть
выгоня́ть
вы́звать → вызыва́ть
вызыва́ть
вы́играть → выи́грывать, игра́ть
выи́грывать → (игра́ть)
вы́йти → выходи́ть
выку́ривать → кури́ть
вы́курить → кури́ть
вы́лечить → лечи́ть(ся)
вы́лечиться → лечи́ть(ся)
вылива́ть → лить(ся)
вы́лить → лить(ся)
вы́мыть → мыть(ся)
вы́мыться → мыть(ся)
вынима́ть
вы́нуть → вынима́ть
вы́нудить → вынужда́ть
вынужда́ть
выпива́ть → пить
вы́пить → пить
вы́полнить → выполня́ть

выполня́ть
выпуска́ть → (пусти́ть)
вы́пустить → выпуска́ть, пусти́ть
выража́ть → выража́ть(ся)
выража́ться → выража́ть(ся)
вы́разить → выража́ть(ся)
вы́разиться → выража́ть(ся)
выраста́ть → расти́
вы́расти → расти́
вы́растить → расти́ть
вы́ругаться → руга́ть(ся)
выруча́ть
вы́ручить → выруча́ть
вы́спаться → высыпа́ться
вы́стирать → стира́ть[2]
вы́стрелить → стреля́ть
выступа́ть
вы́ступить → выступа́ть
высыпа́ться
вытека́ть → течь
вы́тереть → вытира́ть
вы́течь → течь
вытира́ть
вы́учить → учи́ть(ся)
вы́учиться → учи́ть(ся)
выходи́ть
вы́яснить → выясня́ть
выясня́ть

Г
гада́ть
гаранти́ровать
гаси́ть
га́снуть
ги́бнуть
гла́дить
глота́ть
гло́хнуть
гляде́ть
гнать → (гоня́ть)
гна́ться → (гоня́ться)
говори́ть
голосова́ть
гоня́ть
гоня́ться
горди́ться
горе́ть
гости́ть
гото́вить → гото́вить(ся)
гото́виться → гото́вить(ся)
грани́чить
греть → греть(ся)
гре́ться → греть(ся)

грузи́ть
грусти́ть
губи́ть
гуля́ть

Д
дава́ть
дать → дава́ть
дари́ть
дви́гаться
дви́нуться → дви́гаться
де́йствовать
де́лать → де́лать(ся)
де́латься → де́лать(ся)
дели́ть → дели́ть(ся)
дели́ться → дели́ть(ся)
демонстри́ровать
демонстри́роваться → демонстри́ровать
держа́ть → держа́ть(ся)
держа́ться → держа́ть(ся)
диктова́ть
доба́вить → добавля́ть
добавля́ть
добива́ться
доби́ться → добива́ться
добира́ться
добра́ться → добира́ться
добыва́ть → добыва́ть(ся)
добыва́ться → добыва́ть(ся)
добы́ть → добыва́ть(ся)
догада́ться → дога́дываться
дога́дываться
догова́риваться
договори́ться → догова́риваться
догна́ть → догоня́ть
догоня́ть
дозва́ниваться
дозвони́ться → дозва́ниваться
доказа́ть → дока́зывать
дока́зывать
докла́дывать
доложи́ть → докла́дывать
достава́ть
доста́ть → достава́ть
доста́вить → доставля́ть
доставля́ть
достига́ть
дости́гнуть → достига́ть
дости́чь → достига́ть
дотра́гиваться
дотро́нуться → дотра́гиваться
дра́ться

дружи́ть
ду́мать
дыша́ть

Е
е́здить
есть[1] → быть[2]
есть[2] → быть[3]
есть[3]
е́хать → е́здить

Ж
жа́ждать
жале́ть
жа́рить
ждать
жела́ть
жени́ть → жени́ть(ся)
жени́ться → жени́ть(ся)
жечь
жить

З
забастова́ть → бастова́ть
заблесте́ть → блесте́ть
заблуди́ться
заблужда́ться
заболе́ть → боле́ть
забо́титься
забыва́ть
забы́ть → забыва́ть
зава́ривать
завари́ть → зава́ривать
заверша́ть
заверши́ть → заверша́ть
зави́довать
зави́сеть
завоева́ть → завоёвывать
завоёвывать
за́втракать
завяза́ть → завя́зывать
завя́зывать
загля́дывать
загляну́ть → загля́дывать
загора́ть
загора́ться
загоре́ть → загора́ть
загоре́ться → загора́ться
загрусти́ть → грусти́ть
загуля́ть → гуля́ть
зажа́рить → жа́рить
заже́чь → жечь
заже́чься → жечь

зажига́ть → жечь
зажига́ться → жечь
зазвене́ть → звене́ть
зазвони́ть → звони́ть
зазвуча́ть → звуча́ть
заинтересова́ть → интересова́ть(ся)
заинтересова́ться → интересова́ть(ся)
заказа́ть → зака́зывать
зака́зывать
зака́нчивать → (конча́ть(ся))
зака́нчиваться → конча́ть(ся)
закипа́ть → кипе́ть
закипе́ть → кипе́ть
зако́нчить → зака́нчивать, конча́ть(ся)
зако́нчиться → конча́ть(ся)
закрича́ть → крича́ть
закрыва́ть
закрыва́ться → закрыва́ть
закры́ть → закрыва́ть
закры́ться → закрыва́ть
заку́ривать → кури́ть
закури́ть → кури́ть
залюбова́ться → любова́ться
замаринова́ть → маринова́ть
замени́ть → заменя́ть
заменя́ть
замерза́ть → (мёрзнуть)
замёрзнуть → замерза́ть, мёрзнуть
заме́тить → замеча́ть
замеча́ть
замолча́ть → молча́ть
занима́ть
занима́ться
заня́ть → занима́ть
заня́ться → занима́ться
запаса́ть → запаса́ть(ся)
запаса́ться → запаса́ть(ся)
запасти́ → запаса́ть(ся)
запасти́сь → запаса́ть(ся)
запере́ть → запира́ть
запе́ть → петь
запира́ть
записа́ть → запи́сывать
запи́сывать
запла́кать → пла́кать
заплати́ть → плати́ть
заподо́зрить → подозрева́ть
запо́лнить → заполня́ть
заполня́ть
запомина́ть → (по́мнить)
запо́мнить → запомина́ть, по́мнить
запрети́ть → запреща́ть
запреща́ть

зараба́тывать → (рабо́тать)
зарабо́тать → зараба́тывать, рабо́тать
засмея́ться → смея́ться
заста́вить → заставля́ть
заставля́ть
застегну́ть → застёгивать(ся)
застегну́ться → застёгивать(ся)
застёгивать → застёгивать(ся)
застёгиваться → застёгивать(ся)
засну́ть → засыпа́ть, спать
засыпа́ть → (спать)
затопи́ть → топи́ть[2]
затормози́ть → тормози́ть
затоскова́ть → тоскова́ть
затя́гивать → тяну́ть(ся)
затяну́ть → тяну́ть(ся)
захвати́ть → захва́тывать
захва́тывать
захоте́ть → хоте́ть(ся)
захоте́ться → хоте́ть(ся)
захохота́ть → хохота́ть
зацвести́ → цвести́
зачеркну́ть → зачёркивать
зачёркивать
заши́ть → шить
зашива́ть → шить
зашуме́ть → шуме́ть
защити́ть → защища́ть(ся)
защити́ться → защища́ть(ся)
защища́ть → защища́ть(ся)
защища́ться → защища́ть(ся)
заяви́ть → заявля́ть
заявля́ть
звать
звене́ть
звони́ть
звуча́ть
здоро́ваться
знако́мить → знако́мить(ся)
знако́миться → знако́мить(ся)
знать
зна́чить

И
игра́ть
идти́ → (ходи́ть)
изба́вить → избавля́ть(ся)
изба́виться → избавля́ть(ся)
избавля́ть → избавля́ть(ся)
избавля́ться → избавля́ть(ся)
избега́ть
избежа́ть → избега́ть
избира́ть

избра́ть → избира́ть
извести́ть → извеща́ть
извеща́ть
извини́ть → извиня́ть(ся)
извини́ться → извиня́ть(ся)
извиня́ть → извиня́ть(ся)
извиня́ться → извиня́ть(ся)
издава́ть → издава́ть(ся)
издава́ться → издава́ть(ся)
изда́ть → издава́ть(ся)
измени́ть → изменя́ть(ся)
измени́ться → изменя́ть(ся)
изменя́ть → изменя́ть(ся)
изменя́ться → изменя́ть(ся)
изме́рить → измеря́ть, ме́рить
измеря́ть → (ме́рить)
изму́чить → му́чить(ся)
изму́читься → му́чить(ся)
изобража́ть
изобрази́ть → изобража́ть
изобрести́ → изобрета́ть
изобрета́ть
изуча́ть
изучи́ть → изуча́ть
име́ть → име́ть(ся)
име́ться → име́ть(ся)
иммигри́ровать
интересова́ть → интересова́ть(ся)
интересова́ться → интересова́ть(ся)
информи́ровать
иска́ть
исключа́ть
исключи́ть → исключа́ть
искупа́ть → купа́ть(ся)
искупа́ться → купа́ть(ся)
испо́лнить → исполня́ть(ся)
испо́лниться → исполня́ть(ся)
исполня́ть → исполня́ть(ся)
исполня́ться → исполня́ть(ся)
испо́льзовать → испо́льзовать(ся)
испо́льзоваться → испо́льзовать(ся)
испо́ртить → по́ртить(ся)
испо́ртиться → по́ртить(ся)
испра́вить → исправля́ть(ся)
испра́виться → исправля́ть(ся)
исправля́ть → исправля́ть(ся)
исправля́ться → исправля́ть(ся)
испуга́ть → пуга́ть(ся)
испуга́ться → пуга́ть(ся)
испыта́ть → испы́тывать
испы́тывать
истра́тить → тра́тить
исчеза́ть

исче́знуть → исчеза́ть

К

каза́ться
каса́ться
ката́ть
кати́ть → (ката́ть)
ката́ться
кача́ть → кача́ть(ся)
кача́ться → кача́ть(ся)
качну́ть → кача́ть(ся)
качну́ться → кача́ть(ся)
кипе́ть
кипяти́ть
класть → (лежа́ть)
кле́ить → кле́ить(ся)
кле́иться → кле́ить(ся)
коллекциони́ровать
кома́ндовать
комменти́ровать
консульти́ровать
контроли́ровать
конча́ть → конча́ть(ся)
конча́ться → конча́ть(ся)
ко́нчить → конча́ть(ся)
ко́нчиться → конча́ть(ся)
копи́ровать
корми́ть
косну́ться → каса́ться
кра́сить
красне́ть
красть
кри́кнуть → крича́ть
крича́ть
купа́ть → купа́ть(ся)
купа́ться → купа́ть(ся)
купи́ть → (покупа́ть)
кури́ть
куса́ть
куса́ться

Л

лгать
лежа́ть
лета́ть
лете́ть → (лета́ть)
лечи́ть → лечи́ть(ся)
лечи́ться → лечи́ть(ся)
лечь → лежа́ть, ложи́ться
лить → лить(ся)
ли́ться → лить(ся)
лови́ть → лови́ть(ся)
лови́ться → лови́ть(ся)

ложи́ться → (лежа́ть)
лома́ть → лома́ть(ся)
лома́ться → лома́ть(ся)
люби́ть
любова́ться

М
мака́ть
макну́ть → мака́ть
маринова́ть
маха́ть
махну́ть → маха́ть
меня́ть → меня́ть(ся)
меня́ться → меня́ть(ся)
ме́рить
мёрзнуть
мечта́ть
мири́ть → мири́ть(ся)
мири́ться → мири́ть(ся)
мо́кнуть
моли́ться
молча́ть
мочи́ть
мочь
мстить
му́чить → му́чить(ся)
му́читься → му́чить(ся)
мча́ться
мыть → мыть(ся)
мы́ться → мыть(ся)

Н
наблюда́ть
навести́ть → навеща́ть
навеща́ть
навреди́ть → вреди́ть
надева́ть
наде́ть → надева́ть
наде́яться
надоеда́ть
надое́сть → надоеда́ть
нажа́ть → нажима́ть
нажима́ть
назнача́ть
назна́чить → назнача́ть
назва́ть → называ́ть(ся), звать
назва́ться → называ́ть(ся)
называ́ть → называ́ть(ся), звать
называ́ться → называ́ть(ся), звать
найти́ → иска́ть, находи́ть
наказа́ть → нака́зывать
нака́зывать
накле́ивать → кле́ить

накле́ить → кле́ить
накорми́ть → корми́ть
налива́ть → лить(ся)
нали́ть → лить(ся)
намерева́ться
намо́кнуть → мо́кнуть
намочи́ть → мочи́ть
напада́ть
напа́сть → напада́ть
напеча́тать → печа́тать
написа́ть → писа́ть
напо́лнить → наполня́ть
наполня́ть
напомина́ть → (по́мнить)
напо́мнить → напомина́ть, по́мнить
напра́вить → направля́ть(ся)
напра́виться → направля́ть(ся)
направля́ть → направля́ть(ся)
направля́ться → направля́ть(ся)
наре́зать → ре́зать
наруша́ть
нару́шить → наруша́ть
наслади́ться → наслажда́ться
наслажда́ться
насмеши́ть → смеши́ть
наста́ивать
настоя́ть → наста́ивать
наступа́ть
наступи́ть → наступа́ть
натере́ть → тере́ть
натира́ть → тере́ть
наторгова́ть → торгова́ть
натренирова́ться → тренирова́ть(ся)
научи́ть → учи́ть(ся)
научи́ться → учи́ть(ся)
находи́ть → (иска́ть)
находи́ться
нача́ть → начина́ть
нача́ться → начина́ть
начерти́ть → черти́ть
начина́ть
начина́ться → начина́ть
начи́стить → чи́стить
начища́ть → чи́стить
ненави́деть
нерви́ровать
не́рвничать
нести́
носи́ть → (нести́)
нра́виться
нужда́ться

О

обвини́ть → вини́ть, обвиня́ть
обвиня́ть → (вини́ть)
обгоня́ть
обе́дать
обеспе́чивать
обеспе́чить → обеспе́чивать
обеща́ть
оби́деть → обижа́ть(ся)
оби́деться → обижа́ть(ся)
обижа́ть → обижа́ть(ся)
обижа́ться → обижа́ть(ся)
облада́ть
обману́ть → обма́нывать
обма́нывать
обменя́ть → меня́ть(ся)
обменя́ться → меня́ть(ся)
обнару́живать → обнару́живать(ся)
обнару́живаться → обнару́живать(ся)
обнару́жить → обнару́живать(ся)
обнару́житься → обнару́живать(ся)
обнима́ть → обнима́ть(ся)
обнима́ться → обнима́ть(ся)
обня́ть → обнима́ть(ся)
обня́ться → обнима́ть(ся)
обогна́ть → обгоня́ть
обору́довать
обра́довать → ра́довать(ся)
обра́доваться → ра́довать(ся)
образова́ть → образо́вывать(ся)
образова́ться → образо́вывать(ся)
образо́вывать → образо́вывать(ся)
образо́вываться → образо́вывать(ся)
обслу́живать
обслужи́ть → обслу́живать
обсуди́ть → обсужда́ть
обсужда́ть
обща́ться
объедини́ть → объединя́ть(ся)
объедини́ться → объединя́ть(ся)
объединя́ть → объединя́ть(ся)
объединя́ться → объединя́ть(ся)
объяви́ть → объявля́ть
объявля́ть
объясни́ть → объясня́ть
объясня́ть
овладева́ть → (владе́ть)
овладе́ть → владе́ть, овладева́ть
огло́хнуть → гло́хнуть
одева́ть → одева́ть(ся)
одева́ться → одева́ть(ся)
оде́ть → одева́ть(ся)
оде́ться → одева́ть(ся)

оказа́ться → ока́зываться
ока́зываться
опозда́ть → опа́здывать
опа́здывать
описа́ть → опи́сывать
опи́сывать
оплати́ть → плати́ть
опла́чивать → плати́ть
определи́ть → определя́ть
определя́ть
опротестова́ть → протестова́ть
опубликова́ть → публикова́ть(ся)
опубликова́ться → публикова́ть(ся)
опублико́вывать → публикова́ть(ся)
опублико́вываться → публикова́ть(ся)
опуска́ть → опуска́ть(ся)
опуска́ться → опуска́ть(ся)
опусти́ть → опуска́ть(ся)
опусти́ться → опуска́ть(ся)
организова́ть → организо́вывать
организо́вывать
осва́ивать
освети́ть → свети́ть(ся)
освети́ться → свети́ть(ся)
освеща́ть → свети́ть(ся)
освеща́ться → свети́ть(ся)
освои́ть → осва́ивать
освободи́ть → освобожда́ть(ся)
освободи́ться → освобожда́ть(ся)
освобожда́ть → освобожда́ть(ся)
освобожда́ться → освобожда́ть(ся)
ослабева́ть
ослабе́ть → ослабева́ть
осла́бить → ослабля́ть
ослабля́ть
осла́бнуть → ослабева́ть
осле́пнуть → сле́пнуть
осмотре́ть → осма́тривать
осма́тривать
основа́ть → осно́вывать
осно́вывать
остава́ться
оста́вить → оставля́ть
оставля́ть
остана́вливать → остана́вливать(ся)
остана́вливаться → остана́вливать(ся)
останови́ть → остана́вливать(ся)
останови́ться → остана́вливать(ся)
оста́ться → остава́ться
осуществи́ть → осуществля́ть(ся)
осуществи́ться → осуществля́ть(ся)
осуществля́ть → осуществля́ть(ся)
осуществля́ться → осуществля́ть(ся)

отве́тить → отвеча́ть
отвеча́ть
отдохну́ть → отдыха́ть
отдыха́ть
отзвене́ть → звене́ть
отказа́ть → отка́зывать(ся)
отказа́ться → отка́зывать(ся)
отка́зывать → отка́зывать(ся)
отка́зываться → отка́зывать(ся)
откла́дывать → класть
открыва́ть → открыва́ть(ся)
открыва́ться → открыва́ть(ся)
откры́ть → открыва́ть(ся)
откры́ться → открыва́ть(ся)
откуси́ть → куса́ть
отложи́ть → класть
отме́тить → отмеча́ть(ся)
отме́титься → отмеча́ть(ся)
отме́чать → отмеча́ть(ся)
отмеча́ться → отмеча́ть(ся)
отомсти́ть → мстить
отпра́вить → отправля́ть(ся)
отпра́виться → отправля́ть(ся)
отправля́ть → отправля́ть(ся)
отправля́ться → отправля́ть(ся)
отража́ть → отража́ть(ся)
отража́ться → отража́ть(ся)
отрази́ть → отража́ть(ся)
отрази́ться → отража́ть(ся)
отредакти́ровать → редакти́ровать
отремонти́ровать → ремонти́ровать
отрепети́ровать → репети́ровать
отреставри́ровать → реставри́ровать
отруга́ть → руга́ть(ся)
отстава́ть
отста́ть → отстава́ть
отступа́ть
отсту́пить → отступа́ть
отсу́тствовать
отцвести́ → цвести́
отцвета́ть → цвести́
охарактеризова́ть → характеризова́ть
охраня́ть
оце́нивать → (цени́ть(ся))
оце́ниваться → цени́ть(ся)
оцени́ть → оце́нивать, цени́ть(ся)
очарова́ть → очаро́вывать
очаро́вывать
ошиба́ться
ошиби́ться → ошиба́ться
оштрафова́ть → штрафова́ть

П
па́дать
накова́ть
перевести́ → переводи́ть
переводи́ть
переезжа́ть
перее́хать → переезжа́ть
перейти́ → переходи́ть
перепу́тать → пу́тать
перепры́гивать → пры́гать
перепры́гнуть → пры́гать
переходи́ть
петь
печа́тать
пить
писа́ть
пла́вать
пла́кать
плати́ть
плыть → (пла́вать)
победи́ть → побежда́ть
побежа́ть → бежа́ть, бе́гать
побежда́ть
побере́чься → бере́чься
побесе́довать → бесе́довать
побеспоко́ить → беспоко́ить(ся)
побеспоко́иться → беспоко́ить(ся)
поби́ть → бить
поблагодари́ть → благодари́ть
побледне́ть → бледне́ть
поборо́ться → боро́ться
побоя́ться → боя́ться
побри́ть → брить(ся)
побри́ться → брить(ся)
побыва́ть → быва́ть, быть
повезти́ → вози́ть
пове́сить → ве́шать
повести́ → вести́, води́ть
пове́рить → ве́рить
повлия́ть → влия́ть
повоева́ть → воева́ть
повтори́ть → повторя́ть(ся)
повтори́ться → повторя́ть(ся)
повторя́ть → повторя́ть(ся)
повторя́ться → повторя́ть(ся)
погада́ть → гада́ть
погаси́ть → гаси́ть
пога́снуть → га́снуть
погиба́ть → (ги́бнуть)
поги́бнуть → погиба́ть, ги́бнуть
погла́дить → гла́дить
погляде́ть → гляде́ть
погна́ть → гнать

погна́ться → гоня́ться
поговори́ть → говори́ть
погости́ть → гости́ть
погрузи́ть → грузи́ть
погуби́ть → губи́ть
погуля́ть → гуля́ть
подари́ть → дари́ть
подви́нуться → дви́гаться
подгото́вить → гото́вить(ся)
подгото́виться → гото́вить(ся)
поде́йствовать → де́йствовать
подели́ться → дели́ть(ся)
подержа́ть → держа́ть(ся)
подержа́ться → держа́ть(ся)
поджа́рить → жа́рить
поднима́ть → поднима́ть(ся)
поднима́ться → поднима́ть(ся)
подня́ть → поднима́ть(ся)
подня́ться → поднима́ть(ся)
подогрева́ть → гре́ть(ся)
подогре́ть → гре́ть(ся)
подожда́ть → ждать
подозрева́ть
подписа́ть → подпи́сывать(ся)
подписа́ться → подпи́сывать(ся)
подпи́сывать → подпи́сывать(ся)
подпи́сываться → подпи́сывать(ся)
подра́ться → дра́ться
подружи́ться → дружи́ть
подстрига́ть → подстрига́ть(ся)
подстрига́ться → подстрига́ть(ся)
подстри́чь → подстрига́ть(ся)
подстри́чься → подстрига́ть(ся)
подтверди́ть → подтвержда́ть
подтвержда́ть
поду́мать → ду́мать
подчеркну́ть → подчёркивать
подчёркивать
подыша́ть → дыша́ть
пое́сть → есть[3]
пое́хать → е́здить
пожале́ть → жале́ть
пожа́рить → жа́рить
пожела́ть → жела́ть
пожени́ться → жени́ть(ся)
пожива́ть → жить
пожи́ть → жить
позабо́титься → забо́титься
позави́довать → зави́довать
поза́втракать → за́втракать
позва́ть → звать
позвони́ть → звони́ть
поздоро́ваться → здоро́ваться

поздра́вить → поздравля́ть
поздравля́ть
познако́мить → знако́мить(ся)
познако́миться → знако́мить(ся)
поинтересова́ться → интересова́ть(ся)
поиска́ть → иска́ть
пойма́ть → (лови́ть(ся))
пойти́ → идти́, ходи́ть
показа́ть → пока́зывать
показа́ться → каза́ться, пока́зываться
пока́зывать
пока́зываться
поката́ться → ката́ться
покати́ть → ката́ть
покача́ть → кача́ть(ся)
покача́ться → кача́ть(ся)
пока́чивать → кача́ть(ся)
пока́чиваться → кача́ть(ся)
покида́ть
поки́нуть → покида́ть
покра́сить → кра́сить
покрасне́ть → красне́ть
покупа́ть
покури́ть → кури́ть
поку́ривать → кури́ть
полета́ть → лета́ть
полете́ть → лета́ть
положи́ть → лежа́ть
получа́ть
получи́ть → получа́ть
по́льзоваться
полюбова́ться → любова́ться
полюби́ть → люби́ть
помаха́ть → маха́ть
поменя́ть → меня́ть(ся)
поменя́ться → меня́ть(ся)
поме́рить → ме́рить
помести́ть → помеща́ть(ся)
помести́ться → помеща́ть(ся)
помечта́ть → мечта́ть
помеща́ть → помеща́ть(ся)
помеща́ться → помеща́ть(ся)
помири́ть → мири́ть(ся)
помири́ться → мири́ть(ся)
по́мнить
помога́ть
помоли́ться → моли́ться
помолча́ть → молча́ть
помо́чь → помога́ть
помча́ться → мча́ться
помы́ть → мы́ть(ся)
помы́ться → мы́ть(ся)
понаблюда́ть → наблюда́ть

понаде́яться → наде́яться
поне́рвничать → не́рвничать
понима́ть
понра́виться → нра́виться
поня́ть → понима́ть
пообе́дать → обе́дать
пообеща́ть → обеща́ть
попада́ть
попа́сть → попада́ть
попи́ть → пить
поплы́ть → пла́вать
попрису́тствовать → прису́тствовать
попро́бовать → про́бовать
попроща́ться → проща́ть(ся)
попыта́ться → пыта́ться
порабо́тать → рабо́тать
порва́ть → рвать(ся)
порва́ться → рвать(ся)
поре́зать → ре́зать
порекомендова́ть → рекомендова́ть
по́ртить → по́ртить(ся)
по́ртиться → по́ртить(ся)
посади́ть → сажа́ть
посети́ть → посеща́ть
посеща́ть
посиде́ть → сиде́ть
посла́ть → посыла́ть
после́довать → сле́довать
послужи́ть → служи́ть
послу́шать → слу́шать
посмея́ться → смея́ться
посмотре́ть → смотре́ть
посове́товать → сове́товать(ся)
посове́товаться → сове́товать(ся)
поспеши́ть → спеши́ть
поспо́рить → спо́рить
поссо́риться → ссо́риться
поста́вить → ста́вить
постара́ться → стара́ться
постира́ть → стира́ть²
постоя́ть → стоя́ть
пострада́ть → страда́ть
пострига́ть → подстрига́ть(ся)
пострига́ться → подстрига́ть(ся)
постри́чь → подстрига́ть(ся)
постри́чься → подстрига́ть(ся)
постро́ить → стро́ить(ся)
поступа́ть
поступи́ть → поступа́ть
постуча́ть → сту́кнуть
постуча́ться → сту́кнуть
посчита́ть → счита́ть
посыла́ть

потанцева́ть → танцева́ть
потащи́ть → тащи́ть
потере́ть → тере́ть
потерпе́ть → терпе́ть
потеря́ть → теря́ть(ся)
потеря́ться → теря́ть(ся)
поте́чь → течь
потора́пливаться → торопи́ть(ся)
поторгова́ть → торгова́ть(ся)
поторгова́ться → торгова́ть(ся)
поторопи́ть → торопи́ть(ся)
поторопи́ться → торопи́ть(ся)
потра́тить → тра́тить
потре́бовать → тре́бовать(ся)
потре́боваться → тре́бовать(ся)
потрево́жить → трево́жить(ся)
потренирова́ть → тренирова́ть(ся)
потренирова́ться → тренирова́ть(ся)
потро́гать → тро́гать
потруди́ться → труди́ться
потрясти́ → трясти́(сь)
потуши́ть → туши́ть
потяну́ть → тяну́ть(ся)
потяну́ться → тяну́ть(ся)
поу́жинать → у́жинать
похвали́ть → хвали́ть
похва́стать → хва́стать(ся)
похва́статься → хва́стать(ся)
похорони́ть → хорони́ть
поцелова́ть → целова́ть(ся)
поцелова́ться → целова́ть(ся)
почини́ть → чини́ть
почи́стить → чи́стить
почу́вствовать → чу́вствовать
пошути́ть → шути́ть
пощади́ть → щади́ть
появи́ться → появля́ться
появля́ться
пребыва́ть
предви́деть → предполага́ть
предлага́ть
предложи́ть → предлага́ть
предполага́ть
предположи́ть → предполага́ть
предпоче́сть → предпочита́ть
предпочита́ть
предсказа́ть → предполага́ть
предугада́ть → предполага́ть
предупрежда́ть → предполага́ть
предусмотре́ть → предполага́ть
предчу́вствовать → предполага́ть
прекрати́ть → прекраща́ть(ся)
прекрати́ться → прекраща́ть(ся)

прекраща́ть → **прекраща́ть(ся)**
прекраща́ться → **прекраща́ть(ся)**
преодолева́ть
преодоле́ть → **преодолева́ть**
преподава́ть
препода́ть → **преподава́ть**
препя́тствовать
пресле́довать
преувели́чивать
преувели́чить → **преувели́чивать**
преуменьша́ть
преуме́ньшить → **преуменьша́ть**
прибыва́ть
прибы́ть → **прибыва́ть**
привлека́ть
привле́чь → **привлека́ть**
привыка́ть
привы́кнуть → **привыка́ть**
пригласи́ть → **приглаша́ть**
приглаша́ть
приго́товить → **гото́вить(ся)**
приго́товиться → **гото́вить(ся)**
приезжа́ть
прие́хать → **приезжа́ть**
прикаса́ться → **каса́ться**
прикле́ивать → **кле́ить**
прикле́ить → **кле́ить**
прикосну́ться → **каса́ться**
прилета́ть → (**лета́ть**)
прилете́ть → **лета́ть**
приме́рить → **ме́рить**
примеря́ть → (**ме́рить**)
прийти́ → **приходи́ть**
принести́ → **нести́**
принима́ть → **принима́ть(ся)**
принима́ться → **принима́ть(ся)**
приноси́ть → **нести́**
приня́ть → **принима́ть(ся)**
приня́ться → **принима́ть(ся)**
приобрести́ → **приобрета́ть**
приобрета́ть
приревнова́ть → **ревнова́ть**
прису́тствовать
приходи́ть
пришива́ть → **шить**
приши́ть → **шить**
проанализи́ровать → **анализи́ровать**
про́бовать
прове́рить → **проверя́ть(ся)**
прове́риться → **проверя́ть(ся)**
проверя́ть → **проверя́ть(ся)**
проверя́ться → **проверя́ть(ся)**
проглоти́ть → **глота́ть**

проголосова́ть → **голосова́ть**
продава́ть → **продава́ть(ся)**
продава́ться → **продава́ть(ся)**
прода́ть → **продава́ть(ся)**
прода́ться → **продава́ть(ся)**
продемонстри́ровать → **демонстри́ро-
вать**
продиктова́ть → **диктова́ть**
прожива́ть → **жить**
прожи́ть → **жить**
прозвене́ть → **звене́ть**
прозвуча́ть → **звуча́ть**
проигра́ть → **игра́ть**
проигрывать → **игра́ть**
произвести́ → **производи́ть(ся)**
произве́стись → **производи́ть(ся)**
производи́ть → **производи́ть(ся)**
производи́ться → **производи́ть(ся)**
произойти́ → **происходи́ть**
проинформи́ровать → **информи́ровать**
происходи́ть
прокати́ть → **ката́ть**
прокати́ться → **ката́ться**
прокоммmenти́ровать → **комменти́ро-
вать**
проконсульти́ровать → **консульти́ро-
вать**
проконтроли́ровать → **контроли́ро-
вать**
промо́кнуть → **мо́кнуть**
промочи́ть → **мочи́ть**
пропуска́ть → **пуска́ть**
пропусти́ть → **пуска́ть**
проследи́ть → **следи́ть**
просле́довать → **сле́довать**
просну́ться → **спать**
прости́ть → **проща́ть(ся)**
прости́ться → **проща́ть(ся)**
просуществова́ть → **существова́ть**
просыпа́ться → (**спать**)
протека́ть → **течь**
протестова́ть
проте́чь → **течь**
протопи́ть → **топи́ть**[2]
профинанси́ровать → **финанси́ровать**
процити́ровать → **цити́ровать**
прочита́ть → **чита́ть**
прошага́ть → **шага́ть**
прошепта́ть → **шепта́ть(ся)**
проща́ть → **проща́ть(ся)**
проща́ться → **проща́ть(ся)**
пры́гать
пры́гнуть → **пры́гать**

пря́тать → пря́тать(ся)
пря́таться → пря́тать(ся)
публикова́ть → публикова́ть(ся)
публикова́ться → публикова́ть(ся)
пуга́ть → пуга́ть(ся)
пуга́ться → пуга́ть(ся)
пуска́ть
пусти́ть → пуска́ть
пу́тать
путеше́ствовать
пыта́ться

Р
рабо́тать
ра́довать → ра́довать(ся)
ра́доваться → ра́довать(ся)
разбива́ть → разбива́ть(ся)
разбива́ться → разбива́ть(ся)
разби́ть → разбива́ть(ся)
разби́ться → разбива́ть(ся)
разбуди́ть → буди́ть
развива́ть → развива́ть(ся)
развива́ться → развива́ть(ся)
разви́ть → развива́ть(ся)
разви́ться → развива́ть(ся)
развлека́ть → развлека́ть(ся)
развлека́ться → развлека́ть(ся)
развле́чь → развлека́ть(ся)
развле́чься → развлека́ть(ся)
развести́сь → разводи́ться
разводи́ться
разволнова́ть → волнова́ть(ся)
разволнова́ться → волнова́ть(ся)
разгова́ривать
разговори́ться → разгова́ривать
разгружа́ть → (грузи́ть)
разгрузи́ть → разгружа́ть, грузи́ть
раздева́ть → раздева́ть(ся)
раздева́ться → раздева́ть(ся)
раздели́ть → дели́ть(ся)
раздели́ться → дели́ть(ся)
разде́ть → раздева́ть(ся)
разде́ться → раздева́ть(ся)
раздража́ть → раздража́ть(ся)
раздража́ться → раздража́ть(ся)
раздражи́ть → раздража́ть(ся)
раздражи́ться → раздража́ть(ся)
разогрева́ть → греть(ся)
разогре́ть → греть(ся)
разойти́сь → расходи́ться
разорва́ть → рвать(ся)
разорва́ться → рвать(ся)
разреза́ть → ре́зать

разреклами́ровать → реклами́ровать
разреша́ть
разреши́ть → разреша́ть
разруша́ть → разруша́ть(ся)
разруша́ться → разруша́ть(ся)
разру́шить → разруша́ть(ся)
разру́шиться → разруша́ть(ся)
разрыва́ть → рвать(ся)
разрыва́ться → рвать(ся)
рассерди́ть → серди́ть(ся)
рассерди́ться → серди́ть(ся)
рассказа́ть → расска́зывать
расска́зывать
расстава́ться
расста́ться → расстава́ться
расстегну́ть → расстёгивать
расстёгивать
расстра́ивать → расстра́ивать(ся)
расстра́иваться → расстра́ивать(ся)
расстро́ить → расстра́ивать(ся)
расстро́иться → расстра́ивать(ся)
раста́ять → та́ять
расти́
расти́ть
растрево́жить → трево́жить(ся)
расходи́ться
расцвести́ → цвести́
расцвета́ть → цвести́
рвать → рвать(ся)
рва́ться → рвать(ся)
реализова́ть → реализова́ть(ся)
реализова́ться → реализова́ть(ся)
ревнова́ть
редакти́ровать
ре́зать
реклами́ровать
рекомендова́ть
ремонти́ровать
репети́ровать
реставри́ровать
реша́ть → реша́ть(ся)
реша́ться → реша́ть(ся)
реши́ть → реша́ть(ся)
реши́ться → реша́ть(ся)
рискну́ть → рискова́ть
рискова́ть
роди́ть → рожда́ть(ся)
роди́ться → рожда́ть(ся)
рожа́ть → рожда́ть(ся)
рожда́ть → рожда́ть(ся)
рожда́ться → рожда́ть(ся)
руга́ть → руга́ть(ся)
руга́ться → руга́ть(ся)

руководи́ть

С
сади́ться
сажа́ть
сбере́чь → бере́чь
свари́ть → вари́ть
свети́ть → свети́ть(ся)
свети́ться → свети́ть(ся)
сворова́ть → ворова́ть
сгоре́ть → горе́ть
сдава́ть
сдать → сдава́ть
сде́лать → де́лать(ся)
сде́латься → де́лать(ся)
серди́ть → серди́ть(ся)
серди́ться → серди́ть(ся)
сесть → сади́ться
сжечь → жечь
сжига́ть → жечь
сиде́ть
сказа́ть → говори́ть
скле́ивать → кле́ить
скле́иваться → кле́ить
скле́ить → кле́ить
скле́иться → кле́ить
скома́ндовать → кома́ндовать
сконча́ться → конча́ть(ся)
скопи́ровать → копи́ровать
скрыва́ть → скрыва́ть(ся)
скрыва́ться → скрыва́ть(ся)
скрыть → скрыва́ть(ся)
скры́ться → скрыва́ть(ся)
скуча́ть
следи́ть
сле́довать
сле́пнуть
слома́ть → лома́ть(ся)
слома́ться → лома́ть(ся)
служи́ть
случа́ться
случи́ться → случа́ться
слу́шать
слы́шать
смеши́ть
смея́ться
смотре́ть
смочь → мочь
снабди́ть → снабжа́ть
снабжа́ть
снима́ть
снять → снима́ть
собира́ть → собира́ть(ся)

собира́ться → собира́ть(ся)
собра́ть → собира́ть(ся)
собра́ться → собира́ть(ся)
соблюда́ть
соблюсти́ → соблюда́ть
соверше́нствовать → соверше́нство-
 вать(ся)
соверше́нствоваться → соверше́нство-
 вать(ся)
сове́товать → сове́товать(ся)
сове́товаться → сове́товать(ся)
совра́ть → врать
согласи́ться → соглаша́ться
соглаша́ться
согрева́ть → греть(ся)
согре́ть → греть(ся)
согре́ться → греть(ся)
соедини́ть → соединя́ть(ся)
соедини́ться → соединя́ть(ся)
соединя́ть → соединя́ть(ся)
соединя́ться → соединя́ть(ся)
создава́ть → создава́ть(ся)
создава́ться → создава́ть(ся)
созда́ть → создава́ть(ся)
созда́ться → создава́ть(ся)
сократи́ть → сокраща́ть(ся)
сократи́ться → сокраща́ть(ся)
сокраща́ть → сокраща́ть(ся)
сокраща́ться → сокраща́ть(ся)
сомнева́ться
сообща́ть
сообщи́ть → сообща́ть
соску́читься → скуча́ть
сосредото́чивать → сосредото́чи-
 вать(ся)
сосредото́чиваться → сосредото́чи-
 вать(ся)
сосредото́чить → сосредото́чивать(ся)
сосредото́читься → сосредото́чи-
 вать(ся)
соста́вить → составля́ть
составля́ть
сотвори́ть → твори́ть
состоя́ть
состоя́ться
сотру́дничать
сохрани́ть → сохраня́ть, храни́ть(ся)
сохрани́ться → храни́ть(ся)
сохраня́ть
сочини́ть → сочиня́ть
сочиня́ть
спаса́ть → спаса́ть(ся)
спаса́ться → спаса́ть(ся)

спасти́ → спаса́ть(ся)
спасти́сь → спаса́ть(ся)
спать
спеть → **петь**
спеши́ть
спо́рить
спра́шивать
спроси́ть → спра́шивать
спря́тать → пря́тать(ся)
спря́таться → пря́тать(ся)
спуска́ть → спуска́ть(ся)
спуска́ться → спуска́ть(ся)
спусти́ть → спуска́ть(ся)
спусти́ться → спуска́ть(ся)
сра́внивать
сравни́ть → сра́внивать
ссо́риться
ста́вить
станови́ться
станцева́ть → танцева́ть
стать → станови́ться
стара́ться
стере́ть → стира́ть¹
стира́ть¹
стира́ть²
стира́ть → тере́ть
сто́ить
стоя́ть
страда́ть
стреля́ть
стреми́ться
стро́ить → стро́ить(ся)
стро́иться → стро́ить(ся)
сту́кнуть
стуча́ть → стуча́ть(ся), сту́кнуть
стуча́ться → стуча́ть(ся), сту́кнуть
суме́ть → уме́ть
существова́ть
сформирова́ть → формирова́ть(ся)
сформирова́ться → формирова́ть(ся)
сформули́ровать → формули́ро-
      вать(ся)
сформули́роваться → формули́ро-
      вать(ся)
сфотографи́ровать → фотографи́ро-
      вать(ся)
сфотографи́роваться → фотографи́ро-
      вать(ся)
сходи́ть → ходи́ть
счита́ть
сшива́ть → шить
сшить → шить
съеда́ть → есть³

съе́здить → е́здить
съесть → есть³
сыгра́ть → игра́ть
сэконо́мить → эконо́мить

Т
танцева́ть
таска́ть
тащи́ть → таска́ть
та́ять
твори́ть
тере́ть
терпе́ть
теря́ть → теря́ть(ся)
теря́ться → теря́ть(ся)
течь
тону́ть
топи́ть¹
топи́ть²
торгова́ть → торгова́ть(ся)
торгова́ться → торгова́ть(ся)
тормози́ть
торопи́ть → торопи́ть(ся)
торопи́ться → торопи́ть(ся)
тоскова́ть
трансли́ровать → трансли́ровать(ся)
трансли́роваться → трансли́ро-
      вать(ся)
тра́тить
тре́бовать(ся)
трево́жить(ся)
тренирова́ть → тренирова́ть(ся)
тренирова́ться → тренирова́ть(ся)
тро́гать
тро́нуть → тро́гать
труди́ться
трясти́ → трясти́(сь)
трясти́сь → трясти́(сь)
туши́ть
тяну́ть → тяну́ть(ся)
тяну́ться → тяну́ть(ся)

У
убеди́ть → убежда́ть(ся)
убеди́ться → убежда́ть(ся)
убежда́ть → убежда́ть(ся)
убежда́ться → убежда́ть(ся)
убива́ть
уби́ть → убива́ть
убира́ть → убира́ть(ся)
убира́ться → убира́ть(ся)
убра́ть → убира́ть(ся)
убра́ться → убира́ть(ся)

уважа́ть
увели́чивать → увели́чивать(ся)
увеличи́ваться → увели́чивать(ся)
увели́чить → увели́чивать(ся)
увели́читься → увели́чивать(ся)
уви́деть → ви́деть
уви́деться → ви́деть
увлека́ть → увлека́ть(ся)
увлека́ться → увлека́ть(ся)
увле́чь → увлека́ть(ся)
увле́чься → увлека́ть(ся)
угада́ть → гада́ть
уга́дывать → гада́ть
угости́ть → угоща́ть
угоща́ть
удава́ться
уда́ться → удава́ться
уда́рить → ударя́ть(ся)
уда́риться → ударя́ть(ся)
ударя́ть → ударя́ть(ся)
ударя́ться → ударя́ть(ся)
удели́ть → уделя́ть
уделя́ть
удиви́ть → удивля́ть(ся)
удиви́ться → удивля́ть(ся)
удивля́ть → удивля́ть(ся)
удивля́ться → удивля́ть(ся)
уезжа́ть
уе́хать → уезжа́ть
у́жинать
узнава́ть¹ → (знать)
узнава́ть²
узна́ть → узнава́ть, знать
уйти́ → уходи́ть
украси́ть → украша́ть
укра́сть → красть
украша́ть
укрепи́ть → укрепля́ть
укрепля́ть
укуси́ть → куса́ть(ся)
улета́ть → (лета́ть)
улете́ть → лета́ть
улыба́ться
улыбну́ться → улыба́ться
уменьша́ть
уме́ньшить → уменьша́ть
уме́ть
умере́ть → умира́ть
умира́ть
умы́ть → мыть(ся)
умы́ться → мыть(ся)
унести́ → нести́
уноси́ть → нести́

уничтожа́ть
уничто́жить → уничтожа́ть
упакова́ть → пакова́ть
упако́вывать → пакова́ть
упа́сть → па́дать
употреби́ть → употребля́ть(ся)
употребля́ть → употребля́ть(ся)
употребля́ться → употребля́ть(ся)
уси́ливать → уси́ливать(ся)
уси́ливаться → уси́ливать(ся)
уси́лить → уси́ливать(ся)
уси́литься → уси́ливать(ся)
услы́шать → слы́шать
усоверше́нствовать → совершенство-
    вать(ся)
усомни́ться → сомнева́ться
успева́ть
успе́ть → успева́ть
успока́ивать → успока́ивать(ся)
успока́иваться → успока́ивать(ся)
успоко́ить → успока́ивать(ся)
успоко́иться → успока́ивать(ся)
устава́ть
уста́ть → устава́ть
устана́вливать → устана́вливать(ся)
устана́вливаться → устана́вли-
    вать(ся)
установи́ть → устана́вливать(ся)
установи́ться → устана́вливать(ся)
устра́ивать → устра́ивать(ся)
устра́иваться → устра́ивать(ся)
устро́ить → устра́ивать(ся)
устро́иться → устра́ивать(ся)
утверди́ть → утвержда́ть
утвержда́ть
утону́ть → тону́ть
утопи́ть → топи́ть¹
уточни́ть → уточня́ть
уточня́ть
уха́живать
уходи́ть
уча́ствовать
учи́ть → учи́ть(ся)
учи́ться → учи́ть(ся)

Ф
финанси́ровать
финиши́ровать
формирова́ть → формирова́ть(ся)
формирова́ться → формирова́ть(ся)
формули́ровать → формули́ровать(ся)
формули́роваться → формули́ро-
    вать(ся)

фотографи́ровать → фотографи́ровать(ся)

фотографи́роваться → фотографи́ровать(ся)

функциони́ровать

X

характеризова́ть → характеризова́ть(ся)

характеризова́ться → характеризова́ть(ся)

хвали́ть

хва́стать → хва́стать(ся)

хва́статься → хва́стать(ся)

ходи́ть → (идти́)

хорони́ть

хоте́ть → хоте́ть(ся)

хоте́ться → хоте́ть(ся)

храни́ть → храни́ть(ся)

храни́ться → храни́ть(ся)

Ц

цвести́

целова́ть → целова́ть(ся)

целова́ться → целова́ть(ся)

цени́ть → цени́ть(ся)

цени́ться → цени́ть(ся)

цити́ровать

Ч

черти́ть

чини́ть

чи́стить

чита́ть

чу́вствовать

Ш

шага́ть

шагну́ть → шага́ть

шепну́ть → шепта́ть(ся)

шепта́ть → шепта́ть(ся)

шепта́ться → шепта́ть(ся)

шить

шоки́ровать

штрафова́ть

шуме́ть

шути́ть

Щ

щади́ть

Э

эвакуи́ровать

эконо́мить

экранизи́ровать → экранизи́ровать(ся)

экранизи́роваться → экранизи́ровать(ся)

экспорти́ровать → экспорти́ровать(ся)

экспорти́роваться → экспорти́ровать(ся)

эмигри́ровать

Я

яви́ться → явля́ться

явля́ться

ДЛЯ ЗАМЕТОК

ДЛЯ ЗАМЕТОК